弃园诗话

周策纵 著

周策纵作品集 ⑤

世界图书出版公司
北京·广州·上海·西安

目 录

一 《诗经·关雎》为不断追求的诗新解 …………………… 1
　　问　答 ………………………………………………… 5

二 苏轼《念奴娇》赤壁词格律与原文试考 ………………… 8

三 诗歌·党争与歌妓：周邦彦《兰陵王》词考释 ………… 21
　　（一）"沉郁顿挫"与叙述者 ………………………… 21
　　（二）词中时态的分析 ………………………………… 26
　　（三）此词作成的时地 ………………………………… 30
　　（四）政治逆转下的太学和献赋的困境 ……………… 36
　　（五）太学地区与歌妓关系 …………………………… 44
　　（六）离京南下和《兰陵王》的"累积意境" ……… 53

四 一察自好：清代诗学测征 ………………………………… 62

五 从《哀郢》论屈原的放逐 ………………………………… 69

六 屈原《哀郢》新译 ………………………………………… 75

七 《哀郢》译记 ……………………………………………… 78

八 定形新诗体的提议 ………………………………………… 83

九 论《诗话》 ………………………………………………… 120

1

十　再论李商隐《无题》诗答徐复观先生 ················· 127

十一　关于屈原与杜甫 ····································· 143

十二　论词体的通名与个性 ································· 147

十三　诗词的"当下"美 ····································· 150
　　（一）导言：抒情体系与"当下"之定义 ············· 150
　　（二）前人以"自然"境界评陶、谢诗 ··············· 151
　　（三）"自然"与"直寻"：短促时间因素 ············· 156
　　（四）"自然"与自我意识，变动与时空敏感 ········· 164
　　（五）诗：志之所趋——抒情诗的"我"与"现在" ········ 166
　　（六）自我之省略 ································· 169
　　（七）时态的混淆与"当下"美 ····················· 172

十四　新诗多元一元论 ····································· 186

十五　论胡适的诗 ··· 194

十六　**The Early History of the Chinese Word *Shih* (Poetry)** ········· 206
　　The Earliest Occurrences of the Word in the Classics ······ 206
　　Previous Interpretations and Definitions ············· 212
　　Identification of 寺（旹、詩）in the Oracle Inscriptions ··· 228
　　The Origin of the Word 诗 and a Suggested Interpretation ······ 256
　　Editor's Preface for the Second Edition ············· 286
　　Preface of the First Edition ······················· 287

出版后记 ··· 289

一　《诗经·关雎》为不断追求的诗新解[①]

我今天讲的是我一直想发表而未发表的文章的内容。之所以选择到港大中文系来讲，是因为这里有好几位专门研究古文字、《诗经》和古代经典的先生，便于切磋。

《关雎》是《诗经》开卷第一首，地位很重要，古今研究者极多，但一般都受《毛传》的影响，认为这是写结婚的诗，是帝王和后妃恋爱结婚的诗。顾颉刚先生他们的《古史辨》所疑甚多，但没有怀疑到这首诗是否真正写结婚。只有胡适先生在当年一篇讲演中提到不是结婚的诗（由刘大杰记录），但没有举出理由。一般认为诗中君子和淑女已结了婚，主要根据是最后几句："窈窕淑女，琴瑟友之"，"窈窕淑女，钟鼓乐之"。他们认为"钟鼓"是婚礼上用的乐器，但实际并非如此。王先谦《诗三家义集疏》已指出，房中乐绝不会用钟鼓。郑玄早已说过"琴瑟在堂，钟鼓在庭"，琴瑟和钟鼓分别用在大厅和庭院中演奏，绝不会在洞房中使用。婚礼中是否用音乐似乎也是个问题。所以我很怀疑《关雎》是一首讲结婚的诗。

再从这诗分段的情形看，也使我们发现好些问题。《毛传》分为三章，分别各为四、八、八句：

[①]　周锡䪖教授据录音整理。

（一）
关关雎鸠，在河之洲，窈窕淑女，君子好逑！

（二）
参差荇菜，左右流之。窈窕淑女，寤寐求之。
求之不得，寤寐思服，悠哉悠哉！辗转反侧。

（三）
参差荇菜，左右采之。窈窕淑女，琴瑟友之。
参差荇菜，左右芼之。窈窕淑女，钟鼓乐之。

（《周南·关雎》。标点据陈子展：《诗经直解》，上海：复旦大学出版社，1983，1—5页）

东汉郑玄（127—200）改为五章，每章四句：

（一）
关关雎鸠，在河之洲，窈窕淑女，君子好逑！

（二）
参差荇菜，左右流之。窈窕淑女，寤寐求之。

（三）
求之不得，寤寐思服，悠哉悠哉！辗转反侧。

（四）
参差荇菜，左右采之。窈窕淑女，琴瑟友之。

（五）
参差荇菜，左右芼之。窈窕淑女，钟鼓乐之。

郑玄之所以重新分章，可能是觉得《毛传》的分章不够合理，因为那分的第二章和第三章虽然各为八句，句数相等，但这两章的句式和内容都不对称，所以索性分作五章，每章四句。算是比较合理。

不过我还有些疑问：这诗三次用了"参差荇菜，左右○之。窈窕淑女，□□○之"的排比句式，为什么中间却插入一段"求之不得，寤寐思服。悠哉悠哉，辗转反侧"呢？拿郑玄的分章一看，第二章和第三章似乎有不可分割的关系，因为第二章的末句"寤寐求之"和第三章的首句相连贯，有"顶真"（或"顶针"）的关系，即都用"求之"衔接。这样看来，若把郑玄的二、三两章合并就比较合理。可是这样一来，用"参差荇菜"起头的排比句式就成了八、四、四的句式了，也不见得很合理。

我遍查《诗经》的通例，凡有排比句的诗，其排比句（或称"重章"）的句数、字数，有时连句式都相同，几乎没有例外。《国风》160首中，142首有排比句，只有18首没有。《小雅》74首，51首有排比句，只有23首没有。《国风》和《小雅》共计234首诗，其中193首有排比句，没有排比句的只有41首。凡是有排比句式的诗，其排比部分，句数、字数和句式都必定相同。绝对没有像《关雎》诗的排比句中突然加上"求之不得，……"的语句，而使排比句式的句数、字数不同的例子。例如《周南》第二首《葛覃》首章"葛之覃兮，施于中谷，维叶萋萋"与次章"葛之覃兮，施于中谷，维叶莫莫"是排比式，而首章与次章都是六句，句数、句式与字数都相同。又如第三首《卷耳》，第二章和第三章是排比句式，所以句数、字数和句式也完全一样，是对称均衡的。第四首《樛木》，全篇三章都排比，所以三章的结构都相同。第五首《螽斯》，第六首《桃夭》，第七首《兔罝》，第八首《芣苢》，也是如此。第九首《汉广》共三章，二、三章结构相同，第一章末四句和二、三章末四句文字全同，所以一、二、三章都是八句，句数、字数各章都相等。第十首《汝坟》共三章，每章四句，每句四字，第一、二章是排比式，都非常整齐。第十一首《麟之趾》共三章，都是排比式，各章句数、字数、句式全同。《周南》除《关雎》外都十分整齐，无一例外。《召南》也是一样，凡是排比句的章节，句数、字数和句式都相同。

再拿第三十九首《邶风》的《泉水》来看，全诗共四章。首章无排比，类似《关雎》；二、三章"出宿于泲，饮饯于祢"和"出宿于干，饮饯于言"有些排比，虽然两章字数不等，但都是六句。第四章也没排比。每章都各六句。再看第四十首《北门》，共三章，每章七句。首章无排比，近似《关雎》。二、三章有排比，句式全同。各章末三句都是"已焉哉！天实为之，谓之何哉！"可见十分整齐匀称。再看一百二十六首《秦风》的《车邻》，共三章。首章无排比，四句，每句四字，正如《关雎》；二、三章是排比式，各六句，句式、字数全同……

总之，《国风》《小雅》，甚至全部《诗经》，凡有排比或重章的地方，句数都相同，结构也是均匀对称的，完全没有例外。因此我觉得《关雎》原文也应该这样，凡是由"参差荇菜，……"领头的一段都是八句，才符合《诗经》的通例。我的拟测如下：

关雎　周南第一毛诗国风

（一）

关关雎鸠，在河之洲。窈窕淑女，君子好逑。

（二）

参差荇菜，左右流之。窈窕淑女，寤寐求之。
求之不得。寤寐思服。悠哉悠哉，辗转反侧。

（三）

参差荇菜，左右采之。窈窕淑女，琴瑟友之。
友之不得，寤寐思服。悠哉悠哉，辗转反侧。

（四）

参差荇菜，左右芼之。窈窕淑女，钟鼓乐之。
乐之不得，寤寐思服。悠哉悠哉，辗转反侧。

这里我应该说明一下，我拟测的三、四两章里，都用了"顶真"的句子，如"友之不得"和"乐之不得"。这当然一方面已有"求之不得"的前例，其实《诗经》在别的地方也有用过"顶真"句子的例子，这里就不必多说了。

我有了这种假设后,再看《论语·八佾》孔子说的话:"子曰:《关雎》乐而不淫,哀而不伤。"又《诗大序》也说:"是以《关雎》乐得淑女以配君子,爱在进贤,不淫其色;哀窈窕,思贤才,而无伤善之心。是《关雎》之义也。"王先谦在他的《诗三家义集疏》里解释这段说:"愚谓此本子曰'乐而不淫,哀而不伤'二语。乐而不淫,谓'琴瑟友之''鼓钟乐之';哀而不伤,谓'寤寐思服''辗转反侧'。'哀'之为言'爱',思之甚也。《吕览·报更》:'人主胡可以不务哀士。'高注:'哀,爱也。'古'哀''爱'字通。《释名·释言语》:'哀,爱也。爱乃思念之也。'与此'哀'意合。"这个解释相当合理。"淫"不是淫荡,只是"过度"之意。"哀"不一定指悲哀,可以是爱慕,是思慕到极点,是"思之甚也",也有点像"害相思病"的意思。"不伤"大约是不损伤身心。哀、乐原是相对的,照一般说法,只说"哀乐",很少说"乐哀"。如果孔子也认为《关雎》诗是咏结了婚的诗,那么他就应该照通例先说哀,后说乐,不会说"乐而不淫,哀而不伤",而应该说"哀而不伤,乐而不淫"才通顺。

以上从三方面:从钟鼓不用于房中乐,又从《诗经》重章均衡对称的结构通则,再从孔子"乐而不淫,哀而不伤"话语的先后顺序,说明我的拟测是有道理、有根据的。《关雎》这首诗最后部分不应是实写结婚(或已结婚)的情景,而只是"辗转反侧"时一厢情愿的想象罢了。"君子"实际始终未曾"求"得淑女。我不敢说这一拟测稿百分百可靠,但我有很强的理由怀疑,《关雎》原文会有脱漏。——除非你能找出例证,证明《国风》《小雅》中尚有如现在《关雎》那种结构的样式。

我今天要讲的主要就是这些。谢谢各位!

问　答

单教授:周公今天作了精彩的演讲,为我们提供了一个《关雎》新的版本,也可能是老的版本,可能原来便是那样子也说不定。这是个很有趣的问题,或许不久会由出土文物证实也说不定。现在陆续出土的文物很多,《老子》就有好几个版本,马王堆帛书古佚书部分也引了《关雎》，可惜只有四句，无法拿来证实周公的看法对不对。希望大家发表意见，也可以提出问题。

听众一：《关雎》是民间创作还是贵族创作，现在仍有争论，但不管怎样，作为"原创"时的作品是否那么整齐，暂当别论，至于被采进宫廷，由乐师整理成《诗》，配乐演唱（奏）后，必定相当整齐，却可以肯定。或许就真如周公的"测定稿"那样，也是有可能的。比如开头一段是"引子"，用一个旋律；其余几段用另一旋律反复演唱，所以歌词十分整齐、匀称。正如单教授说，看日后出土文物能不能加以证实。

周公：希望有出土文物证实，恐怕很难。因为现在出土的多是汉朝或战国的东西。要发现春秋末年孔子时代的《关雎》本子，实在不容易。我再补充一点，孔子还说过："师挚之始，《关雎》之乱，洋洋乎盈耳哉！"（《论语·泰伯》）"乱"就是尾巴。《楚辞》《荀子·赋》都有"乱"，那既有音乐的关系，也可能与文字形式有关。《关雎》如果有"乱"，会是什么样子的呢？陈子展教授说：它是"专以卒章合乐和弦之美而言"（《诗经直解》），似乎只关乎音乐。但看看《楚辞》、荀赋的"乱"，又有点关乎文字，或许，我测定稿中最后"求之不得"几句正可作"乱"（尾声）去收束全诗吧，至少比今传本结末一段要更似"乱"一些。

听众二：许多英文诗文改编为歌以后，末尾都有相当于"乱"的重唱部分，与周公拟测的版本类似。所以《关雎》是否原来就那么个样子，我不敢说，但从音乐来看，这样处理应当是最好的。

听众三：后面部分就如"急管繁弦"，速度越来越快，那效果就是"乱"。

听众二：但我觉得最后似乎应更柔和、缓慢一点。

周公：还有一点我想补充一下，就是《毛诗》的《关雎》最后一句"钟鼓乐之"。《韩诗》却作"鼓钟乐之"。后人有说"鼓"是用作动词的，"鼓钟"即是"敲钟"的意思。我看不然，《韩诗》只是孤证，其他各本都作"钟鼓"。再方面，"鼓钟（或钟鼓）乐之"的上文对称句"寤寐求之""琴瑟友之"都是"寤"和"寐"、"琴"和"瑟"两事或两物并列，不是动宾格，把"鼓"字看作动词并不适当。鼓和钟应该是两种乐器。就算是在洞房中敲钟，也不大妥当吧。其实，"琴瑟友之"和"钟鼓乐之"都是指用演奏音乐去取悦那位淑女，展开不断的追求，并没有在洞房里或婚礼中敲钟打鼓的意思，更不能证明《关雎》是咏结婚的诗。大约古人认为不断追求是人生和社会非常重要的活动，所以把这首诗放在书的最前面。

2000年3月10日讲于香港大学中文系，
同年3月16日由周锡䪖博士记录整理完毕。

二　苏轼《念奴娇》赤壁词格律与原文试考

何文汇博士在《中国语文通讯》1991年7月发表《苏轼〈念奴娇〉赤壁词正格》一文，考论精审。此词自写作迄今，千年之间，流传既广，影响尤巨；而对它的原文断句和用词，却从来就争论难决。兹因文汇敦促，特略抒己见，以就正于高明。现仍从词调断句和异文修辞两方面来讨论。

（一）

从词调和原文断句方面看，由于《念奴娇》乐调失传，最初的词格已无法考证。若要论判东坡《赤壁怀古》一词的原文和句读，就只能拿比他早或与他同时代的人，以及他自己在别处用此调所作的来作标准。苏轼生于仁宗景祐三年丙子十二月十九日，公元应在1037年1月8日，近代各种传记和参考书都误以东坡出生于1036年。他卒于徽宗建中靖国元年辛巳（1101）。赤壁词作于元丰五年壬戌（1082）七月东坡贬黄州期间。照文汇所列宋人写《念奴娇》者，的确只有沈唐比苏轼早。他是韩琦（1008—1075）之客，可能与韩年龄相若，因此不妨假定这是现存最早的一首，暂时当作正格：

杏花过雨，渐残红、零落胭脂颜色。流水飘香人渐远，难托春心脉脉。恨别王孙，墙阴目断，手把青梅摘。金鞍何处，绿杨依旧南陌。消散云雨须臾，多情因甚，有轻离轻拆。燕语千般争解说，些子伊家消息。厚约深盟，除非重见，见了方端的。而今无奈，寸肠千恨堆积。

我这儿的断句，有两处没有依照唐圭璋编的《全宋词》。上片的"渐残红"九字句他读作1—4—4句法："渐残红零落，胭脂颜色。"他的读法并不错，只是我认为另一读法也可通。这种九字句，有时作1—4—4，有时作3—6，有时两读皆可。像东坡另一阕咏中秋词，这句通常断作"见长空万里，云无留迹"。其实若读作"见长空，万里云无留迹"也未为不可。这种九个音节的乐调如何奏唱，现虽不可知，但我想除了末了押韵处必有重拍之外，由于九个音节太长，中间多半要有一两处轻拍或稍顿。这种轻拍，可有变动调节之处，使这九个音节合起来所占的时间长度依然不变，也就是说，重拍的位置仍然固定即可。更明白地说，就是词句可稍变动，但仍然合于基本乐律的节拍。

可是九个音节的乐句，有时也不可都用上面这种3—6或1—4—4来区分。像沈唐此词下片第二、三两句："多情因甚，有轻离轻拆。"《全宋词》这样读法自然可以，却绝不能读作3—6或1—4—4。其他例子亦莫不如此。不过沈唐这两句，虽然如上面可读成4—5，但也未尝不可读成5—4："多情因甚有，轻离轻拆。"再细密一点区分：这两句如读5—4，前面的五字句实是2—3句法，他如赵鼎臣的"南楼依旧不"，谢邁的"一枝斜带艳"等，多是如此；只有极少数人，如胡世将、何梦桂才作1—4。相反的，这两句如读作4—5，则后面的五字句读作1—4或2—3，相当任意。换句话说，下片这九字，多分作2—3—4、4—1—4或4—2—3，极少数作1—4—4。这和上片那九字多作1—4—4或3—6句法，显然有别。当然，如把这上下片的两个九字句各当成一个音组看，则《念奴娇》词调除了"换头"一句六字和上片开头四字不同外，其余上下片各句都对称，只是这九字内部的区分，上下片不同，大约是为了避免过多雷同之故。

对沈唐这首词，我第二处没有依照《全宋词》断句的是下片第四、五两句。唐圭璋断作："燕语千般，争解说、些子伊家消息。"因为他既已把上片的对称句读作"流水飘香人渐远,难托春心脉脉",则上下片都应同作7—6句法。不过我们也须注意,就文字说,甚至就词调说,这儿上下两片的七字句本来也都可分成4—3句读式读,上片成为:"流水飘香,人渐远,难托春心脉脉。"其他各词也都如此,只是这四字句后停顿有长短的区别而已。所以沈唐如果能上下片一致,或都用4—3—6,或都用7—6,我以为就无可非议。同样的,东坡《念奴娇》中秋词,也未尝不可读作"桂魄飞来,光射处,冷浸一天秋碧"。下片对应读成"起舞徘徊,风露下,今夕不知何夕"也一样可通。其余早期任何人的,都可这样做,例如黄庭坚的也可读作"桂影扶疏,谁便道,今夕清辉不足"。下片则是:"共倒金荷,家万里,难得尊前相属。"这也许由于近体七言诗律在第四字后本来都有一停顿,略类于西洋诗句中间的caesura,通常都只是依诗行的文义或语言的自然节奏稍停,而不是依诗歌的"音尺律"(metrics)。不过中文诗的近体七言第四字后的停顿,文义、语言节奏和诗律却都一致,只有慢词或稍后的发展和散曲,才打破这个规律,有像柳永那种"杨柳岸、晓风残月"和"便纵有千种风情"这种句法的出现。

　　从这一角度看,我认为《赤壁怀古》词上下片这几句,若都读成4—3—6句式,作"故垒西边,人道是,三国周郎赤壁"和"羽扇纶巾,谈笑处,樯橹灰飞烟灭"并不违律。因为如上所说,我们在早期的《念奴娇》词例中,还建立不起此数句只能是7—6而不能作4—3—6的严格规律。不过就词意和音节的紧张度来说,在某些例子中,我们也许会喜欢采用7—6的读法,但在别的一些例子中,用4—3—6也可突出某些意趣,似乎不可一概而论,只是最好要照顾到上下片句读的对称。

　　在另一个例子里,文汇主张依上阕"乱石穿空,惊涛拍岸,卷起千堆雪"之例,应把下阕的对称句读作"故国神游,多情应笑,我早生华发"。这当然很对,他所举黄庭坚手书东坡词作"多情应是笑我生华发"是个很有力的证据。事实上,万树和《全宋词》也都已采用4—5读法了。这样读,加强了"我"早生华发的意境,而"笑"字的意思也同样加重了,可说是一举两得。若作5—4读法,则两句皆平铺无力。

（二）

　　文汇所提出的问题，最不易解答，也最可引起争论的，应该是上片第二句"浪淘尽"的第三字是否应该是平声，和下片换头的第二、三句"小乔初嫁了，雄姿英发"应否读作4—5式："小乔初嫁，了雄姿英发。"

　　关于前者，文汇主张第三字应作平声。他的证据可以归纳为三点：（1）他引南宋初期洪迈（1123—1202）《容斋续笔》卷八"诗词改字"条，谓黄庭坚手书东坡赤壁词"浪淘尽"作"浪声沉"。（纵按：洪迈家世显赫，见闻广博，苏轼去世后二十二年、黄庭坚（1045—1105）去世后十八年，他就出生了，他所见黄的手书，可能是真迹。黄是苏的门下士和好友，他所书可能是根据苏的原稿之一。此稿既作"浪声沉"，则第三字应作平声可知。）（2）文汇又列举自沈唐至李清照、北宋至南宋初各家所写《念奴娇》词三十六首，包括苏轼自作的《中秋》词在内，有三十四首这第三字皆作平声，只有朱敦儒一首和李纲一首作仄。而朱词原文："老来可喜，是历遍人间，谙知物外。"文汇以为"间"字用平声不合，可能原文是"人间历遍"误倒。我认为他的猜疑相当有理，因为朱敦儒另外写的六首《念奴娇》都是第三字作平，第五字作仄。大约抄者误认"人间"与"物外"句为对，所以倒写，其实"谙知"与"历遍"还是不成对偶的。（3）文汇又引南宋胡仔《苕溪渔隐丛话·前集》卷五十九"长短句"条，载南宋时和苏轼赤壁词一首。这首和苏韵的词，"叹人材"的"材"字平声，"吾君神武，小曾孙周发"两句用4—5句式。照通常惯例，和某一词韵，多半会依原词格律来和；如改动不依，除非和者认为原作者违背了正格，不应跟着背词律。所以从这无名氏的和词看来，苏轼赤壁原词的第二句第三字大有可能是平声，要不然，也表示和者认定此必须用平声字方合正格，故即使原词此字用仄，和者仍依正格用平。

　　因此，以上的论证，大概能肯定，依正格，第二句第三字应该用平声字。而且苏轼自己在《中秋》词里也是用平。下片前三句："我醉拍手狂歌，举杯邀月，对影成三客。"是用4—5句式，都合正格。辩者当然可以说：既然南宋初期流行歌者已用"浪淘尽"，又无法证明苏轼不打破正格，则只能认定他原稿之一有此。还有宋代如此歌唱流行已久，似乎用仄声字亦未必与音律过于乖违，而且洪迈也并未指出这是违背音律。当然，这种辩论也没有证明苏轼原文一定是用了打破正格的"浪淘尽"。

在这种两皆"不可必"的困境下，只好从东坡词的一般风格和审美角度来判断。很明显的，用"浪淘尽"，上下文气直贯，很合于苏词豪放的风格；意境明确，也较易为一般读者或听众接受。可是我细读"大江东去，浪声沉，千古风流人物"，觉得别有沉郁顿挫之美。这里"沉"字单用，似非外动词，即不是及物动词，不能当"埋没"解，而是指浪声沉落、消沉、沉寂。这句和"千古风流人物"的关系乃是一种暗喻，千古风流人物，也都像浪声沉寂了。它不明显说出这种比喻的关系，更委婉、更有深度，而含不尽之意。所以这两种不同的文句，各有好处。若就大多数人使用的正格而论，我不免要偏向选取"浪声沉"了。自然，"浪淘尽"那种豪放，看破一切的豪情，亦自有不可及之处。就平仄而论，诗律第三个音节本可"不论"，所以取此亦未为不可。

关于"小乔初嫁了雄姿英发"断句的问题，文汇所举宋词诸例，似最不一致。他列举从沈唐到李清照的三十六例中，有十七例是用4—5断句法，有十九例却用5—4句式。不过我以为后者中徐俯的"因念鹤发仙翁，当时曾共赏，紫岩飞瀑"未尝不可读作"当时曾共，赏紫岩飞瀑"；朱敦儒的"且与管领春回，孤标争肯接，雄蜂雌蝶"也未尝不可读作"孤标争肯，接雄蜂雌蝶"。好在周邦彦及以前北宋的六首都用的是4—5句式。这样，也许可以说，早期的正格应是如此。

这儿我想补充两种证据：一种是虽是后人的词，但用的词调名已依据苏轼赤壁词改用《酹江月》或《大江东去》，甚至叫作《赤壁词》。这些作品似乎更受了苏轼《赤壁怀古》词格律的影响。看看它们的句式，也许可推论出苏轼词的原貌，至少比察看《念奴娇》更有关系。另一种证据则是赤壁词对金、元词人的影响，在此词的格律上也可能见到一点端倪。学者们往往误会，以为苏轼此词"传到"金国，乃十分流行。事实上，此词写成时，北宋的政治中心还在汴京（今河南开封），它流行于长江以北的北宋中原区域可能达四十四年左右，才有靖康（1126）之难,宋室南渡。北宋在中原区域的词人和读者或听众,可能受了赤壁词的影响达四十余年以后,才"沦陷"于金国。他们传播此词,可能比南宋诸人还要早,至少不会较晚。因为那四十年间,政治和文学重心还在中原地域,即后来金朝的占领区。而且金、元的词人,大多数都改用了《酹江月》或《大江东去》作词牌名,用《念奴娇》的竟成了少数。步赤壁词原韵的作品,金、元也远比南宋为多。最早用赤壁词末句改《念奴娇》词牌名为《酹江月》的,可能是东坡去世后三四十年间的事。可是《全唐诗》卷九百"词十二"部分,却载有吕岩(洞宾)的一首《酹江月》,原文是:

仙风道骨,颠倒运乾坤,平分时节。金木相交坎离位,一粒刀圭凝结。水虎潜形,火龙伏体,万丈毫光烈。仙花朵秀,圣男灵女扳折。 霄汉此夜中秋,银蟾离海,浪卷千层雪。此是天关地轴(或缺一字),谁解推穷圆缺。片晌功夫,霎时丹聚,到此凭何诀。倚天长啸,洞中无限风月。

此词讲的全是道士炼丹。吕洞宾在传说中早已成为神仙式人物,附会甚多。词中像"浪卷千层雪"和末句押"月"字韵,都露出受了苏轼赤壁词影响的马脚。金元时代的道教徒,如全真教的王喆和他的门徒谭处端、刘处玄、丘处机等,都写了不少的《酹江月》(有时也改《念奴娇》为《无俗念》)来宣扬道教和修炼术。吕岩这首词显然是当时附会出来的。这儿第二句第三字用仄声,下片第二、三句却用的是4—5句式,合于文汇所认定的正格。

现在我且把《全宋词》和《全金元词》(唐圭璋编辑,北京中华书局1979年版)中已依东坡赤壁词改了词牌名称的作品,和步赤壁词原韵者(包括少量《念奴娇》),全部作一个小统计,主要目的是要显示宋、金、元词人对此词第二句第三字用平或用仄,和对下片第二、三两句用4—5或5—4句法的情况:

资料来源	词牌名	首数	第二名作平声	%	作仄声	%	下片二、三句用4—5式	%	用5—4式	%
《全宋词》	《酹江月》	79	74	94	5	6	71	90	8	10
	《赤壁词》	1	1	100	0	0	1	100	0	0
	《大江东去》	3	3	100	0	0	2	67	1	33
	合计	83	78	94	5	6	74	89	9	11
《全金元词》	《酹江月》	56	52	93	4	7	56	100	0	0
	《大江东去》	49	46	94	3	6	47	96	2	4
	合计	105	98	93	7	7	103	98	2	2
宋、金、元词	总计	188	176	94	12	6	177	94	11	6
步赤壁词韵者（包括少量称《念奴娇》）	宋词	5	3	60	2	40	4	80	1	20
	金元词	16	14	87.5	2	12.5	16	100	0	0
	合计	21	17	81	4	19	20	95	1	5

假如我们暂时把第二句第三字用平声，和下片第二、三两句用4—5句式当作正格的话，从上表看，用正格的多在百分之九十以上。这本来是我们可以想象到的。不过我的主要目的还是在比较一般《念奴娇》词和据赤壁词改了词牌名的作品，在下片第二、三句所用4—5句型，是否有重大的差别。如上文已指出过的，文汇在他的《表四》里，列举自沈唐至李清照的《念奴娇》36首中，有17首用4—5句型，19首用5—4句型，那就是百分之四十七对百分之五十三，大部分不用正格。即使除掉我认为可两读的二首，仍然是百分之四十七对四十七。可是据赤壁词改了词牌名者，如上表所示，则用4—5句型的在宋词中竟是百分之八十九对十一，在金、元词中则高达百分之九十八对二。平均总计也到达百分之九十四比百分之六。这是否可能表示赤壁词中此句"小乔初嫁了雄姿英发"已逼着后来词人多已把这句断作4—5句型，或者认为无法照样违律，只好另从正格呢？在步赤壁词原韵的作品里，也可见用正格者占绝大多数。（我暂无时间计算全部《念奴娇》，只好存疑。）

如果把这两句断作"小乔初嫁，了雄姿英发"，如朱彝尊所建议的，"了"字取何义便成了疑问。据文义，"了"字在此不应读成动词"了讫"解；但依通例像这样加在句首作副词用，又只能用在否定句，如"了无""了不"。自魏晋以来，《世说新语》、陶潜，及唐、宋诗文中皆屡见不鲜。梁仲文和文汇虽举了苏轼词"了成何事"作例，但下用"何"字，仍是否定句。梁仲文建议把"了雄姿英发"的"了"解释作"了了"或"了然"。如这样解释成"显然"，意思当然可通，可是作这种意义而单用一个"了"字的例子，他们都未举出。就我所知，只有唐人韦应物（737—806至820年之间）《元日寄诸弟兼呈崔都水》诗中有一句可作参考，为了弄明白这字的意义和用法，抄录全诗如下：

> 一从守兹郡，两鬓生素发。新正加我年，故岁去超忽。淮滨益时候，了似仲秋月。川谷风景温，城池草木发。高斋属多暇，惆怅临芳物。日月昧还期，念君何时歇。（《全唐诗》卷一百八十八，北京：中华书局，册六，1917页）

这个"了"字当可作"了然"解，应该是用来描述动词"似"字的副词，当然也不无可能兼含有作上句动词"益"字的副词之功能。如果这样，则"了雄姿英发"也许可解释成"显然雄姿英发"。希望以后能找到更多的例子来证明这一点。

"了"字这样用法，后世大概不是很通行了，今天这样读，自然觉得别扭。不过我们也不该以今度古。由于"嫁了"这种完成式，古今口语都极普遍，宋初词中特别多，所以后人便惯于把赤壁词这两句读成5—4句式。例如陆友仁《砚北杂志》载姜夔（1163—1203）死后他的朋友苏石挽他的诗就说："所幸小红方嫁了，不然啼损马腾花。"这是苏轼死后一百零二年的事，"小红方嫁了"很有点像受了"小乔初嫁了"句子的影响，大约那时早已有人把苏轼的句子这样点读了。按"初"字如照原义作"始初""开始"解，"初嫁"后加"了"字作完成式便显得不太合理；如只泛训作"方才"，当然可通。也许这是陆改用"方嫁了"之故。

谈到这词中句读的问题，我们应该明白，这已绝对无法作百分之百、权威性的肯定解答了。我们已无法知道东坡原意要怎样断句，即使找到他手书的原稿，大约也无用处，因为古人写稿从来就不标点断句，除非他特别自注乐谱、标出拍子，或特作说明。现存传说是东坡笔迹的赤壁词，真伪已难辨别，而且那也是没有断句的，所以无能为助。我们现在根据他以前、他自己另一首、他同时人所作，以至于后人步韵、模仿之作来推测，也许已尽到最大和最可能的努力了。

　　辩者当然仍旧可以说，即使正格应如此，何能保证苏东坡不打破词律或自创变格？他在别处本亦有破格之例，而且词的乐谱和歌词之间，原有可伸缩的余地。不过，我们也不能不指出，求证的责任也不可全推在主张东坡必依正格的这一边。试问又有谁能证明东坡一定是要违律呢？

（三）

　　至于异文和修辞方面，文汇的建议大都可取，如"三国周郎赤壁"，他仍主张用"周郎"，不用"孙吴"。他不主张黄庭坚手书本的"多情应是，笑我生华发"，而认为"多情应笑，我早生华发"较好。这点我在上文第一节末段可说也间接支持了这个看法。"人生如梦"较妥，他更举了明确的证据。关于"樯橹灰飞烟灭"，他不主张用"强虏"，大致也可信。我以为南渡后江南人希望有人像周瑜和诸葛亮能击破北虏，而沦陷在北方的遗民，也可能有这种心态。由于"樯橹"和"强虏"形声近似，所以就自然改动了。这也可能是赤壁词极流行的理由之一。

　　不过"乱石穿空，惊涛拍岸"的问题，我却另有看法。这点须先讨论到苏轼赤壁词用词的渊源问题，我认为此词很受了柳永（1034年进士）《双声子》一词的极大影响。这点好像还未受到前人注意。为了对照方便，且录柳词全文如下：

　　　　晚天萧索，断蓬踪迹，乘兴兰棹东游。三吴风景，姑苏台榭，牢落暮霭初收。夫差旧国，香径没、徒有荒丘。繁华处，悄无睹，惟闻麋鹿呦呦。　想当年、空运筹决战，图王取霸无休。江山如画，云涛烟浪，翻输范蠡扁舟。验前经旧史，嗟漫载、当日风流。斜阳暮草茫茫，尽成万古遗愁。

首先，我们该注意，这首词和赤壁词的主题相似，都是登临怀古之作。柳词是记作者游姑苏，想起古时吴、越之战，越王勾践和吴王夫差的争霸，中间夹杂有范蠡和西施英雄与美人的故事，但时代过后，都成往迹。苏词如大家熟悉的，记作者游黄州赤壁，想起古时吴、魏之战，孙权、刘备抵抗曹操的南征，中间也夹杂有周瑜（公瑾、周郎）和小乔英雄与美人的故事，而时代过后，也风流云散了。吴、越与吴、魏虽然不同，但都有"吴"国。二词所怀念的史实既然类似，而感叹时间终于消磨了英雄美人、风流人物，这种吊古的悲情，更是相同。事实上，除了作者和来源颇成疑问的李白《忆秦娥》之外，柳永的《双声子》也许是最早的登临怀古词作。以后才有王安石（1021—1086）的《桂枝香》和苏轼的《念奴娇·赤壁怀古》。王词应是晚年所作，是否必然早于苏词，也许还不一定。

现在且来对比一下柳词和苏词的用词与意象。最明显的当然是苏词完全袭用了柳词那句"江山如画"。苏轼大约很喜欢这句的形象，所以在一个多月后在另一首咏中秋的《念奴娇》里，再用了这一句。

其次，也很明显的，就是柳词换头句用"想当年"开始，苏词换头第一句也是"遥想公瑾当年"，三个字完全袭用。这样三字雷同，并且都用在换头处，我以为绝不是偶然巧合。后来如南宋刘一止（1079—1160）《念奴娇》的换头"遥想当日同盟"，李纲（1083—1140）同调的换头"追想当日巡行"和元初张野（1294年前后在世）同调的换头"遥想霸略雄图"，可能都是受了这种影响。

另外有一些虽非整句袭用，但遣词和意象却颇为相似，甚至相同。例如柳词有"夫差旧国"，苏词则有"故国神游"；柳词有"嗟漫载、当日风流""尽成万古遗愁"，苏词则有"浪声沉（浪淘尽）、千古风流人物"。"风流"字样同用，"万古"则成了"千古"。还有"浪声沉"或"浪淘尽"与柳词的"嗟漫载"，以及前文的"繁华处，悄无睹"，意境亦复相近。"故垒西边人道是"和柳词的"徒有荒丘"形象也相差不远。柳词的引起背景是"兰棹东游",苏词的背景则是"大江东去"。都在江上,又都是向东。

　　看了上面这许多类似之处,我对赤壁词的"乱石穿空,惊涛拍岸",就不免有另一种判断了。试看柳词描写:"江山如画,云涛烟浪,翻输范蠡扁舟。"苏词对江山的描绘,次序略有颠倒。柳是先出江山,再加描写;苏则先加描写,再说江山:"乱石穿空,惊涛拍岸,卷起千堆雪。江山如画,一时多少豪杰。"二词末了一句都在表示江山如此,而英雄人物不存。"翻输"句是反衬吴越称王者皆消亡;"一时多少"句也是用反问句来表示豪杰无存。因此,"乱石"两句正可与同样是用来描写这如画江山的"云涛烟浪"对比。"烟""浪"二字本来在赤壁词中也已用到,这里下句有"惊涛",只缺"云"字。但黄庭坚手书本和《东坡乐府》上句却都作"乱石崩云"。我以为原文应该如此。"崩云"和"惊涛"连用,恰好与柳词"云涛"字相合。我说柳词"江山如画,云涛烟浪"的"云涛烟浪"也影响了苏轼赤壁词,这从苏轼另一首《念奴娇》咏中秋词也可见到类似的影响。此词上片末二句说:"江山如画,望中烟树历历。"也接着用了"烟"字。文汇所举"旧题"诸葛亮《黄陵庙记》有"乱石排空,惊涛拍岸"之句,以为苏词本于此。但此记无据,亦不见于早期武侯集,记中直称刘备为"刘氏",亦拟于不伦,显系后人据赤壁词伪作。"穿空"一词,"空"与"岸"对仗不如"云"与"岸"为工。"崩云"形象亦极奇丽。"拍岸"比"掠岸"或"裂岸"也较好。"掠岸"当系本于欧阳修《采桑子》:"惊起沙禽掠岸飞。"但与"惊涛"之势不相称。"拍"有强烈的拟人和音乐节拍之意,"掠""裂"则无。"崩"和"拍"同为双唇音,"云"和"岸"同收鼻音,所以如作"乱石崩云,惊涛拍岸",无论从文字依据、意象之美、音韵之和谐方面说,都比较优胜。不过"裂"字音节虽稍逊,却也有意境较强的好处,不妨与"拍"字并存,听读者选择。还有,据柳词"繁华处,悄无睹"的"悄"字看来,苏词自亦可能用"浪声沉"了。

　　这里不妨再指出一点,这"惊涛拍岸,卷起千堆雪"的句子,似乎也受了柳永词的影响。柳的《望海潮》描写杭州钱塘之繁华绮丽，曾哄传一时，其中即有"怒涛卷霜雪"之句。

　　我认定赤壁词受了柳永词的影响，并不是说柳、苏词的风格全同。关于他们二人的异同，古今论者颇不少，我的好友中有人论析尤详。我个人认为他们二人有同有异，各有其独自的风格。不过我想强调的有两点：一是我认为苏对柳词，素多重视与喜好，并无鄙薄之意。传说他对秦观说过："公却学柳七作词。"其实这只是给秦观风趣的赞词，后人往往误会夸大，以为是对柳永词有轻视。其次，苏轼对柳词非常熟悉，他对秦观说的"'销魂当此际'，非柳词句法乎"非熟悉柳词者决道不出。柳永《内家娇》词中正有"风光当此际，正好恁携佳丽"的句子。事实上，秦观《满庭芳》这句下文最突出而动人心魄的两句"香囊暗解，罗带轻分"也正不无柳词的影响，柳词《斗百花》有句云："长是夜深，不肯便入鸳被。与解罗裳，盈盈背立银釭，却道你但先睡。"秦词全首更有脱胎于柳词《彩云归》的痕迹，例如秦词末："此去何时见也，襟袖上，空染啼痕。伤情处，高城望断，灯火已黄昏。"《彩云归》早有："此际浪萍风梗，度岁茫茫。堪伤。""别来最苦，襟袖依约，尚有余香。"及"牵情处，惟有临歧，一句难忘。"可见东坡读了秦观"山抹微云"一词，便说他"学柳七作词"，是非常有见识的看法，绝非虚语。叶梦得《避暑录话》里说："苏子瞻于四学士中，最善少游，故他文未尝不极口称赏，岂特乐府。然犹以气格为病，故尝戏云：'山抹微云秦学士，露花倒影柳屯田。''露花倒影'，柳永《破阵子》语也。"其实所谓"以气格为病"，只是叶梦得的看法，苏轼那两句"戏云"，只见赞叹，未见是讥评。柳词《破阵子》正列在柳集我上文所引《双声子》词之前。大约这两词都受到苏轼特别注意过。苏轼欣赏柳永的词，又见于宋赵令畤《侯鲭录》："苏轼云：'人皆言柳耆卿词俗，然如"霜风凄紧，关河冷落，残照当楼"，唐人佳处，不过如此。'"宋吴曾《能改斋漫录》以此为晁补之语，不知谁是。唯补之少时即受知于东坡，为苏门四学士之一，是此语源于苏，仍有可能。又最为一般人称引的，宋俞文豹《吹剑录》记载有这样一件轶事：

> 东坡在玉堂日，有幕士善歌，因问："我词何如耆卿?"对曰："郎中词，只好十七八女子，执红牙板，歌'杨柳岸、晓风残月'；学士词，须关西大汉，绰铁板，唱'大江东去'。"（苏）为之绝倒。

这段记载透露，苏对柳词十分重视，还可见"大江东去"词在苏轼活着的时候早已传唱一时。这幕士对柳、苏词风格的比较，虽只注意到片面，却非常得要。其实苏轼在一首《鹧鸪天》的末了就有两句说："明朝酒醒知何处，肠断云间紫玉箫。"也正套用了柳永《雨霖铃》中的"柳词句法"："今宵酒醒何处？杨柳岸、晓风残月。"凡此，皆可证我说赤壁词受了柳永《双声子》词的"极大影响"，不为无故。

综括上文所论，我以为如依《念奴娇》正格，赤壁词应如下读；但古今语言，变动颇多，现代读者自亦可另作选择，故写在括号内：

> 大江东去，浪声沉（浪淘尽）、千古风流人物。故垒西边人道是，三国周郎赤壁。乱石崩云，惊涛拍（裂）岸，卷起千堆雪。江山如画，一时多少豪杰。　遥想公瑾当年，小乔初嫁，了雄姿英发（小乔初嫁了，雄姿英发）。羽扇纶巾谈笑处，樯橹灰飞烟灭。故国神游，多情应笑，我早生华发。人生如梦，一尊还酹江月。

1991 年 12 月

（原载于黄坤尧、朱国藩主编：

《大江东去——苏轼〈念奴娇〉正格论集》，

香港中文大学中国文化研究所，1992 年 8 月）

三　诗歌·党争与歌妓：周邦彦《兰陵王》词考释[①]

(一)"沉郁顿挫"与叙述者

北宋末期周邦彦（1056—1121），已被古今来许多词论家认定为最优秀的词人和词的集大成者。如宋朝刘肃说他"真足冠冕词林。欢筵歌席，率知崇爱"[②]。此《序》作于宋宁宗嘉定四年（1212）辛未十二月，可说是最早给周词作了这么高的评价。约六十年后，宋末的陈郁也说周邦彦"二百年来以乐府独步；贵人、学士、市侩、妓女，皆知美成词为可爱"[③]。又如沈义父说："作词当以清真为主，下字运意，皆有法度，往往自唐、宋诸贤诗词中来，而不用经史中生硬字面，此所以为冠绝也。"[④] 清人如早期的严沆说："论词于北宋自当以美成为最醇。南渡以后，幼安负青兕之力，一意奔放，用事不休；改之（刘过）、潜夫（刘克庄）、经国（陈经国，一名陈人杰），尤而效之，无复词人之旨。由是尧章（姜夔）、邦卿（史达祖），别裁风格，极其爽逸芊艳；宗瑞（张辑）、宾王（高观国）、几叔（黄机）、胜欲（蒋捷）、碧山（王沂孙）、叔夏（张炎）继之，要其原皆自美成出。"[⑤] 《四库全书总目》

[①] 此文原系为庆祝友人缪钺教授九十寿辰而作，并曾在耶鲁大学及台湾大学讲演过，唯皆大有删节，此则为全文也。

[②] 刘肃：《片玉集序》，见朱孝臧跋本。周邦彦：《片玉集》，扬州：江苏广陵古籍刻印社，1980年影印，卷首，1页。

[③] 陈郁：《藏一话腴》，引见唐圭璋：《宋词三百首笺注》，香港：中华书局，1961，84页。

[④] 沈义父：《乐府指迷》，引见唐圭璋：《宋词三百首笺注》，86页。

[⑤] 严沆：《古今词选序》。引见唐圭璋：《宋词三百首笺注》，86页。括号中姓名皆我所加。

说:"邦彦妙解声律,为词家之冠。"① 戈载说:"清真之词,其意淡远,其气浑厚,其音节又复清妍和雅,最为词家之正宗。"② 王国维于多所研考之后,更简要地说:"词中老杜,非先生不可。"③ 这些说法,当然都各有道理。唐圭璋先生在《宋词三百首笺注》里已详加征引,无需多述。

不过,我认为评论清真词最得其要领,而又曾举例具体分析的,莫过于陈廷焯(1853—1892)。试看他说:

> 词至美成,乃有大宗。前收苏、秦之终,后开姜、史之始。自有词人以来,不得不推为巨擘。后之为词者,亦难出其范围。然其妙处,亦不外沉郁顿挫。顿挫则有姿态,沉郁则极深厚。既有姿态,又极深厚,词中三昧,亦尽于此矣。④

又说:

> 今之谈词者,亦知尊美成;然知其佳,而不知其所以佳,正坐不解沉郁顿挫之妙。彼所谓佳者,不过人云亦云耳。摘论数条于后,清真面目,可见一斑。⑤

陈氏接下去举的第一个例子就是清真的《兰陵王》词。他说:

> 美成词,极其感慨,而无处不郁,令人不能遽窥其旨。如《兰陵王》(柳)云:"登临望故国。谁识京华倦客。"二语是一篇之主。上有"隋堤上,曾见几番,拂水飘绵送行色"之句,暗伏"倦客"

---

① 纪昀等编撰:《四库全书总目·片玉词提要》。引见唐圭璋:《宋词三百首笺注》,86页。
② 戈载:《宋四家词选·清真词跋》。引见唐圭璋:《宋词三百首笺注》,86页。
③ 王国维:《清真先生遗事》。引见唐圭璋:《宋词三百首笺注》,86页。
④ 屈兴国校注:《白雨斋词话足本校注》,济南:齐鲁书社,1983,卷1,第49条,74页。
⑤ 屈兴国校注:《白雨斋词话足本校注》,卷1,第51条,76页。

之根,是其法密处。故下接云:"长亭路,年去岁来,应接柔条过千尺。"久客淹留之感,和盘托出。他手至此,以下便直抒愤懑矣;美成则不然,"闲寻旧踪迹"二叠,无一语不吞吐。只就眼前景物,约略点缀,更不写淹留之故,却无处非淹留之苦。直至收笔云:"沉思前事,似梦里,泪暗滴。"遥遥挽合,妙在才欲说破,便自咽住,其味正自无穷。……大抵美成词,一篇皆有一篇之旨,寻得其旨,不难迎刃而解;否则病其繁碎重复,何足以知清真也![1]

"沉郁顿挫"本来是杜甫评论他自作诗赋的话(见他的《进雕赋表》)。这两个观念可以推溯到更早。我几年前在给台湾一位女作家的短篇小说集写的序文里,曾把它们和亚里士多德《诗学》中的两个原则"发现"(discovery)的背面(隐蔽)和"突转"(peripety)对比,认定"隐"和"转"也就近似"沉郁"和"顿挫",是中西传统诗文创作与评论的两大基本原则。我在那篇《序文》里有比较详细的解释,这里不用多说。[2]

这儿只想指出,陈廷焯用"沉郁顿挫"的观念来评词,尤其来论周邦彦的词,是非常恰当而得要的;他首先就举《兰陵王》作例子来说明,也很具见地,因为这首词的确是周邦彦最好的作品之一,最具代表性,也是最包含"沉郁顿挫"特征的作品。

可是,陈廷焯接下去对《兰陵王》词主题的解释,就我看来,却大成问题。他说:"'登临望故国。谁识京华倦客。'二语是一篇之主。"大约是受了嘉庆、道光时代周济(1781—1839,字介存,号止庵)说法的影响。周济解释《兰陵王》词的主题为"客中送客。一'愁'字代行者设想"[3]。又说这词是"当筵命笔,冠绝一时"[4]。这种说法误导了许多

---

[1] 屈兴国校注:《白雨斋词话足本校注》,卷1,第51条,76—77页。
[2] 周策纵:《未到来烟雨潮:张霭珠〈唐倩和他的情人〉序》,台中:晨星出版社,1990年,亦载台北《联合报》副刊,1990年6月14—15日。
[3] 周济:《宋四家词选》。引见罗忼烈:《周邦彦清真集笺》,香港:三联书店,1985,162页。以下简称罗《笺》。
[4] 周济:《介存斋词论杂著》。引见唐圭璋:《宋词三百首笺注》,90页;罗《笺》,162页。

人，连当代不少优秀的词人和词论家，也往往不能完全摆脱这种影响。友人罗忼烈教授对周邦彦的生平和词，研究最周密深至，他才明确认定此词是邦彦"留别汴京故旧之作"①。这个看法很对，只可惜他没有详细分析。现在为了讨论方便，先录《兰陵王》全词如下：

> 柳阴直。烟里丝丝弄碧。隋堤上、曾见几番，拂水飘绵送行色。登临望故国。谁识。京华倦客。长亭路、年去岁来，应折柔条过千尺。
>
> 闲寻旧踪迹。又酒趁哀弦，灯照离席。梨花榆火催寒食。愁一箭风快，半篙波暖，回头迢递便数驿。望人在天北。
>
> 凄恻。恨堆积。渐别浦萦回，津堠岑寂。斜阳冉冉春无极。念月榭携手，露桥闻笛。沉思前事，似梦里，泪暗滴。②

这首词许多本子都题作"柳"或"咏柳"，显然是后人读了首片而误加上去的。宋朝曾慥编选的《乐府雅词》和明朝陈耀文辑《花草粹编》便都没有题目。忼烈《笺》本据以删去，是很明智的抉择。全词并非咏柳，从第二、三片全未提到固然可知；即在首片中也可见只是用柳来表现别离情景，并非主体。此事易明，毋庸多说。

首句"柳阴直"不是指个别的柳树影子笔直，而是指在笔直的堤岸上，许多的柳影成直线排列。沈祖棻女士以此对比王维的"大漠孤烟直"，说两皆用"直"字，"一写横，一写纵，各极其妙"，赏析亦妙。③忼烈笺注尤贴切，清真此句实本于庾信《奉在水司看治渭桥》诗："平堤石岸直，高堰柳阴长。"④

---

① 罗《笺》，163页。
② 据吴则虞校点、周邦彦著：《清真集》，北京：中华书局，1981，卷下，《单题》，43页；并参罗《笺》，159页。
③ 沈祖棻：《宋词赏析》，上海：上海古籍出版社，1980，111页。
④ 庾信：《庾子山集》（四部备要本），卷3，33页。

三　诗歌·党争与歌妓：周邦彦《兰陵王》词考释

　　不过这词的主题，到底是表作者送人；还是写别人送己；或者是写别人送人；甚至只是写人送人，强调普遍的送别，却必须作仔细分析，通盘考虑，才可判断。作者和作品中的叙述者（说话人）本来就不必是同一人；而文言里，尤其是旧体诗词里，通常都不写出一句的主格。再方面，又往往不标时态。大家都知道，中文没有"语尾变化"（inflection）。这种种不明确之处，对文学作品，尤其是对诗词来说，自有他的好处，语意朦胧，可给读者作多层次的了解；但也常使人迷惑。《兰陵王》词叙述者的动作诸词，如上片的"见""登临望"，中片的"寻""愁""回头""望"，下片的"凄恻""念""沉思"等，上面都没有标出主格。但这些必暗示有一个主格，有一个人在动作；这主格也只应是一个，不好前后变更，换句话说，这各种动作的人只有一个。这个人，本来不必就是叙述者自己，也不必就是指作者本人，中国传统诗词中往往有指别人的，男诗人也往往有用女人作主格的。此词上、中两片的主动者是什么人，的确不明显，是第一人称或第三者，都无不可。可是下片说的"渐别浦萦回，津堠岑寂"，却是指一特定的情境，已相当具体；下文又说"念月榭携手，露桥闻笛"，更是一种十分独特的经历，不像只假借前人词汇，泛泛想象可比。再加上首片说的"隋堤"和"京华倦客"的"登临望故国"，都可见主格是指一位在北宋首都汴梁（今河南开封）作客的人，这些情境就是他的经历。当然，若在戏剧或小说里，叙述者和主角，可能全不是作者本身；连叙事诗、乐府，以至于宫词之类，亦复如此。唯在抒情词体中，却当别论，词人之作，大多抒写自己的亲身经历和所感所思。《兰陵王》词应属此类，是周邦彦写他自己的经历，他自己应该就是行人。

　　《兰陵王》词的叙述者或作者，根本没有说过他送别人。周济说是"客中送客"，乃是误读原文。他最大的根据，可能是上片的"隋堤上、曾见几番，拂水飘绵送行色。登临望故国。谁识。京华倦客"。这前面一句，叙述者只是说：他曾经数次见到这些柳树的枝条拂水飘绵送人离别的情景。（纵按："行色"指旅行的状态。见《庄子·盗跖》："车马有行色。"① 杜甫《奉简高三十五使君》诗："行色秋将晚，交情老更亲。"②今口语还说"行色匆匆"。）这只能解释作，曾多次"见"到有人送行，至于他自己是否也曾去送行，词中并未说到；下句"登临望故国"，也只是说自己是曾经登临远望故乡，在京城住得厌倦了，有回乡的愿望，这也只说是去"登临"，在江岸应是指登楼，不必是去送行。而且这"几番"见到送客，实是"曾"经的事，是过去的事，不是词中所咏现在正在进行中的事情。把"曾"字忽略过去，是绝不可以的。

（二）词中时态的分析

说到这里，应该把这词中各动词的时态弄明白。其实此词的时态，写得相当清楚，只要细心阅读，就不会混淆。原是写正在进行中的一件事，只因叙述者时常回想过去，又推想过去到现在，以至于推想未来，才使人觉得模糊。可是凡是这些回想和推测之处，作者都用了特殊的词汇来标明，如上文提到的"曾见"，这个"曾"字表示那"见"是过去的动作词，同时也应该直贯下面两句"登临望故国。谁识"，使"登临望"和"识"都成为过去式动词。下面的句子，"年去岁来"是附属子句，全句的主要动词是下面的"折"字，由于上有"应"字，所以使全句成为虚拟完成式。完成式所指的时间，如大家都知道的，是指从过去到现在这"一段"时期（年去岁来）。全句照白话说，就是：多少年来，"应该已经"把这柔弱的柳枝折得超过一千尺了。用英语说这"应折"两字，就是 should have plucked。大家都知道，折柳送别是从汉朝以后的积习。大约因为"柳"和"留"，"杨"和"扬帆""扬鞭"的"扬"都音同形似吧。

中片的主要动词"（闲）寻""（酒）趁""（灯）照""催（寒食）"和

---

① 《庄子·盗跖》。

② 仇兆鳌注：《杜少陵集详注》，北京：北京文学书籍刊行社，1955年影印商务《万有文库》本，册9，卷24，132页；又北京：中华书局，1979年整理标点本，改名《杜诗详注》，册5，卷24，2172页。

"愁",没有加别的限制词,都是用来描述眼前进行的事件,像上片的"(柳阴)直"和"弄(碧)"一样,都是单纯的现在式。不过这"愁"字的意义是"忧虑"快要发生的事情,这些事情就都是预测:"风快""波暖"和"回头",这些当然都是未来的虚拟的动作。而下面的"迢递"和"望人",乃是"回头"所见的情境,那就更是虚拟的虚拟,未来的未来了。但"愁"字以下这四件事虽是预测,实际上马上就要成为事实,所以也给人现在正在进行的感觉,中文语尾不变形,恰可产生这种模糊印象,使人有多层次感觉的好处。这样一来,又可于"望人在天北"句下,不知不觉中传递到下片换头"凄恻",直写现在时态,而不觉时间上的跳跃。上片末句"应折柔条过千尺"也同样给人现正发生的感觉,所以和中片换头"闲寻旧踪迹"的现在时态也接得不着痕迹。

"愁"字这种预想的含义和用法,前人也有知道的。如上引周济就说过:"一'愁'字代行者设想。"固然"代行者"是由于"客中送客"那个错误看法而来,并不准确;但"设想"的解释却是很对的。又如唐圭璋先生也说:"'愁一箭'四句,是别去之设想。'愁'字贯四句,所愁者即风快、舟快、途远、人远耳。"① 不过他们都没有举证,何以知道周邦彦的"愁"字是这种用法。我以为,最好引用他在另两处的例子来作证。《清真集》中的《渡江云》词,描述手法有许多和《兰陵王》相似,不妨拿来对看:

> 晴岚低楚甸,暖回雁翼,阵势起平沙。骤惊春在眼,借问何时,委曲到山家。涂香晕色,盛粉饰,争作妍华。千万丝、陌头杨柳,渐渐可藏鸦。堪嗟。清江东注,画舸西流,指长安日下。愁宴阑,风翻旗尾,潮溅乌纱。今宵正对初弦月,傍水驿,深舣蒹葭。沉恨处,时时自剔灯花。②

---

① 唐圭璋:《唐宋词简释》,上海:上海古籍出版社,1981,126 页。
② 吴则虞校点、周邦彦著:《清真集》,卷下,《单题》,3—4 页;罗《笺》,177 页。叶嘉莹在唐圭璋编《唐宋词鉴赏辞典》(江苏古籍出版社,1986,532—537 页)中对此词有详释,可以对看。

这首词也是写春天夜里在江上旅行，岸上有柳树，不过《兰陵王》写的是离开汴京，这次却是从江南快回到汴京，方向相反。两次都想望家乡（"登临望故国"和"借问何时，委曲到山家"），不过那次心情很矛盾，要离开又不想离开，因为汴京留着浪漫相处过的人，这次却怕到汴京，不愿牵涉到官场应酬和政治上的翻覆。这里说的"愁宴阑，风翻旗尾，潮溅乌纱"和《兰陵王》中的"愁一箭风快，半篙波暖"，两个"愁"字的用法完全相同，都是设想词，都是预想即将到来的不高兴见到的事情。两例对看，至为显然。

另外一个更明显的例子则是《浣溪沙》中那句"预愁衣上粉痕干"①，这里便直说"预愁"，是设想预测之词了。

这里对中片的首尾两句，"闲寻旧踪迹"和"望人在天北"，也必须澄清一下。依常情常理，此时无论是我来送人或人来送我，当此即将离别之际，乘机去寻寻旧踪迹，还有可说，怎么能说有"闲"暇去寻呢？我看这"闲"字不是"闲暇"的意思。张相《诗词曲语辞典》说："闲，犹空也。"因举王安石《千秋岁引》词："无奈被些名利缚，无奈被他情担阁，可惜风流总闲却。"说："此为空义，言落空也。"又举辛弃疾《八声甘州》（夜读《李广传》）："汉开边功名万里，甚当时健者亦曾闲。"说："此亦空义，言李广封侯之事落空也。"还举了刘克庄的《水调歌头》："向来幻境安在，回首总成闲。"说："此亦空义。"② 不过张相举的例子，"闲"字都是动词或名词。若在动词前作副词用时，却通常都作"闲暇"解。我以为只有在少数特殊情况下，似乎也可兼带"落空""无奈"的意思。例如柳永的《古倾杯》词中说："断鸿隐隐归飞，江天杳杳。遥山变色，妆眉淡扫。目极千里，闲倚危樯回眺。"③ 这"闲倚"，依上下文看来，就绝不止于意味着闲来无事的远眺，实带有落空而百无聊赖之感。又如他的《洞仙歌》，开始说："乘兴，闲泛兰舟，

---

① 罗《笺》，117 页。
② 皆见张相：《诗词曲语辞典》，台北：艺文印书馆，1957年影印版，530 页。
③ 唐圭璋编：《全宋词》，北京：中华书局，1965，册 1，27 页。

渺渺烟波东去。"接下去又说："羁旅。渐入三吴风景，水村渔市。闲思更远神京，抛掷幽会，小欢何处。不堪独倚危樯，凝情西望日边，繁华地，归程阻。空自叹当时，言约无据。"① 这里的"闲泛"大约指闲暇时，下面的"闲思"也许就不止于如此，而更有落空无奈之感，与下文"空自叹"中的"空"字有点近似了。还有这里的"不堪独倚危樯，凝情西望日边"，正和上文所引《古倾杯》词中的"闲倚危樯回眺"情景相似，这"闲倚"的"闲"当亦有"不堪"的意味。又如周邦彦自己的诗《天赐白》末云："将军偶生名已弱，铁花暗涩龙文锷，缟帐肥刍酬马恩，闲望旄头向西落。"② 这里的"闲"似亦兼含"暇"与"空"义。《兰陵王》中那句"闲寻旧踪迹"的"闲"字，也正须了解有"空"义，有"落空无奈"或"不堪"之感，"闲暇"的意思可能早已没有了。

　　至于"望人在天北"的"人"，是指别人还是指自己，前人多未辨明。唯也有学者认为："'人'谓作者自己，犹《花犯》'人正在空江烟浪里'之人，'望'乃设想送别者望行人也。周止庵谓此为客中送客之词，盖为此一语所惑耳。"③ 这个引证自然很有见地，不过我们必须照顾到上下文，"回头迢递便数驿。望人在天北"。这里"回头"和"望"的主格，应该是同一个人。"回头"只能指行者，船向前行，他可能几次回头反顾，发现"迢递便数驿"，船一会儿就驶了好几站了。若指送行者，怎能说"回头"看到船走了多少站呢？这"回头"的人既是行者，则"望"者也应是行者，而所"望"的"人"便该是留在汴京的人，不可能是作为行人的自己。若说"回头"的主格是行者，而下句"望"的主格却突然换成了送行者，这种叙述法，在这里恐怕不会用到。"人"字在周邦彦的词中，大多系指别人，如《过秦楼》："叹年华一瞬，人今千里，梦沉书远。"④《长相思》："掩面啼，人怎知。"⑤ 又《南浦》：

---

① 唐圭璋编：《全宋词》，册1，42页。
② 罗《笺》，303页。
③ 罗《笺》，163页。
④ 罗《笺》，92页。
⑤ 罗《笺》，《附录词》，92页。

"无言对月,皓彩千里人何处。"① 这些"人"字都是叙述者用来指别人或对方的。这后面一例,意境尤相近似。我甚至颇怀疑,"望人在天北"这个"人"可能就是《清真集》中《瑞龙吟》里说的"念个人痴小"②那个"人";也就是《玉楼春》里说的"当时携手城东道,月堕檐牙人睡了"。③ 那个"月堕"时还"携手"的人,因为和"月榭携手"不无类似之处(我在下文还会讨论到)。不过这"人睡了"的"人"却泛指别人了。这些当然都只是猜测,无法肯定。不论如何,"望人在天北"这"人"字,恐怕不是指叙述者自己。以上是对中片首末两句的一点澄清。

现在再回头来看看下片各动词的时态:"凄恻""(恨)堆积""萦回""岑寂""冉冉""无极""念""似""(泪暗)滴"等字应该都是现在式,指离别后路上的情景或想象。只有"携手"和"闻笛"乃所"念"的往事,自然应是过去式。

从上面各词时态的分析看来,作者主要的叙述虽然只一贯用了现在式或现在进行式,可是中间却穿插过过去完成式、纯过去式和虚拟的完成式,以至于预测的未来式等等,情况非常复杂,使人有万转千回之感。更由于中文言简意多,又不变词尾,有时不免显得模糊不清,或模棱两可,反而造成了多层次的繁缛意境。也就帮助达到了陈廷焯所说的"沉郁顿挫之妙"。

(三) 此词作成的时地

以上都只是就《兰陵王》词的"文本"读释,我们已大致上判断,这词是作者自写离开汴京的情境。现在不妨就周邦彦一生的经历来论定此词作成的时间和环境。

为了讨论方便起见,现在先把周邦彦一生的重要事迹,尤其是与进

---

① 罗《笺》,259 页。
② 罗《笺》,118 页。
③ 罗《笺》,130 页。

出汴京有关的时间，列表如下：①

宋仁宗至和三年（或嘉祐元年，如生于九月或以后）（1056），一岁，出生于钱塘（今浙江省杭州市）。

神宗元丰二年（1079），二十四岁，入汴京（东都，今河南省开封市）为太学生。（初次入都）

元丰六年（1083），二十八岁，七月，献《汴都赋》，随即任太学正。（毕沅编《续资治通鉴》云："七年三月壬戌（二十三日）'诏以太学外舍生钱唐周邦彦为试太学正。'"② 当有所据。）

哲宗元祐二年（1087），三十二岁，春，出汴京教授庐州（今安徽合肥市），先返钱塘，然后赴任。（初次出都）

（此后改任荆州，即今湖北江陵市，或仍任教授；元祐八年，1093，二月，调升溧水知县，在今南京市东南。）

绍圣四年（1097），四十二岁，秩满还京为国子主簿。（二次入都）
（次年六月十八日，重进《汴都赋》，除秘书省正字。）

徽宗建中靖国元年（1101），四十六岁，迁校书郎。本年曾短期离京至睦州（今浙江省建德县），但仍在京任职。
（此后迁考功员外郎、卫尉宗正少卿兼议礼局检讨。）

大观二年（1108），五十三岁，本年或次年，传说曾游姑苏，但无实据。仍在京任少卿兼检讨职，后迁卫尉卿。

政和二年（1112），五十七岁，以奉直大夫直龙图阁知隆德军

---

① 周邦彦年表，以前有王国维的《清真先生遗事》，见《王观堂先生全集》，册9；陈思的《清真居士年谱》，见《辽海丛书》（1931—1934年出版），集6。罗《笺》的《年表》较后出，尤为详审，故此处多以罗《表》为准。并偶加校补。

② 毕沅编：《续资治通鉴》，北京：中华书局，1957、1964，卷77，元丰七年三月壬戌，1945页。

府（府治在今山西省长治市）。（二次出都）

（后改知明州，州治在浙江鄞县，今宁波市。）

政和六年（1116），六十一岁，还京任秘书监。（三次入都）

政和七年（1117），六十二岁，进徽猷阁待制，提举大晟府。

重和元年（1118），六十三岁，出知真定府（府治在今河北省正定县）。（三次出都）

（次年改顺昌府，府治在今安徽阜阳县；又次年徙知处州，州治在今浙江丽水县；同年提举南京鸿庆宫，在今河南商丘县。）

宣和三年（1121），六十六岁，卒于商丘官舍。

从上表看来，周邦彦一生共有三次正式出都：第一次是在三十二岁时，南行还杭州，后往安徽；第二次是在五十七岁时，西北往山西；第三次是在六十三岁时，北至河北正定。至于四十六岁时游睦州（是否去过，我还有疑问），为时很短；五十三岁时是否去过苏州还不一定，即使去过，也很短促，都不会有《兰陵王》中所写的那种别离的情景。近代几位研究宋词最好的学者都认为此词作于清真的晚年，即六十三岁第三次出都的时候。细审他（她）们的主要理由，几乎都是根据南宋初年毛开的《樵隐笔录》：

绍兴（1131—1162）初，都下盛行周清真《兰陵王慢》，西楼南瓦皆歌之，谓之"渭城三叠"。以周词凡三换头，至末段声尤激越，惟教坊老笛师能倚之以节歌者。其谱传自赵忠简（鼎）家，忠简于建炎丁未（元年，1127）九日南渡，泊舟仪真江口，遇宣和（1119—1125）大晟乐府协律郎某，叩获九重故谱，因令家伎习之，遂流传于外。[1]

---

[1] 唐圭璋：《宋词三百首笺注》，90页。

好些人都认为,《兰陵王》词的乐谱既然传自大晟乐府的"协律郎"(主要乐师),而周邦彦在政和七年(1117)左右主管过大晟府,次年(重和元年,1118)出都知真定府;那么,此词应该是作于"徽宗政和年间提举大晟府时",或此次离开汴京的时候。[1] 他自己向北往河北的真定府,故词云:"望人在天北。"其次,周邦彦在真定时作有一篇《续秋兴赋》,其《自序》说:"某既游河朔,三月而见秋。"《兰陵王》所写离京是寒食节前,若三月底到真定,再过三个月就到七月,正是"见秋"的时候,可说时地皆合。

可是我细看之后,却产生不少疑问:周邦彦此次出都时已离开大晟府,写此词时,绝不是像周济说的"当筵命笔",从末片所述"渐别浦萦回,津堠岑寂。斜阳冉冉春无极"看来,显然已在途中了。中片既已说过"灯照离席",送别时已是夜晚,则此所谓"斜阳冉冉",可能已不是当天傍晚,而是下一天或几天后了。不论如何,《兰陵王》词绝不是清真提举大晟府时所写,了无疑义。若说是已离职后所写,以后再交大晟府去演奏,并非不可能,但究不如说那是他早期所写,后来提举大晟乐府时,拿给乐师演奏,因此府内留有此谱,这样的可能性更大。所以就大晟府词谱一事而论,并不能证明此词写于他提举大晟府时,或离职大晟府之后的出都时。

其次,上文我从文句的上下文已证明,"望人在天北"的"人"是送行的人或留在汴京的人,换句话说,这离去之人是向南走的。上片也说过"登临望故国",周邦彦的故乡是钱塘(杭州),从开封应向南望才对,真定远在北方,与他的"故国"正相反,他如果此次远去北方,那就和他"望故国"真是南辕北辙了。

再说,《兰陵王》词中说的明明是水程。但从当时的汴京去真定,较直捷的道路是北过封丘、汤阴、安阳、邯郸沿陆路而去。即使要从水

---

[1] 罗《笺》,163、439 页。按:罗忼烈教授认为《兰陵王》词系作于清真此次离开汴京的时候;叶嘉莹教授则认为作于提举大晟府时,见她的《论周邦彦词》,收在缪钺教授和她合著:《灵溪词说》,上海:上海古籍出版社,1987,300 页。

路绕道,广济渠基本上向东稍偏北,汴河则是逆水正向西,所以如这样走法,又很难说"望人在天北",即使把这"人"看作行者,也只能说在东或在西。

考虑到这种种情况,我认为《兰陵王》中所说的应是指元祐二年(1087)三十二岁时的初次出都南下,先返故乡钱塘(清真不用土旁的"塘"字)。这八年在太学的少年时期,清真与歌妓往来特密,写过许多艳词,"月榭携手,露桥闻笛",极符合这一时期的情趣。

关于这次出都的情境,罗忼烈教授考论得很精审。他认为清真的《友议帖》即写于此行之前。原帖云:

> 邦彦叩头:罪逆不死,奄及祥除。食贫所驱,未免禄仕。言念及此,益深哀摧。此月末挈家归钱唐,展省坟域。季春远当西迈。寖远友议,岂胜依依!寻即奉书,以候动静。邦彦叩头。①

忼烈解释说:

> 神宗卒后,旧党当政,清真以右新法见斥,始有罪逆可言。故《重进汴都赋表》云:"旋遭时变,不能俛仰取容,自触罢废。"是所谓罪逆也。彼以元祐二年教授庐州,此时已逾神宗之丧二十余月,故云"奄及祥除"也。味帖意,当是二年春间出都,先返钱塘,然后赴任;庐州在杭州之西,故云西迈也。若如(王国维)《遗事》所言在客荆州之际,则去神宗祥除已四五年,而哲宗方在位,何得谓之奄及耶?此《帖》似为元祐二年春将出都前致友人者。②

此释甚确。"帝、后之丧大祥除服,宋时谓之祥除","奄"乃奄忽之意,就是说:忽然很快即要到皇帝丧服期满的时候了。按:神宗死于元丰八

---

① 罗《笺》,425 页。
② 罗《笺》,426 页。

年三月戊戌（初五）（1085 年 4 月 1 日）。过去所谓人君三年之丧，郑玄认为服丧期实为二十七个月，王肃以为二十五个月，唐朝杜佑主郑说，宋朝朱熹则主王说。宋朝各帝似乎并不全同，虽然天圣中诏令断以二十七个月，① 神宗之丧期，从周邦彦此信及史书所记看来，应该只有二十五个月。按元祐元年（1086）有闰二月，故二年三月初五满二十五个月，即届祥除。本日太皇太后诏："祥禫既终。"② 周邦彦的《友议帖》应该写于元祐二年二月中旬或上旬，所谓"此月末挈家归钱唐"当是指二月末到家，不是此月末起程。他在家省视祖坟后（到家时，本年虽已过清明，但通常本在三月初，故省坟尚不太迟。若说是在正月底到家，则离寒食和祥除又太远），三月间（"季春"）便离家西向往庐州上任。

我认定《兰陵王》是作于此次离开汴京时，词中说"梨花榆火催寒食"，当然应是寒食节前数日。宋朝的寒食节非常重要，冬至、元旦和寒食是一年的"三大节，为七日假"，其余各节日只放假一日或三日。③ 清明节即包含在寒食节内，从冬至算起，一百五日为大寒食，这天和前后各一日禁火断炊共三天；放假则"前后各三日，凡假七日"④，也有说禁火五天的。据孟元老说这几天热闹非凡，"缓入都门，斜阳御柳；醉归院落，明月梨花"⑤，正可作《兰陵王》词的背景。由于元祐元年有闰二月，所以随后的节气都提早了，本年的冬至在十一月初七，自此起算一百五日为元祐二年二月二十二日（1087 年 3 月 29 日），在这以前的两三天，即十九日，就算进入寒食节了。⑥《本草纲目》李时珍说：梨"二月开白花如雪"⑦，所以周邦彦大概是在元祐二年二月中旬（十八日以前）起程，沿运河顺水南下，应该不上半个月就可在月底到达钱

---

① 参看《宋史》，卷 122《凶礼志一》。
② 毕沅编：《续资治通鉴》，卷 80，元祐二年三月丁巳诏，2018 页。
③ 邓之诚注，（宋）孟元老：《东京梦华录注》，香港：商务印书馆，1961，卷 6，166 页。
④ 邓之诚注，（宋）孟元老：《东京梦华录注》，卷 7，118 页。
⑤ 邓之诚注，（宋）孟元老：《东京梦华录注》，卷 7，186 页。
⑥ 邓之诚注，（宋）孟元老：《东京梦华录注》，卷 7，186—188 页。
⑦ 李时珍：《本草纲目》。引见吴其濬编：《植物名实图考长编》，北京：中华书局，1963 年用商务标点本旧型重印，册 3，卷 15，870 页。

塘（本年二月小，只有二十九天）。此与《友议帖》中说的"此月末"归家，恰好相合。（详看下文第六节）

（四）政治逆转下的太学和献赋的困境

把《兰陵王》词的作成定于此次离京返家之时，不但时间和地望相合，而且情绪和背景也最为相称。从上文所列年表看，清真于二十四岁时（或二十五岁，说见下文）离家到汴京，一住就是八（或七）年，这可能是他初次离家这么久，当然特别怀念家乡，所以有"京华倦客""登临望故国"那种怀乡情绪。若是在六十三岁晚年时，则那次并非还家，与"望故国"不相合；而且此前已数次离京南下，不足为异；还有，他在五十七岁到六十岁之间，都在山西和江南做地方官，后者即是明州（今浙江宁波市），从北方去明州，或由此返汴京，都要经过他的故乡钱塘（如〔宋〕徐度《却扫编》载梁焘"以朝官通判明州之官，道出钱塘"即是一例①），所以他六十一岁从明州还汴京任秘书监时，可能已回过钱塘一两次，并且这次留京也只有两年，就于六十三岁时，北赴真定之任，这次在京短暂应不会那么想念家乡吧；再说，这时年已老，官已做到徽猷阁待制，主管大晟府，②是否还会像《兰陵王》中所写的那般热恋着歌妓，恐怕也不无疑问。

但相反的，当他在太学那段少年时期，似乎过着较浪漫的日子，与歌妓的接触也较多。这里不妨对周邦彦在太学的情况、时间和地点略加探讨。宋初取士的途径，本来是科举和学校两者并行，但神宗变法，已专由学校取士，太学尤为最高学府，登庸人才之所，国子监事实上也并在里面了。神宗初年，太学生员分为三等：始入学为外舍生，定额七百人；外舍升内舍，两百人；内舍升上舍，一百人，共一千人。到了元丰

---

① 引见丁传靖辑：《宋人轶事汇编》，台北：台湾商务印书馆，1966年影印，1935年初版，卷11，525页。

② 府址在皇宫旁御街南方，进出较不便。看邓之诚注，（宋）孟元老：《东京梦华录注》，卷2，53页。

二年（1079）诏令增加为两千四百人。王国维认为清真"入都为太学生，当在此年"①。我在上文年表里也照此说列出。可是这次的诏令颁于八月十九日，生员几乎增加了一倍，房舍必须扩充，加上招收事宜，是否要等到次年春天才能实施，也许还有问题，清朝周城所著《宋东京考》把这次的太学扩充，说在元丰三年（1080），也许不是全无根据。倘是如此，则清真或许是二十五岁而不是二十四岁初次入京进太学了。这事至少仍有此可能。现试看《宋史·选举志三》说：

> 神宗尤垂意儒学，自京师至郡县，既皆有学。岁时月各有试，程其艺能，以差次升舍，其最优者为上舍，免发解及礼部试而特赐之第。遂颛以此取士。……元丰二年（同书《神宗纪》云在八月甲寅，即十九日，当1079年9月16日）颁《学令》：太学置八十斋，斋各五楹，容三十人。外舍生二千人，内舍生三百人，上舍生百人。月一私试，岁一公试，补内舍生；间岁一舍试，补上舍生。弥封、誊录如贡举法；而上舍试则学官不预考校。公试，外舍生入第一、第二等，升内舍；内舍生试入优、平二等，升上舍；皆参考所书行艺乃升。上舍分三等。学正增为五人，学录增为十人，学录参以学生为之。岁赐缗钱至二万五千，又取郡县田租、屋课、息钱之类，增为学费。②

据宋朝陈郁《藏一话腴》说："公（周邦彦）少为太学内舍选，年未三十，作《汴都赋》。"③上文年表内我引毕沅说他只是外舍生，我想他初进太学也许还是外舍生，一年以后经过考试才升为内舍生吧，不过这已无法确定了。也许由于献赋的关系，受到神宗皇帝欣赏，或许未经过上舍生甚至内舍生阶段，就越级提升为太学正（毕沅说是"为试太学

---

① 见罗《笺》，519页引；但478页引文则云："当在此时。"
② 《宋史·选举志三》。
③ 见《适园丛书》。

正"),所以本传说:"献《汴都赋》万余言(其实徽宗时增订的今本也只有 6659 字),命侍臣读于迩英阁,自太学诸生一命为正。"据《宋史·职官志》太学正为正九品官,在博士(十人)之下,学录之上,"掌举行学规,凡诸生之戾规矩者,待以五等之罚。考教训导,如博士之职"。这个职务,自然远比现代大学的训导重要。太学生和学正的待遇似乎也不差。

其实《汴都赋》只是赞美宋朝京城的辉煌,并非特别歌颂神宗的新法,大都不曾批评神宗以前旧党的治绩。他对神宗的改革,固然显得歌颂,但说到神宗皇帝的野心雄图时,也仍然继承有汉赋讽劝的意味。他在《赋》末形容皇帝有"统摄阴机",临驾天帝的野心,把神宗皇帝十七年间的统治说成:"如此淫乐者十有七年,疲而不止,谏而不改。吾不知天王之用心,但闻夫童子之歌曰:'孰为我尸,孰厘我载,茫茫九有,莫知其界。'"可说颂与讽兼而有之,相当微妙。清真的叔父周邠本就偏向旧党,和苏轼友善,清真和他叔父的感情也很好,早年似乎并未加入党争。神宗死后他的外放,可能与献赋的时机和所牵涉的人物关系较大。献赋和超升学正时,正值新党蔡确、章惇当权,替清真宣读此赋于迩英阁的又是尚书右丞(副相)李清臣,当时也是新党积极分子,但后来蔡京却把他列入"元祐党人碑"中。神宗于元丰八年三月初五日去世时,其子哲宗初立,只有十岁(实年九岁),由祖母(英宗之后,神宗生母)太皇太后高氏垂帘听政,起用旧党司马光等人,尽废新法。次年改元元祐,闰二月,蔡、章相继罢职外放(次年四月,李清臣也遭免职)。这次高层权力人事变动,也牵涉到中下层,司马光"欲尽去元丰间人"[①],当时也有点排斥江南人士。周邦彦在这种政治环境下,自然有遭贬斥离京的可能。

可是《友议帖》首句说的"罪逆不死,奄及祥除",显得自神宗死后这不到两年的时期中,他所遭遇的麻烦似乎相当严重;若是泛泛的贬谪,怎能说"罪逆不死"?如果说,皇帝死了如丧考妣,臣下也该负罪

---

① 引钱穆:《国史大纲》,台北:国立编译馆,1958 年翻印,1940 年初版,429 页。

的话,也只能说罪延考妣,不是臣下该死,更不应该说罪而"逆",何况他那时还只是太学里一个低级小官,似乎也没资格说这种话,朋友私信,更不会一开始就这样来抬高自己的身份。所以我的判断,"罪逆不死"这句话多少是说他自己的实际遭遇。至少是借大题目来发泄一下私人遭殃的感慨,所以下面就说:"食贫所驱,未免禄仕。言念及此,益深哀摧。"他那时既未负有任何政治责任,若勉强牵扯得上什么"罪逆"纠纷的话,恐怕只有献赋那件事最有可能了。试看哲宗元符元年(1098),他在《重进汴都赋表》里说到这事的经过:

> 臣于斯时,(元丰六年[1083]七月)自惟徒费学廪,无益治世万分之一,不揣所堪,衷集盛事,铺陈为赋,冒死进投。先帝(神宗)哀其狂愚,赐以首领,特从官使,以劝四方。(当指拔升学正)臣命薄数奇,旋遭时变,不能俯仰取容,自触罢废。漂零不偶,积年于兹。臣孤愤莫伸,大恩未报,每抱旧稿,涕泗横流。不图于今,得望天表,亲奉圣训,命录旧文。退省荒芜,恨其少作,忧惧惶惑,不知所为!伏惟陛下,执道御有,本于生知;出言成章,匪由学习。而臣也欲晞云汉之丽,自呈绘画之工,唐突不量,诛死何恨!……①

这里所谓"时变"自然如仇烈所笺,是指神宗去世,旧党起来大逐新党的事。值得注意的是:他在这里既说"冒死进投"又说"诛死何恨",固然是一种惯例说辞,但联系到《友议帖》中说的"罪逆不死"看来,则所谓"冒死""诛死",不免使人觉得他也有点要向皇帝间接暗示,他写这赋,曾经经历过冒生命的危险。

这固然只是一种推测,不过我们也该了解当时太学里的实际情况。神宗死后旧党上台之初,似乎不久就要整顿学风、士风。元祐元年三月,新任宰相司马光建议:"取士之道,当以德行为先,文学为后。就

---

① (宋)王明清《挥尘余话》所录,见罗《笺》,27—28页。

文学之中，又当以经术为先，辞采为后。"四月，又请立"经明行修科"，以示不专取文学之意。当时洛党首脑程颐曾任西京国子监教授，已调升朝中，对太学非常注意，也特重道德。这样一来，太学便首当其冲，大遭抨击。五月丁卯（十一日），旧党而兼与新党有关系的朔派首要人物刘挚上疏说：

> 学校为育材首善之地，教化所从出，非行法之所。虽群居众聚，帅而齐之，不可无法，亦有礼义存焉。先帝（神宗）养士之盛，比隆三代。然大学屡起狱讼，有司缘此造为法禁，烦苛甚于治狱，条目多于防盗，上下疑贰，以求苟免。尤可怪者，博士、诸生，禁不相见，教谕无所施，质问无所从，月巡所隶之斋而已。斋舍既不一，随经分隶，则又《易》博士兼巡《礼》斋，《诗》博士兼巡《书》斋，所至备礼请问，相与揖诺，亦或不交一言而退，以防私请，以杜贿赂。学校如此，岂先帝所以造士之意哉！愿罢其制。①

于是次日戊辰（十二日），朝廷即命程颐和其他二人，会同国子监的祭酒和司业修改太学条例和制度。② 程颐主张大事更改。到十月底，刘挚认为不必，只要"考其乖戾太甚者删去之"，"止责学官正、录以上，将见行条制去留修定即可"③，礼部大概接受了刘的意见。

刘挚算是旧党，后来元祐中做过宰相，他对当时太学弊端的指摘是否完全合于事实，固然不易判断，不过他是个正人君子，像清朝替王安石打抱不平的杨希闵，都说他还算公正。所以周邦彦那时的工作环境，也许大致如此。而最值得注意的是当时的国子司业黄隐，他算是国子监，亦即是太学的副校长，是周邦彦的顶头上司，据当时批评者说，他是个典型的投机分子，原来依附新党做官，等到神宗一死，旧党起来的

---

① 毕沅编：《续资治通鉴》，北京：中华书局，1957、1964，卷79，1998—1999页。
② 毕沅编：《续资治通鉴》，卷79，1999页。
③ 毕沅编：《续资治通鉴》，卷80，2013页。

时候,马上就去大反新政。旧党蜀派殿中侍御史吕陶《请罢国子司业黄隐职任疏》说得十分慨切,值得参考:

> 臣窃以士之大患,在于随时俯仰,而好恶不公,近则隳丧廉耻,远则败坏风俗,此礼义之罪人,治世之所不容也。太学者,教化之渊源,所以风动四方,而示之表则,一有不令,何以诲人?臣伏见国子司业黄隐,素寡学问,薄于操行,久任言责,殊无献告,惟附会当时执政,苟安其位。及迁庠序,则又无以训导诸生,注措语言,皆逐势利。且经义之说,盖无古今新旧,惟贵其当。先儒之传注,既未全是,王氏之解,亦未必全非,善学者审择而已,何必是古非今,贱彼贵我,务求合乎世哉?方安石之用事,其旧(书?)立于学官,布于天下,则肤浅之士,莫不推尊信向,以为介于孟子。及其去位而死,则遂从而诋毁之,以为无足可考。盖未尝闻道,而烛理不明故也。隐亦能记诵安石《新义》,推尊而信向之久矣,一旦闻朝廷欲议科举,以救学者浮薄不根之弊,则讽论其太学诸生,凡程序文字,不可复从王氏新说。或引用者,类多出降。何取舍之不一哉!诸生有闻安石之死,而欲设斋致奠,以伸师资之报者,隐輒形忿怒,将绳以率敛之法。此犹(尤)可鄙也!……①

又宋朝章如愚《山堂考索》载:

> 元祐元年十月癸丑(二十九日),刘挚言:国子司业黄隐,学不足以教人,行不足以服众。故相王安石经训,视诸儒经说,得圣贤之意为多,故先帝(神宗)立之于学,程序多士。而安石晚年《字说》,溺于释典,是以近制禁学者无习而已。至其经义,盖与先

---

① 引蔡上翔:《王荆公年谱考略》,上海:中华书局,1957年标点重版,原1804年初版,卷24,326—327页。

儒之说并存，未尝禁也。隐猥见安石政事已多更改，妄意迎合，欲废其学，每见生员试卷引用，辄加排斥。何以劝率学校？①

《三经新义》是王安石、王雱父子所作，神宗时颁行全国，作为解释《周礼》《诗经》《书经》的标准读本，黄隐见安石失势又已去世，便迎合上意，把太学所藏之板全部烧毁，"世间流传遂少"②。

黄隐的事迹，黄宗羲载之于他所著《宋元学案》卷八《涑水学案》中，把黄隐列在"私淑"司马光的人物内，全文是：

> 黄隐，字从善，初名降。莆田人，第进士甲科。元丰中侍御史。召对，神宗问以学术，时尊尚王氏，而先生（黄隐）以司马温公对，不称旨。元祐初，守国子司业，力排王氏新语，取《三经》板火之。为吕陶等所攻。出守泗州。历监司都守凡七年。坐尊司马氏学，入元祐党籍。靖康初，追赠直龙图阁。③

照这样说来，好像他在新党当权时本来就崇奉旧党司马光，以致官做得不得意。这和上引吕陶与刘挚说的"惟附会当时执政""皆逐势利""妄意迎合"，全不相符。不过事实上，黄隐在新党得势时，一直先后在做侍御史和国子司业，吕陶说他那时"亦能记诵安石《新义》，推尊而信向之久矣"，恐怕也不全是冤枉，因为他那时如果不这样做，怎么还能当国子司业呢？可是在旧党一起来的时候，他马上就烧毁王安石的书板；王安石于元祐元年（1086）四月癸巳（初六）去世后，太学诸生打算设斋致奠，他又要禁止，绳之以法。这种过火的举动，他自己也许认为是名副其实的"从善"如流吧；但照平常政治伦理看来，不免真有点像见风转舵，趋炎附势了。

---

① 引见全祖望补：《宋元学案》，卷98，《荆公新学略》，收在《四朝学案》（国学整理社，1936年出版，上海：世界书局发行），1839页。
② 同上；又见蔡上翔：《王荆公年谱考略》，卷24，260、326—327页。
③ 全祖望补：《宋元学案》，卷98，《荆公新学略》，203—204页。

周邦彦当时身处于那种鲜讲"礼义""屡起狱讼"的太学里,又工作于这样一位逢迎趋附的上司下面,遭受攻击的可能性就更大了。《汴都赋》固然以歌颂宋朝和神宗的统治与汴京的繁荣为主,并未抨击旧党,但说到太学革新的一段,却无形中攻击到神宗变法以前的旧传统。原文说:

> 至若儒宫千楹,首善四方,勾襟逢掖,褒衣博带,盈仞乎其中。士之匿华铲采者,莫不拂巾衽褐,弹冠结绶,空岩穴之幽邃,出郡国之退陋。……先斯时也,皇帝(神宗)悼道术之沉郁,患训诂之荒缪,诸子腾躏而相角,群言骀荡而莫守,党同伐异,此妍彼丑。挈俗学之芜秽,诋淫辞而击拮。灭窦突之荧烛,仰天庭而睹昼。同源共贯,开覆发蔀。于是俊髦并作,贤才自厉,造门闱而臻壸奥,骋辞源而驰辨圃。术艺之场,仁义之薮,温风扇和,儒林发秀,宸眷优渥,皇辞结纠。荣名之所作,庆赏之所诱,应感而格,驹行雉响。磨钝为利,培薄为厚,魁梧卓行,捞锋露颖,不驱而自就。复有佩玉之音,笾豆之容,弦歌之声,盈耳而溢目,错陈而交奏。焕烂乎唐、虞之日,雍容乎洙、泗之风,夸百圣而再讲,旷千载而复觏。……①

这段文采烂漫的描述,当然已把神宗新政在文教方面的成就鼓吹得尽善尽美;可是相反地在"先斯时也"以下数句,把以前的学风却也抨击得非常厉害:新政改革之前竟是"道术沉郁,训诂荒缪,诸子腾躏,群言骀荡,党同伐异,此妍彼丑"的局面,总之,那都是"俗学芜秽"的时代。而当时太学恰好是总领文教学风的首要机构,也是周邦彦自己的工作场所,他这些话自然也在抨击太学传统。现在神宗一死,新党失势,作为太学副首长的黄隐正要趋附旧党,尤其是要逢迎反对新政最激烈的新任执政司马光(按:光于元丰八年五月二十六日以资政殿学士任门下

---

① 罗《笺》,384—385 页。

侍郎，已参与政事，虽蔡确、韩缜、章惇仍居相位，但光已渐用事；次年元祐元年闰二月初二日蔡罢，光于同时即继其位任尚书左仆射兼门下侍郎，正式为宰相，同月二十三日章惇亦罢；至九月初一日光卒，年六十六），刘不无可能拿清真抨击太学的话来清算他。还有《汴都赋》末所说神宗"如此淫乐者十有七年，疲而不止，谏而不改"，也可用来作为清真罪状或替他辩护出脱的借口。清真因献赋而越级超升学正，也容易引起同僚和学生的猜忌。这些揣测当然查无实据，不过衡诸当时黄隐烧书板和欲绳诸生以法等实情，至少可以了解：在元丰八年下半年到元祐元年这一年半的期间，也就是周邦彦首次出都前这一年半的期间，他在太学里政治上实在处于最"有弱点而可受攻击的"（vulnerable）困境之中，却是无可疑的。如果他这时曾受过投机者或旧党控告，甚至曾遭到被"绳之以法"的麻烦，但又因《赋》末似寓有讽劝之意，或得温和派或友好者如苏轼一派的缓颊，终于免去大难，这大致不失为一个很有可能的假设。也许这样还可以帮助解释，为什么他自己后来再三会说"罪逆不死""冒死进投"和"诛死何恨"这种重话；而当时结果仍能外放作教授，六年后还调升了知县。

吕陶在攻击国子司业黄隐的奏疏中说，像黄这种人的大患，"在于随时俛仰"。周邦彦在《重进汴都赋表》中则说，当他遭遇那次变动时，"不能俛仰取容"，所以"自触罢废"。都用到"俛仰"二字，恰好形成相反的对照，也许不只是巧合。黄隐既是他的顶头上司，又当要找同情新党的部下整肃的时候；他正在"随时俛仰"，周邦彦偏不这样"俛仰"；则周邦彦之不能取容，若与黄隐有关，也许大有其可能吧。

（五）太学地区与歌妓关系

以上多从政治情况说，若从他的私生活说，上文已提到过，他年轻时代在太学时，写的艳词较多，与歌妓往来也较密。现再从太学所在地看，似乎也给予这种方便。

按：宋朝的首都汴京（东都），沿自五代，包含有里城（旧城）和外城（新城），里城周回二十里一百五十五步，外城周回四十八里二百

三 诗歌·党争与歌妓：周邦彦《兰陵王》词考释　45

二十三步。① 宋初城区形状显得不规则，"曲而宛，如蚓诎焉"。徽宗政和年间，蔡京当权时，才扩充改成方矩形。② 城中通过的主要河流有四：从西南流向西北入城的有金水河，经过大内之后，与五丈河会合，于东北角出城至齐鲁。最大的是汴河，自洛阳（西京）来，从城西流进，向东南流出，南至扬州、苏州、钱塘。另一条从西南流入外城内，横向东行转南流出城外的是蔡河。里城东西南北四面各有三门，正南的叫朱雀门，偏东的叫保康门，偏西的叫崇明门，俗称新门。东面正门叫作旧宋门，偏南的是"汴河南岸角门子"，汴河由此出城。外城南面也有三门，正南为南熏门，恰与里城的朱雀门相对，偏东的叫陈州门，为蔡河出城处，与里城保康门斜对。外城东西北三面各有四门，现只列举东南部分：东面从南算起是东水门，也是汴河向东南角出城之处。向北为新宋门。里城西面正门是"汴河北岸角门子"，与外城西水门相对，为汴河入城处。外城西面最南为顺天门（新郑门），南面向西为戴楼门，为蔡河入口处。皇宫（大内）位于里城西北部。当时繁华的商业、文化、娱乐场所，似乎都集中在城东南角一带，也就是和贡院、太学、国子监、教坊以至妓馆、瓦舍相近的地区。据宋朝孟元老《东京梦华录》卷二《朱雀门外街巷》项下说：

> 出朱雀门东壁（据孟的用法，"壁"即城墙或"面"的意思），亦人家。东去大街、麦秸巷、状元楼，余皆妓馆，至保康门街。其御街东朱雀门外，西通新门瓦子（即瓦舍、瓦肆、瓦市，或简称瓦，乃妓院、茶楼、酒馆、歌舞娱乐、出售杂货等场所），以南杀猪巷，亦妓馆。以南，东西两教坊，余皆居民或茶坊。街心市井，至夜尤盛。过龙津桥（在蔡河上，正对大内前）南去，路心又设朱漆杈子，如内前。东刘廉访宅。以南太学、国子监。过太学，又有横街，乃

---

① 赵德麟：《侯鲭录》，卷3。引见邓之诚注，（宋）孟元老：《东京梦华录注》，卷1，23页。

② 岳珂：《桯史》，卷1。引见邓之诚注，（宋）孟元老：《东京梦华录注》，卷1，23页。

太学南门。街南熟药惠民南局。以南五里许，皆民居。又东去横大街，乃五岳观后门。大街约半里许，乃看街亭，寻常车驾行幸，登亭观马骑于此。东至贡院什物库、礼部贡院、车营务草场。街南葆真宫，直至蔡河云骑桥。御街至南熏门里街西五岳观，最为雄壮。自西门东去观桥（也是蔡河上的桥，在陈州门里）、宣泰桥（亦蔡河上桥，即在观桥之北、云骑桥之南），柳阴牙道，约五里许，内有中太一宫、佑神观。街南明丽殿、奉灵园。九成宫内安顿九鼎。近东即迎祥池，夹岸垂杨，菰蒲莲荷，凫雁游泳其间，桥亭台榭，棊布相峙。惟每岁清明日，放万姓烧香游观一日。……①

又周城《宋东京考》说：

> 按太学在南宫城之蔡河湾，建隆（960—962）中立，后为国子监。真宗（998—1022 年在位）以书库迫隘，易其邻吴越王钱俶所居礼贤宅中隙地十步以广之，设斋二十，每斋各有炉亭。元丰三年（1080），增置八十斋。②

从上面这两件记载看来，太学、国子监实位于里城之外的南部，外城之内，朱雀门南偏东，南薰门东北。这个区域叫作蔡河湾，因为蔡河（惠民河）从外城西面入城后，与里城南的旧护龙河相接，东流经过朱雀门和保康门之南，然后向南湾向外城的陈州门出城，南至陈州（今淮阳）、项城，接到现在的安徽。太学的东北邻近都是妓馆，西北也是妓馆、瓦子和教坊，即戏院游乐场所。

蔡河湾的东北面就是汴河经过的区域，这两条河是当时的南北交通要道，江南物资财富，全由此两河输入，而扬州、苏、杭，尤著声伎文

---

① 古典文学出版社校刊：《东京梦华录：外四种》，北京：中华书局，1959，1962 年重印，13 页；并参邓注本，卷 2，60 页。

② 周城：《宋东京考》，卷 9。引见邓之诚注，(宋)孟元老：《东京梦华录注》，卷 6，61 页。

三 诗歌·党争与歌妓：周邦彦《兰陵王》词考释　47

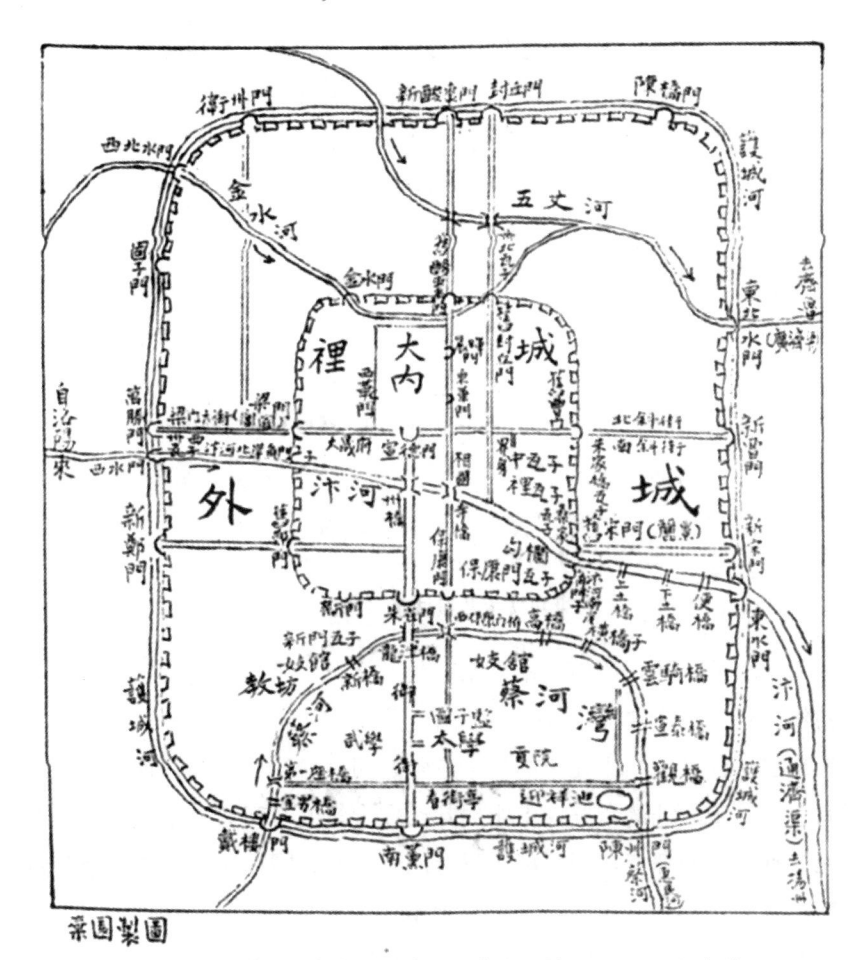

北宋 汴京 太学位置图

据《东京梦华录》等，并参考松田寿男及森鹿三编：《亚细亚历史地图》（日本东京：平凡社，1966）。

物之美。所以这两河码头之间和左右的"皇城东南角"，成为当时全国最繁华热闹的地方。试看《东京梦华录》中《东角楼街巷》一条说：

　　自宣德（门）东去东角楼，乃皇城东南角也。十字街南去姜行。高头街北去，从纱行至东华门街、晨晖门、宝箓宫，直至旧酸枣门，最是铺席要闹。宣和间展夹城牙道矣。东去乃潘楼街，街南曰"鹰店"，只下贩鹰鹘客，余皆真珠、疋帛、香药铺席。南通一巷，谓之"界身"，并是金银、彩帛交易之所，屋宇雄壮，门面广阔，望之森然。每一交易，动即千万，骇人闻见。以东街北曰潘楼酒店，其下每日自五更市合，买卖衣物、书画、珍玩、犀玉。至平明，羊头、肚肺、赤白腰子、奶房、肚胘、鹑兔、鸠鸽、野味、螃蟹、蛤蜊之类讫，方有诸手作人上市买卖零碎作料。饭后饮食上市，如酥蜜食、枣䭅、澄砂团子、香糖果子、蜜煎雕花之类。向晚卖河娄头面、冠梳领抹、珍玩动使之类。东去则徐家瓠羹店。街南桑家瓦子，近北则中瓦，次里瓦。其中大小勾栏五十余座。内中瓦子莲花棚、牡丹棚，里瓦子夜叉棚、象棚最大，可容数千人。自丁先现、王团子、张七圣辈，后来可有人于此作场。瓦中多有货药、卖卦、喝故衣、探搏、饮食、剃剪、纸画、令曲之类。终日居此，不觉抵暮。①

以上孟元老的描述，当然包括徽宗时代的情况，不过他这书虽著成于南宋初年（1126年，南渡以后至绍兴十七年，1148年以前），但所记是徽宗崇宁二年到钦宗靖康元年的二十三年之间（1103—1126）他在汴京的见闻，即北宋末期的状况，上距周邦彦在太学的时间只有十三年；而且孟元老到汴京的那年，周邦彦还只有四十八岁，同在汴京，孟书所记的时期，有十八年邦彦还活着。虽然政和、宣和年间，汴京曾有些扩建，但大致情况，尤其是民间生活，应该还和周邦彦时相近。

周邦彦年轻时住在汴京东南区八年，附近正是繁华游乐区，妓馆、瓦舍、教坊，都在邻近，稍向东北进皇城角，更是一片瓦子，"大小勾栏五十余座"。以他那喜好也很懂音乐的个性，擅长词曲的才能，这时自然会访问其间，与歌妓"锦幄初温，兽烟不断，相对坐调笙"，甚至

---

① 古典文学出版社校刊：《东京梦华录：外四种》，卷2，14—15页；邓注本，卷2，67—68页。

可有歌妓"低声问，向谁行宿，城上已三更；马滑霜浓，不如休去，直是少人行"的借口而留宿妓馆的事了。①

与歌妓往来，在宋代士大夫和词人间本是常事，毫不足怪；不过留宿妓馆，却要看情形而论。作为太学生，也许还不太受人注意，至多犯了校规；但做了官，就有些限制了。试看瞿宣颖纂辑《中国社会史料丛钞》中《宋之官妓》项下说：

> 官妓用以承应官府，然亦有限制。《宋史·蒋堂传》称：堂知益州，以私官妓贬官。《画墁录》亦云：嘉祐（仁宗末年，1056—1063）以前，惟提点刑狱不得赴妓乐；熙宁（神宗前期，1068—1077）以后，监司率禁，至属官亦同，惟圣节一日许赴州郡大排筵于便寝，别设留倡，徒用小乐，号呼达旦。②

又说：

> 宋之官妓，得于官差外私就客宿，但官吏不得身至妓馆，于左列事实可见：《夷坚乙志》："赵不他为汀州员外税官，留家邵武，而独往寓城内开元寺，与官妓一人相往来，时时取入寺宿。一夕五鼓方酣寝，妓父呼于外曰：'判官诞辰，亟起贺。'仓皇而出。赵心眷眷未已。妓复还曰：'我谕吾父持数百钱略营将，不必往。'……赵忽睡梦携手出寺，行市中，至下坊，妓指一曲曰：'此吾家也。'赵心念：身为见（读作现）仕，难以至妓馆，力拒之。"③

官妓如此，官吏之于私妓，恐怕也不会相差太远，或甚至更严。当然，

---

① 周邦彦：《少年游》。罗《笺》，3页。
② 瞿宣颖纂辑：《中国社会史料丛钞》，台北：台湾商务印书馆，1965年影印本，甲集，下册，728页。
③ 瞿宣颖纂辑：《中国社会史料丛钞》，甲集，下册，728页。按"坊曲"指妓馆，可参看罗《笺》《瑞龙吟》注，119页。

这种规范到底执行得如何，还很难说。不过元祐初司马光等人既然以德行为号召，要整肃士风，做法当然更严。乔松年（1815—1875）《箩藦亭札记》说："《司马温公集》有《请停裸体妇人相扑为戏札子》，盖皇帝御宣德门，百戏之一也。"他连皇帝看裸体戏都要禁止，当然更不会让属下官吏宿妓馆了。周邦彦在元祐元年时正已做了三年多九品官的太学正，他如果宿妓馆，甚至还形之于文字的话，要找他麻烦的人就何患无辞。《宋史》本传说邦彦"疎隽少检，不为州里推重"，周应合（1213—1280）《东都事略·文艺传》说他"性落魄不羁"。"落魄"当系用杜牧"落魄江湖，青楼薄幸"典。许多笔记也说邦彦常与歌妓有往来，事实上也的确如此（是否为李师师等，已很难说，可参看罗《笺》各相关词注，及丁传靖辑《宋人轶事汇编》等有关之记载）。这方面当时和他在政治上一样，处于有弱点而易受攻击的地位。

上面就私生活方面设想，他可能在元祐二年二月离京之前遇到过一些麻烦，这对于我们了解《兰陵王》和他的其他词作，都可能有些帮助。《清真集》中有一首《浣溪沙》，前文已引过一句，全文是：

不为萧娘旧约寒。何因容易别长安。预愁衣上粉痕干。
幽阁深沉灯焰喜，小垆邻近酒杯宽。为君门外脱归鞍。①

忱烈定为绍圣三年（1096）返京途中之作，非常恰当。这时他正四十二岁，离他于元祐二年（1087）初次离京已有十年，急于想重见上次离别的人。我以前读此词，总不能解。头两句好像是说：要不是她那次把旧约冷淡了，我怎么能那样容易离别汴京？假如这样，下面怎么还能说"灯焰喜"，说她会高兴期待他回来呢？即使把首句解释成自己使旧约冷淡，也和自己的眷恋不合。现在照上面的设想，原来是由于与她的往来遭遇到别人攻击，被迫和她断绝关系，冷却旧约，又失去太学的位子，为了谋生，只好离开汴京，南下任教。所以首二句应解释作：若非"为

---

① 罗.《笺》，117 页。

了她而使"旧约寒了的话,自己那次怎么会那般容易离开汴京?因为即使环境不顺,又很怀乡,已成"京华倦客",若他仍能和她热恋,还是不会离京的。现在说是"容易",其实只是不得已,非离去不可,这非去不可的情势,才使他"容易"离京。这句反语,更加强了他当时内心离京之"难"。第三句"预愁衣上粉痕干",是说那临别之时就预先忧虑到他衣襟上所黏她脸上的粉痕,不久就会干去脱去,旧痕难再觅了!首句的"旧约",照通常用例,应了解作他和她过去要"长相守"的誓约。当然,如要进一层作政治上的推论,说是指冷却了政治上、社会上的关系,像《离骚》哀怨,也只好听读者各自去选择了。①

我把《浣溪沙》这样详细分析,只因它所说的那次分离,正是《兰陵王》中所描述的同一事件,可借此了解后者。《兰陵王》写离别的哀愁,到了极端,若是寻常简单的分离,很难认同这样强烈的悲哀感。中片说的"酒趁哀弦,灯照离席",其实,由于他这次是"挈家"同行,②有妻子做伴,且是因受眷恋者之故而被迫离去,来送行的应该没有她在内;可是正因为没有她在,"弦"就更"哀"了。下片的"凄恻。恨堆积"用"堆积"二字,可见愁恨、哀怨是何等深重;而且连用两短句,又是押韵的两短句,更是押入声韵的连续两短句,那就使这悲凉感更决绝、强烈而迫切了!末了三句:"沉思前事(纵按:此乃用张先《于飞乐令》中句:'寻思前事,小屏风、巧画江南。'下亦为三字句)③,似梦里,泪暗滴。"唐圭璋先生已指出:"'沉思'较上文的'念'字'尤深,伤心之极,遂迸出热泪'"④。我看"似梦里,泪暗滴"这种情况,尤其是特用"暗"字,也许只有在经过上面所推测的,因她的关系而被迫离开的委曲之下才更为适当。

前文指出周邦彦工作的太学在汴京外城内东南的蔡河湾,东北面和西北面都有许多妓馆,这对于我们了解清真的艳词将有些帮助。例如一

---

① 陈思:《清真居士年谱》即有此说。引见罗《笺》,118页。
② 罗《笺》,425页,引《友议帖》。
③ 唐圭璋编:《全宋词》,册1,71页。
④ 唐圭璋:《唐宋词简释》,126页。

般评注者读到他的《瑞龙吟》中那句"名园露饮,东城闲步",总以为那只是用了杜牧《张好好诗序》中说的"于洛阳东城重睹好好"这个典故。① 这当然很有可能。不过我们也应注意到,清真在另一首词《玉楼春》里也说:"当时携手城东道。月堕檐牙人睡了。"② 他一再说到"东城""城东",若考虑到当时太学的东北面正有许多妓馆,而且汴京妓馆、勾栏、瓦舍、娱乐场所也多集中在城东南区,那我们就可判断,他很可能是在描写实际的情况了。

上面所引"当时携手城东道。月堕檐牙人睡了",使我们想到清真在另一首词《少年游》里说的"檐牙缥缈小倡楼,凉月挂银钩"③,都提到"檐牙"和"月",可能是回忆同一件事情。而月堕檐牙时携手城东道,与《兰陵王》的"念月榭携手,露桥闻笛"情景也不无类似之处,都有月下携手的一幕。上文引到朱雀门外街巷的记述,说那里有些地方是"桥亭台榭,棋布相峙",正可与"月榭""露桥"对证,那个太学所在的区域,这些建筑大约的确很多。固然我们不知道周邦彦说的是否为私家或妓馆的桥、榭,但也许仍可推测他说的大概是实况。事实上,当时汴京的桥非常多,《东京梦华录》就列举了蔡河上的十三座桥,汴河十三座,五丈河五座,金水河三座,共卅四座。④ 太学东北附近就有蔡河上的龙津桥、西保康门桥、高桥、横桥子、云骑桥、宣泰桥、观桥等共七座。⑤《清真词》别处说到桥的也不少,如《忆旧游》:"杨柳拂河桥。"⑥《玉楼春》:"当时相候赤栏桥。"⑦《应天长》(寒食):"强载酒、细寻前迹。市桥远,柳下人家,犹自相识。"⑧ 这些都是回忆或直写汴京河桥的句子。

---

① 罗《笺》,118 页。
② 罗《笺》,130 页。
③ 罗《笺》,29 页。
④ 邓之诚注,(宋)孟元老:《东京梦华录注》,卷 1,8 页。
⑤ 邓之诚注,(宋)孟元老:《东京梦华录注》,卷 1,8、13 页。
⑥ 罗《笺》,56 页。
⑦ 罗《笺》,61 页。
⑧ 罗《笺》,124 页。

（六）离京南下和《兰陵王》的"累积意境"

谈到《兰陵王》作成的时地问题，词中说："梨花榆火催寒食。"忼烈《注》云：

> 梨花榆火皆寒食清明节物。温庭筠《鄠杜郊居》："寂寞游人寒食后，夜来风雨送梨花。"梅尧臣《次韵和永叔雨中寄原甫舍人》："细笼芳草踏春后，欲打梨花寒食时。"《周礼·夏官·司爟》："四时变国火。"（纵按：原文此下尚有一句"以救时疾"，或可全引。）郑《注》："春取榆柳之火。"（唐）李峤《寒食清明早赴王门率成》："槐烟乘晓散，榆火应春开。"①

至为适切。关于梨花与寒食，不妨补充一点，上文引到《东京梦华录·清明节》条下说："缓入都门，斜阳御柳；醉归院落，明月梨花。"我已指出过，宋代的清明节是包括在寒食节内的，而这里说的正是汴京寒食时的景物。至于"榆火"，唐圭璋先生也有下面这种笺注：

> 清明取榆柳之火赐近臣，顺阳气，见《唐会要》。《云笈七签》："清明一日取榆柳作薪煮食，名曰换新火，以取一年之利。"②

俞平伯先生则说：

> 宋代清明有赐新火之制，仅限于宰执学士等，亦云"榆柳之火"，详见《春明退朝录》卷中。这里不过用作辞藻，点缀禁烟节令。在民间烧柴薪亦还有"改火"的风俗。如苏轼《老饕赋》"火恶陈而薪恶劳"。自《注》："江右久不改火，火色皆青。"可见其他

---

① 罗《笺》，160—161页。
② 唐圭璋：《宋词三百首笺注》，89页。

> 各地还有灭旧火而生新火的,即所谓"改火",只是不必钻木。①

他指出宋代民间尚有"改火"的风俗,很有见地。"榆火"在这里的功用在"点缀禁烟节令",当然也有一部分理由。不过我认为这也不仅是"用作辞藻",而可能是在描述当时的实际情景。那时汴京城内外,的确种有许多梨花和榆柳。上文引的"斜阳御柳""明月梨花",正是汴京寒食时的景物。其实当时汴京城内外种植花木极盛,《东京梦华录》在《收灯都人出城探春》条下说得颇具体,尤其把正月十五日以后到清明节以前这一个半月,也恰好是周邦彦这次离京的时候,描绘得花柳争春,引人入胜:

> 大抵都城左近,皆是园圃;百里之内,并无闲地。次第春容满野:暖律暄晴,万花争出;粉墙细柳,斜笼绮陌。香轮暖辗,芳草如茵;骏马骄嘶,杏花如绣。莺啼芳树,燕舞晴空。红妆按乐于宝榭层楼,白面行歌近画桥流水。举目则秋千巧笑,触处则蹴鞠疏狂。寻芳选胜,花絮时坠金樽;折翠簪红,蜂蝶暗随归骑。于是相继清明节矣。②(纵按:断句各本稍有不同,此系我自己的断句和标点。)

这里固然只说到花和柳,但同书开头第一条记述"外城"里面的概况时也说道:"城里牙道(似即官道之意),各植榆柳成阴。"③ 可见榆树和柳树在汴京的街道上相当普遍。当然,清真词说"催寒食",照我们通常的了解,改火应该是寒食断炊之后或同时的事,寒食之前似乎不至于有"榆火"的仪式。若照这样了解,则清真离汴之日,可能已在寒食期

---

① 俞平伯:《唐宋词选释》,北京:人民文学出版社,1979,中卷,133—134 页。
② 邓之诚注,(宋)孟元老:《东京梦华录注》,卷 6,184 页;古典文学出版社校刊:《东京梦华录:外四种》,38 页。
③ 邓之诚注,(宋)孟元老:《东京梦华录注》,卷 1《东都外城》条,1 页;古典文学出版社校刊:《东京梦华录:外四种》,7 页。

三　诗歌·党争与歌妓：周邦彦《兰陵王》词考释　　55

中了，也就是说可能已到二月十九日了。要不然，他就只算是在预告，或仅仅是想象用来"点缀禁烟节令"而已。但我们也无法肯定，说汴京的人当时不在寒食前就烧榆火，反正榆柳不少，节令前也许就有试用的可能吧。当然这已无法断言了。

这里不妨再说一下"柳阴直"和"隋堤上、曾见几番，拂水飘绵送行色"的问题。大家都知道隋炀帝开通济渠，沿河筑堤，后人称为"隋堤"，夹岸都植有柳树。但不见有人引用具体的早期记录。俞平伯先生注释只引宋朝陈元龙注《片玉集》："隋炀帝疏洛为河，抵江都宫，道皆种柳。"又引白居易《新乐府·隋堤柳》："西自黄河东至淮，绿阴一千三百里。"① 忼烈则根据清《一统志》，并引了刘禹锡《杨柳枝九首》："炀帝行宫汴水滨，数株杨柳不胜春。"杜牧《隋堤柳》："夹岸垂杨三百里，只应图画最相宜。"这些都很恰当，可增加我们对周词的了解和欣赏。不过我想仍不妨补充征引下面几种较早和较切近的记载：

炀帝即位，……始建东都（洛阳）……开渠引谷、洛水，自苑西入而东注于洛；又自板渚引河达于淮海，谓之御河。河畔筑御道，树以柳。② 大业元年三月辛亥（二十一日，即605年4月14日），命尚书右丞皇甫议发河南、淮北诸郡民前后百余万，开通济渠。……渠广四十步，渠旁皆筑御道，树以柳。③

（通济渠）自洛阳西苑引谷、洛水达于河；自板渚引河入汴口；又从大梁之东，引汴水入于泗，达于淮；自江都宫入于海。亦谓之御河。河畔筑御道，树之以柳。④

汴河本名汳，即浚仪渠也，一名莨荡渠。……隋大业元年，开通济渠，自板渚引河历荥泽入汴，又自大梁之东，引汴水入泗，达于淮。渠广四十步，渠旁皆筑御道，树以柳，（后人）名曰隋堤，

---

① 俞平伯：《唐宋词选释》，中卷，133页。
② 《隋书》，卷24，《食货志》。
③ 《资治通鉴》，卷180，《隋纪》。
④ （唐）李吉甫：《元和郡县志》，卷6，《河南府》。

一曰汴堤。宋定都汴梁，汴水穿都中，有上水门、下水门，岁漕江、淮、浙、湖之粟六百万石达京师，常至决溢，设官司之。元至元二十七年（1290）黄河决，始淤塞。旧府治南有汴渠故迹，即其地也。止存今沙河，一名贾鲁河。①

以上资料，当然只备节录即可。值得注意的是，这些记载都说隋堤沿岸皆种有柳树。又隋大业六年（610），自江都（扬州）至钱塘连接有"江南运河"，所以从汴京可以直达钱塘。②

我以前也以为"柳阴直"一句可引《东京梦华录》的开头数句作注释，原文为："东都外城，方圆四十余里。城壕曰护龙河，阔十余丈，濠之内外，皆植杨柳，粉墙朱户，禁人往来。"③后来仔细一想，这是不大妥当的。《兰陵王》是写作者离开汴京旅行的路线，应该是从里城东的相国寺桥沿汴河经东南，出角门子，再出外城的东水门南下。不会绕道从护城河转到汴河，护城壕恐怕也不便通航。濠之内外虽皆植有杨柳，可是又说："粉墙朱户，禁人往来。"所以清真所见的"柳阴直"，应该是隋堤上的柳树，不是护龙河岸上的柳树，他在下句接着就说"隋堤上"，也很显然，不会分指两处。

周邦彦从汴京由运河回钱塘，到底走了多少里，要多少日子，我不知准确数目。据与邦彦约同时而年长二十五岁左右的沈括（1031—1095）说：自从仁宗皇祐四年（1052）左右，"汴渠有二十年不浚，岁岁湮淀"。汴京城内有八条沟渠，把污水南流入汴河。结果：

> 自汴流埋淀，京城东水门下至雍丘、襄邑，河底皆高出堤外平地一丈二尺余。自汴堤下瞰民居，如在深谷。熙宁中（据宋朝李焘《续资治通鉴长编》，此事在神宗熙宁五年九月壬子，即初七日，当

---

① （清）康熙《开封府志》，卷5，《汴河》。参看朱偰编：《中国运河史料选辑》，北京：中华书局，1962，16、17、39—40页。

② 《资治通鉴》，卷181，《隋纪》。

③ 邓之诚注，（宋）孟元老：《东京梦华录注》，1页；罗《笺》，160页。

三　诗歌·党争与歌妓：周邦彦《兰陵王》词考释　　57

　　1072年10月20日，诏以沈括提举疏治开封府以东汴河淤溉处），议改疏洛水入汴，予尝因出使，按行汴渠，自京师上善门（纵按：据周城《宋东京考》卷一："新城……汴河下水门，南曰上善。"）量至泗州淮口（纵按：即今安徽盱眙县），凡八百四十里一百三十步。地势：京师之地，比泗州凡高十九丈四尺八寸六分。……①

沈括这次测量和疏浚，是周邦彦十七岁时，也是周此次离汴京的十五年之前。又："江南运河"的长度略短于淮北这一段，据《资治通鉴》说：

　　大业六年（610）冬十二月，敕穿江南河，自京口（今江苏镇江）至余杭（隋之余杭郡治在钱塘，即今之杭州市）八百余里，广十余丈，使可通龙舟，并置驿官草顿，欲东巡会稽。②

我目前手头只未查到自盱眙东北行至淮阴，折转南下经楚州山阳（今江苏淮安）至扬州这一段的距离长度。粗略估计，约有五百里左右。沈括的测量似乎最准确，若以他的结果作比例估算，江南运河也许不到七百里。三段合计，从汴京到钱塘，大约不到一千九百里。

宋代运河航行，每天不知可走多少里。顾炎武《日知录·漕程》条下引《山堂考索》云：

　　沿流（顺水）之舟，则轻重同制：河日一百五十里，江一百里，余水七十里。转运征敛送纳，皆准程节其迟速。③

----

　①　胡道静校注：《梦溪笔谈校证》，北京：中华书局，1957，卷25，第457条，795—796页。
　②　《资治通鉴》，卷181，《隋纪》；又（明）嘉靖《浙江通志》，卷3；（清）乾隆《镇江府志》，卷2，《漕渠》；乾隆《淮南府志》，卷6，《运河》等，皆有类似记载。参看朱偰编：《中国运河史料选辑》，北京：中华书局，1962，20—22页。
　③　（清）黄汝成：《日知录集释》，台北：世界书局，1962，卷10，246页。

私人或官吏旅行比漕运要轻便些，唯私人不致日夜兼程。船行比步行也应该快得多，关于古代步行的速度，我在英文《诗字古义考》[①] 和中文《说"来"与"归去来"》[②] 二文里曾有些推测，大致可在五十到八十里之间。水程应可日行一百五十到二百里。如依此计算，从汴京到钱塘，可能只需十天到十三天就够了。关于此点，也可参考一些唐、宋人的旅行记。[③] 周邦彦若在寒食前数天起程，应该可如《友议帖》说的，于月底到家。（看上文第三节末）

最后，且试释此词中最有名的一句："斜阳冉冉春无极。"谭献说：

> 已是磨杵成针手段，用笔欲落不落。"愁一箭风快"等句之喷醒，非玉田所知。"斜阳冉冉春无极"七字，微吟千百遍，当入三昧，出三昧。[④]

谭在这里用了梵语"三昧"（Samādhi）（本文初引到陈廷焯也说过"词中三昧"），佛教汉语的音译，亦作"三摩地"（或提、帝、底），意译为"定"或"禅定"，意思是心定于一处而不动，止息身、口、意三业。《观

---

① Tse-tsung Chow（周策纵），"The Early History of the Chinese word Shih（Poetry）"（《诗字古义考》）in Chow, ed. Wen-lin: Studies in the Chinese Hum-anities（在周编：《文林：中国人文研究》）(Madison: University of Wisconsin Press [陌地生：威斯康星大学出版社], 1968), pp. 178-189。

② 香港中国语文学会编：《王力先生纪念论文集》，香港：三联书店，1987，69页。

③ 如楼钥：《北行日录》。见鲍廷博辑：《知不足斋丛书》，台北：兴中书局影印，N. D.，第10册，6130—6156页。楼氏《日录》记南宋孝宗乾道五年（1169）及六年间自杭州至金国朝贺行程，往返皆经过开封。十月十八日离杭，十二月九日才到开封，因沿途官事应酬，且当时汴河已久未通航，"益埋塞，几与岸平，车马皆由其中，亦有作屋其上"。（五年十二月三日所记）沿路车、船并用，绕道甚多。回程自六年正月十九日离开开封，二月六日才到扬川。这和北宋末年已大有不同。又严耕望教授：《隋唐通济渠在交通上之功能》，《香港中文大学：中国文化研究所学报》21卷（1990）一文，其第一节《舟船载量与舟航日速》引（唐）李翱：《南来录》、（北宋）欧阳修：《于役志》，及成寻：《参天台五台山记》，认为：自汴州至泗州，大数一千里，顺水五日可达。日速约二百里之谱。（36—42页）此文虽偏重隋、唐，但略及北宋，论析颇详，可参看。

④ 谭献：《谭评词辨》。引见罗《笺》，90页。

无量寿经》云:"出定入定,恒闻妙法。"① 谭在这里是说:要欣赏这句的妙处,要反复沉吟,入乎其内,出乎其外地去体会。梁启超的评语则是:

"斜阳"七字,绮丽中带悲壮,全首精神振起。②

梁在此提出"绮丽中带悲壮"的观念,最为恰当。唯所有的评注者,对此句却无具体注释。我以为清真的本意如何,还得先追索一下,才能赏析。大家当然都知道《离骚》有"老冉冉其将至兮,恐脩名之不立"。王逸《注》:"冉冉,行貌。"③ 不过仔细说来,"斜阳冉冉"的意境,也许还是受了下面这些影响:吴质(季重)《答魏太子笺》:"日月冉冉,岁不我与。"唐朝李周翰《注》:"冉冉,疾行貌。"④ 又司马彪(绍统)《赠山涛》诗:"冉冉三光驰,逝者一何速。"李善《注》引《广雅》曰:"冉冉,进也。"又引许慎曰:"三光,日、月、星也。"⑤ 因为这些都是用"冉冉"来形容太阳的运行。还有陆机(士衡)《叹逝赋》:"人冉冉而行暮。"⑥ "行暮"与旅途中见到"斜阳"意境尤近。"冉"字原应作"冄",乃象形字,义为人的胡须。冉冉本来形容胡须飘动状态,也许可表"老貌";后来引用却指时日的飘逝,如《楚辞·九章·悲回风》:"岁忽忽其若颓兮,时亦冉冉而将至。"⑦ 这里"时""冉冉"和"岁忽忽"对文,且用"亦"字,可见"冉冉"和"忽忽"义实相似。"忽忽"

---

① 引见丁福保编:《佛学大辞典》,台北:华严莲社,1961年影印,1921年上海原排印本,卷上,884页,"出定"条;并参卷上,312—313页,"三昧"条。
② 梁令娴选:《艺蘅馆词选》,光绪三十四年(1908)初版,广州:广东人民出版社,刘逸生校点本,1981,乙卷,73页,"振"字作"提";今据唐圭璋:《宋词三百首笺注》,90页所引。
③ 《楚辞》(王逸章句),上海:商务印书馆,1937,《万有文库》用《国学基本丛书》本影印,卷1,5页。
④ 《宋本六臣注文选》,台北:广文书局,1972年影印,卷40,749页。
⑤ 《宋本六臣注文选》,卷24,447页。
⑥ 《宋本六臣注文选》,卷16,296页。
⑦ 《楚辞》(王逸章句),卷4,75页。

乃匆匆或倏忽，即疾逝之貌，《离骚》即有"日忽忽其将暮，吾令羲和弭节兮，望崦嵫而未迫，路漫漫其修远兮，吾将上下而求索"之句。①"斜阳冉冉"这"冉冉"用得特好，不但音节谐和，而且表达出时日匆匆，倏然疾逝，但又描绘出飘荡流连的状态；更重要的是，由于文辞承传，这也带有《楚辞》中那种放逐、迟暮的哀怨之感。

下面的"春无极"，更与这日月迅逝的情景产生了相反相成的效应。"无极"一词用于写景的时候，用法如江淹（文通）的《恨赋》说：

若夫明妃去时，仰天太息。紫台稍远，关山无极。摇风忽起，白日西匿。②

唐朝吕延济在"无极"下注道："极，穷也。"③"春无极"可以作为写景看待和"关山无极"相类似，是指实际所见的到处一片春景，是"春色无边"。这本来是二月间在汴梁附近可以见到的实际风景，正如上文所引《东京梦华录》中《收灯都人出城探春》项下说的："百里之内，并无闲地，次第春容满野。"④ 这是指空间因素。

其次，也如江淹描写明妃离别时一般，正是"白日西匿"的时候，见到"关山无极"，周邦彦也是"斜阳冉冉"时见到"春无极"，都强调了时间因素。而"春"更可作春天解，斜阳虽落，春天却无穷尽之时。"冉冉"既赋予时间飘忽消逝之感，"无极"又于指空间外也可以指时间。这是第二层含义。

再次，"春"不但可指"春景"和"春时"，当然更寓有"春心""春意""春情""春事"等恋情或绮丽浪漫情怀。《楚辞·招魂》里有一段描写日月流逝之际，在江行放逐中见到无穷远景时的伤春情绪，非常动人：

---

① 《楚辞》（王逸章句），卷1，12页。
② 《宋本六臣注文选》，卷16，304页。
③ 同上。
④ 邓之诚注，（宋）孟元老：《东京梦华录注》，卷6，184页；古典文学出版社校刊：《东京梦华录：外四种》，卷2，38页。

朱明（王逸注："日也。"）承夜兮时不可淹（王注："淹，久也。"），皋兰被径兮斯路渐。（王注："渐，没也。"）湛湛江水兮上有枫，目极千里兮伤春心，魂兮归来哀江南。①

"斜阳冉冉春无极"似与"朱明承夜兮时不可淹"，"目极千里兮伤春心"有类似的时不我与，放逐流连和无限怅惘、惆怅的感慨。

"斜阳冉冉"和"春无极"有相成之处，因为在落日时最适宜于见到春色无边的绮丽远景。然而也有相反之处，则是由于这无限的春景将受到时间的制约，随斜阳而消失。景愈美，情愈长，则觉时愈短；从另一面想，竟是时愈短，景愈美，则觉情愈长。加上继承了《楚辞》中那种放逐哀怨的情怀，建安的风骨，和晋人对时间、生命的敏感，使爱情与政治及整个人生遭际相融会，于是产生像梁启超所说的"绮丽中带悲壮"之感。南宋王灼说过：周邦彦的词，"时时得之"于《离骚》，而且《兰陵王》诸曲"最奇崛"②。可称的评。

综合本文的考定，《兰陵王》词之所以能给人以"沉郁顿挫"和"绮丽中带悲壮"的惆怅无尽之感，除了不直说、不说尽，和欲说还休之外，其所用复杂的时态，也有极好效果。他既能使时与地，情与景交融，又恰当地运用了传统抒情诗歌最精粹微妙的哀怨语言，得其"累积的无限之意境"。而这些释赏的关键，我以为还在认定此词是作于他年轻时受政治逆境的压力，及其与歌妓的密切关系，而被迫首次离开太学和汴京南下的时候，而不是如一般人所说的老年之作。

1993年8月写完于美国威斯康星大学（陌地生）
（原载于《中国文哲研究集刊》，第四期，
台北"中央研究院"中国文哲研究所，1994年3月）

---

① 宋玉：《招魂》。《宋本六臣注文选》，卷33，632页。
② 王灼：《碧鸡漫志》，卷2。

四　一察自好：清代诗学测征

大家都知道，《庄子·天下》一开头就提出了一个大问题，说是"古之所谓道术者"，"皆原于一"。古人的学术思想，都本原于一个最基本的原理，最为完备，"古之人其备乎"，"小大精粗，其运无乎不在"。后来呢：

>   天下大乱，贤圣不明，道德不一，天下多（各）得一察焉以自好。譬如耳目口鼻，皆有所明，不能相通。犹百家众技也，皆有所长，时有所用。虽然，不该不偏，一曲之士也。判天地之美，析万物之理，察古人之全，寡能备于天地之美，称神明之容。是故内圣外王之道，暗而不明，郁而不发，天下之人各为其所欲焉以自为方。悲乎，百家往而不反，必不合矣！后世之学者，不幸不见天地之纯，古人之大体，道术将为天下裂。

《庄子》书的作者说的这番大道理，是否完全合于事实，暂且不论；我综合检讨清代两百六十余年的诗学，甚至近代西洋的诗歌理论，却不免发生一点类似的感想。所以就把这些诗学，借用《庄子》的话来形容，说是"一察自好"。我自然知道，《庄子》所说，原与清代诗论全不相干，可是古今中外学术思想发展的方向和特征，有时也不免有些共同类似的轨迹可寻，也不必一下就完全否定吧。

我说"一察自好"，就是《庄子》说的"天下各得一察焉以自好"。"察"字俞樾说当读为"际"，与"边"同义，"得其一际，即得其一边，正不知全体之谓"。梁启超支持这个解释,并举下文"判天地之美,析万物之理,察古人之全","察"与"判""析"对文,应"皆言割裂天地之美、万物之理、古人之全,而仅得其一体"。我以为"察"的本义原是"判、别"。"一察自好"不妨就指依自己之喜好,执一偏细审,以概括全体。我认为清代的诗学,就大体而论,正好像有这种特征,长短也都在此。

本来中国古代的诗论,在尚未充分发展的阶段,倒往往注重概括和完整性,即使作片面的主张,仍是从整个诗的性质或功用而言。例如"诗言志"、"诗言情而绮靡"、"诗者,持也,持人情性"等等,偏得还不太细,争论也较少。像《诗品》《文心雕龙》《二十四诗品》等专著,虽长短不一,却多求包举完备。钟嵘固然反对声律说,但全书并非以排此为主旨。宋朝诗论才开始发达,《沧浪诗话》采取司空图和禅宗的说法论诗,自成体系,本易引起争论,不过严羽的书大致尚求平衡。后人对它的争论,也许有些误解。南宋诗论虽然已开启了派别争执之端,但还不太明显和激烈。到了明朝前后七子标榜格调,提倡拟古,"诗必盛唐"以上,如李梦阳说"文必有法式",乃由于"物之自则"。于是引起李贽和公安派三袁等人提出相反的主张,袁宏道所谓"独抒性灵,不拘格套",后来竟陵派相继而起,都来反对前后七子。明朝诗论派系之争,有如党争一般,益趋激烈,实际上,对清代诗学造成了取向和定型的潜在影响。而钱谦益(1582—1664)可说是个关键人物。

钱谦益也许并不能算是清朝最好的诗人,却是学问最渊博,思想比较深刻,对清初诗坛和诗学最有影响力的诗人和诗论家。他的诗论虽无专书,可是散见于各序、传、书札等的却相当的多,论深度、体系和平衡,可能远非其他许多清代诗论家可比。例如他认为:"古之为诗者有本。"论诗先要问"有诗无诗"。这个诗之"本"和"有诗",就是个人的喜好、怨诽、疾痛等感触,由人际关系,身世遭遇逼迫出来的真情流露。所以他说:"诗言志,志足而情生焉,情萌而气动焉。如土膏之发,如候鸟之鸣。……穷于时,迫于境,旁薄曲折而不知其使然,古今之真诗也。"又说:"古之为诗者,必有独至之性,旁出之情,偏诣之学,轮困逼塞，偃蹇排奡，人不能解而己不自喻者，然后其人始能为诗，而为之必工。"对于诗的创作条件，还作了一个完整而平衡的分析，说："夫诗文之道，萌坼于灵心，蜇启于世运，而茁长于学问。三者相随，如灯之有炷、有油、有火而焰发焉。"又说："夫诗之为道，性情、学问参会者也。性情者，学问之精神也；学问者，性情之孚尹也。"这样论诗的本质，大体可说完满周到，却也不免有偏。

可是钱谦益的这些诗论，当时还很少人全面理解；他影响最大的却是他对前后七子，尤其是对李梦阳、李攀龙拟古作风的极端攻击。因为如此，又牵涉到抨击严羽的《沧浪诗话》和高棅的《唐诗品汇》，甚至十分流行的竟陵派。他以为当时诗风败坏，都由此故，他要"循其本而救之"，大有补偏救弊，拨乱反正，责无旁贷的气概。他对他们过度的诋斥，使人觉得他"晚年文字颇好骂人"。事实上他这种态度，影响不小，可能也助长了当时门户之见和以偏取胜的论诗主张。黄宗羲也曾慨叹过当时的学风，说："昔之学者，学道者也；今之学者，学骂者也。"也许上面所引钱氏倡导"独至之性，旁出之情，偏诣之学"，可能于无意中透露了他诗学中"一察自好"的趋向；而他对前后七子等人的攻击，也可说是以偏救偏的作法。

到了清朝初年，前后七子的拟古作风，显得已遭攻倒了，创作和理论大有新机；可是"以偏救偏"、"一察自好"的风气，似乎也无形中发展起来了。

大家都知道，第一个要矫正钱谦益的偏激而最有影响的诗人和诗论家，要算王士禛（1634—1711）。渔洋年轻时受过钱谦益的奖励，一生都还感激。可是在诗的风格和诗论方面，却大不相同。最重要的是：他和钱相反，极力推崇司空图的"不著一字，尽得风流"，和严羽的"无迹可求"的主张。对前后七子某些人诗的优点，也特别赞扬。看来他的目的，并不专在救钱之偏，而是兼取众长，得到一个较平衡和完善的诗观。因此提出他的"神韵"说，以为不论如何，诗必须有神韵才好。不过他自幼就喜欢王维、孟浩然、韦应物的诗，而讲求无迹可求，富于言外之意，也就自然偏向简洁幽渺的作品；不免忽略长篇雄浑之作。虽然他自己也曾警觉到这点，指出兼该二者的好处，但"神韵"说的重心究竟别有所在，一般人也就只觉得他最宜于写七言绝句，也近于事实。所以我们大致可以说：渔洋本不求"以偏救偏"，可是结果仍然落入"一察自好"的路数。而他的诗和诗论，在康熙时代，影响深远，自无可疑。

另一方面，在渔洋之前，清初前后七子拟古之风虽然已经没落，但他们提倡"格调"的说法，一直还有人继承，与后来还发扬公安派、竟陵派的"性灵"说，并立存在。例如顺、康之际，贺贻孙（1605—约1680）便指摘后七子，而表扬公安、竟陵，说："作诗当自写性灵"，须"不肯一语一字蹈袭古人，掩其性灵"。说诗要"厚"，而"诗中之厚，皆从蕴藉而出"，所以"诗以蕴藉为主"。又说："作诗贵在本色"，"无意而感，自然而乌可已者"。他提倡诗须有"天然本色"，用了一件有趣的比喻来说明。他说：有一天，朋友招他"泛舟曲水"，有一位妓女拿一画扇请他题字，他就开玩笑题上诗句道："才子花怜惜，佳人水护持。"而

> 妓颇读书，问所谓"水护持"者，得非用飞燕随风入水，翠缕结裙故事乎？余曰："非也。但将汝脂黛兰麝及汝腔调习气，和身抛向水中，洗濯净洁，露出天然本色，方称佳人，是谓'水护持'也。"妓含笑点首。今日学诗者，亦须抛向水中洗濯，露出天然本色，方可言诗人。

同时代稍后的王夫之（1619—1692）更要说："文章之弊，坏于有法。"比袁宏道说的"文章新奇，无定格式"更要过度了。这些说法固然有好处，可是到底也只说得一面。

所以当时还有人继承前后七子，为格调传统辩护，如毛先舒（1620—1688）就主张"诗必求格"，说："标格声调，古人以写性灵之具也。由之斯中隐毕达，废之则辞理两乖。夫古人之传者，精于立言为多，取彼之精，以遇吾心，法由彼立，杼自我成，柯则不远，彼我奚

间?"又说:"诗须博洽,然必敛才就格,始可言诗。"他认为"诗主风骨,不专文采,第设色欲稍增新变耳"。公安、竟陵只增文采,不讲风骨,所以只成纤猥鄙俚。他也了解"淡者,诗之本色,华壮不获已而有之耳。然淡非学诣闳邃,不可袭致。世有强托为淡者,寒瘠之形立见,要与浮华客气,厥病等耳"。对于提倡性灵和天然本色者,他也有个有趣的用衣服装饰来作比喻的说法,正不妨和贺贻孙"佳人水护持"的比喻对照看。他说:子女侍奉父母,穿着不纯素的华彩衣服,大家都"以为孝也";等到父母死去时,子女穿着粗麻纯素的衰服,大家"亦以为孝也"。于是他要问:"岂曰衰服为性灵,而不能纯素者之非性灵也?"他还加了一个比喻说:农夫和士都穿粗装布衣,一旦升做皇帝,就穿戴上锦绣玉饰;若说这就失去性灵,则"舜之无性灵也久矣!是故缘情而述文,因事以制体,质素华采,亦各攸当而已"。照他这推论,佳人当然也用不着抛身水中去洗清粉黛,"淡妆浓抹总相宜";诗有格调修饰,也就毫无愧色了。

　　上面我拿贺贻孙的性灵说和毛先舒的格调说来对比,只不过想说明明朝前后七子和公安、竟陵派各执一偏的论点,一直延续到清初。可是顺、康时代,贺、毛的意见到底受注意得有限;但到了乾隆时代,沈德潜(1673—1769)的格调说和袁枚(1716—1798)的性灵说,以至于他们之间的争论,才受到全国士人的广泛重视,影响极大了。他们两人都是著名的诗人,门徒遍天下,交游极广,又都活到老年(沈活到九十七岁,袁八十二岁),难怪他们不同的倡导和争论要广受注目。正如钱泳说的:"沈归愚宗伯与袁简斋太史论诗,判若水火;宗伯专讲格律,太史专取性灵。"关于他们两人的诗论和争执,大家都已知道,用不着我来多说。我只想指出:两人诗论的不同,固然多由于个性、天分、才具、兴趣、教育有差别,但动机也许不无关系。沈德潜似乎要补救钱谦益和王士禛诗论的偏缺,日人青木正儿早已指出过。吴宏一教授也有所发现,说更欲修正明七子的格调说。我想沈也许更要补充其师叶燮诗学不足之处。至于袁枚之所以特别提倡性灵说,根本原因当然是个性和兴趣;而对于格调说的攻击,则特别由于对沈德潜《说诗晬语》和选诗态度的不满，由他早年给沈的两封信可以看到。这和我所说的"以偏救偏"和"一察自好"似乎也大致相近。

　　沈、袁争论的同时及稍后，乾、嘉时期最有影响的诗论，大家都知道，应该要算翁方纲（1733—1813）的"肌理说"了。他这论点，大致可说是：诗应该讲究"义理"和"文理"。他提出这个主张的目的，比较明显，就是要补救所有神韵说、格调说和性灵说的缺点或不完备之处。他也接受了桐城派姚鼐等人要融合考据、义理、辞章为一的理想。所以他倒是想采诸家之长而补其短，是真正要"以全补偏"，是要"多察自好"。可是他的兴趣所好，是在广博的学问：研究经籍，从事考订，探索金石，精通书画，兼擅辞章。固然他已略能补救格调说的泥古不变，神韵说的空虚，性灵说的疏于经术学问，但他却不免弄到以考据为诗，以学问为诗，反而没有真正得到各派在创作方面个别偏胜的优点。结果，袁枚就批评他"误把抄书当作诗"。洪亮吉也影约指他"只觉时流好尚偏，并将考证入诗篇"。又在挽他的诗中说："最喜客谈金石例，略嫌公少性情诗。"《清史列传》说他"所为诗多至六千篇，自诸经注疏以及史传之考订，金石文字之爬梳，皆贯彻洋溢于其中"。可见袁、洪的评论，并非虚构。本来，一个人的诗创作成就如何，并不影响其诗论的是否正确。翁氏的诗论，加上桐城派的文评原理，对清代中期以后的诗创作和诗论，都有极大的影响。这大概与其比较完备兼顾性不无关系。但失却"偏诣"，也往往就失去特优的长处，这又不免成为"吊诡"了。

　　从上面的分析，清代诗学承明朝争执的余绪，"补偏救敝"的动机成为诗论者重要主导因素之一。此种前提往往决定了主题的选择，如拟古与否，格调或性灵，盛唐以前之诗，或宋、元、明诗的选择评估等等。

　　在另一方面，我们也可注意到：绝大多数的诗论家本身也就是诗人。一般的看法，往往以为诗人的创作必然受其自己诗论所左右，这固然不全失真；可是我认为，诗论家的诗论，受其自己诗创作的影响也许更重要。至少诗人的偏好往往左右了其诗论的观点与趋向。"以偏救偏"

"一察自好"诗学风气之形成，或许和诗人兼为诗论家有关。尤其是宋、明、清以来最重要的诗论，多由主要诗人所提出，特别是清代前期，如钱谦益、王士禛、沈德潜、袁枚，尤为显著。次要者更屈指难计。其优点是能偏诣而精深。

自翁方纲以后，有一较普遍的现象，论者有时欲兼采众长，求平衡与完备，但多无特创之见，反而对诗学鲜有贡献。也许最有系统而又特具卓识的诗学，还有待于来者吧。

于此，我还想补充一点，就是我在开头提到过的：西洋，尤其是英、美，近三百年来的诗论，也往往走着"以偏救偏"或"一察自好"的"之"字路。十七世纪英国经验主义发达以后，诗论者多认定诗人的经历为诗创作的主要因素，所以作者的历史、社会环境，对论诗不可疏忽。但二十世纪初期以来，一些心理学家和哲学家作为诗论者提倡所谓"新批评"理论，以作品语意为中心，不计作者生平经验和历史、环境，否定了过去的批评传统。而同时及稍后，一些语言学家则认为应从根本检讨语言的性质着手，以为作品的意义已事先决定于语言原始系统，而不是作者本身，于是"结构主义"风行一时，此后更由读者响应说、解构主义或后结构主义，符号学说等，超越以前。于是作者和历史、环境和作品的主题，或被完全忽视，或废弃不讲。可是最近由于少数民族文学观和新女性主义等的兴起，主题文学批评，包括历史、社会因素等，往往不用"主题"这一通名，却以各种名称流行了起来。最近哈佛大学出版社索性出版了《主题文学批评之回复》(*The Return of Thematic Criticism*)一书，搜罗了不少论著，一叶知秋，至少也可见近代英、美文学批评"一察自好"之一斑了。这当然是我的题外之谈，考虑不周就更难免了。

1993年11月16日草成于机上
（原载于《第一届国际清代学术研讨会论文集》，
台湾中山大学中文系，1993年11月）

五　从《哀郢》论屈原的放逐

《楚辞·九章》中的《哀郢》一篇是考证屈原晚年生活最重要的作品。这是因为诗中说到他当人民"离散相失"时，从楚国的首都郢城，顺着夏水和长江流亡，过了九年。这次出亡，当然是他初次被疏远又回郢以后，再度过放逐生活的开始。问题是在，这次郢都人民离散相失的记载，到底指的是什么时候的史事？

对这问题，从来注释家已有两种不同的重要解释。一派可以戴震为代表，他说："屈原东迁，疑即当顷襄元年（前298），秦发兵出武关，攻楚，大败楚军，取析十五城而去。时怀王辱于秦，兵败地丧，民散相失，故有'皇天不纯命'之谓。"（见《屈原赋音义》）近人姜亮夫支持这一说（见《屈原赋校注》）。此说虽然也能解释"民离散而相失"，但顷襄元年郢都并未失守，屈原何故说"哀郢"，甚至还说夏屋成丘，而且郢都的"东门可芜"？

另一种解释是王夫之的主张，他认为这诗是追叙顷襄王二十一年（前278）秦将白起破郢，楚顷襄王东北迁都于陈城的事，而与屈原被放逐一事的本身无关（见《船山遗书》：楚辞通释）。对于王氏此说，蒋骥曾提出疑问，据《战国策·秦策》张仪说："秦破荆，袭郢，取洞庭、五渚、江南，荆王亡走陈。"（《韩非子》略同，唯五渚作五湖）这样看来，破郢时，屈原自沉的长沙也已失守了，他哪里会死得这么晚（看山带阁《楚辞注》）？其实就张仪的语气看来，取洞庭等不见得和上文的袭郢在同时，而且张仪这番话的记载，根本就不可靠，游国恩已指出张仪死于秦武王元年，即楚怀王十九年（前310），在破郢前三十余年。游氏的推算，考之《史记·张仪传》，或尚可商榷，但大致说来，也还不错。张仪是不能见到秦破郢的史实的，因此所说"取洞庭、五渚、江南"，也就不可信了（看《楚辞论文集》）。

对王夫之的假设，另外还有一个疑点，就是《史记·楚世家》于记载白起破郢的次年说："二十二年，秦复拔我巫、黔中郡。"一般人以为黔中在郢都的南方，包括现在的湖南西部沅陵等地。若果如此，屈原又怎能在这时以后去到沅溆一带？但据《战国策·楚策》所载，苏秦说"楚西有黔中、巫郡"。可见这两地在楚西而不在郢南，而且《楚世家》说："秦因留楚（怀）王，要以割巫、黔中之郡。"这时楚都还在郢城，秦岂能先要求郢南的地方？可见其地必在楚西秦南两国交界之处，绝不是与秦远隔的湖南沅陵等地。饶宗颐也说，楚黔中在四川东南及湖南西部和贵州交界处，巫也和那些地方接近，而不在沅湘。再则秦拔巫与黔中的次年，楚顷襄王已收复了至少一部分失地。《楚世家》说："二十三年，襄王乃收东地兵，得十余万，复西取秦所拔我江旁十五邑以为郡，距秦。"饶氏以为这"江旁十五邑"即是所失的巫、黔中郡（见《楚辞地理考》）。这样看来，至少顷襄二十三年以后屈原仍有西迁到沅、湘的可能。

《哀郢》中所说的事和白起破郢有关，似乎并无矛盾之处。只是王夫之却又认为诗中所叙全是顷襄迁陈的事而与屈原的被放逐无关。他解释诗中的"东迁"说："东迁，顷襄畏秦，弃故都而迁于陈，百姓或迁或否，兄弟婚姻，离散相失。"这本来也还说得通，可是他接着说："旧说谓东迁为原迁逐者，谬。原迁沅湘，乃西迁，何云东迁？且原以秋冬迫逐南行，《涉江》明言之，非仲春。"这点前人如蒋骥早已反驳。屈原这次东迁，如已过夏浦（今汉口）以东，不管是否已到安徽的陵阳，总之都可能已到了沅湘以东，以后到湘，自然便是西迁，因此也可证《涉江》作于《哀郢》之后（参看《三闾楚辞》）。再就《哀郢》的内容看，屈原于民离散东迁一段后所说的"去故乡而就远""流亡""出国门""吾以行""拔郢而去闾""哀见君而不再得"，以至于"信非吾罪而弃逐"，显然是指他自己在人民离散中同时遭放逐的事。

因此，近人游国恩、郭沫若、文怀沙等除了接受王说破郢一事外，都主张诗中说的就是屈原被放东迁的事。不过他们和王夫之还有另外一个不同点，王认为诗中所指虽是白起破郢之事，诗却作于破郢九年以后，他说："赋作于九年之后，则前云仲春甲之朝者，皆追忆始迁而言之。"所以他暗示《哀郢》应该作于顷襄三十年（前269）。要是我们暂且把屈原的出生年定在公元前340年，则他可能享年七十三岁或以上。游、郭、文等却认为屈被放是在破郢之前九年，他在放逐中听到首都沦陷的消息，因而作《哀郢》，这时即是顷襄二十一年，游国恩并据此上推九年，定屈原被放在顷襄十三年（前286），时楚与秦正结和亲。又推定屈原卒于作《哀郢》的次年，即顷襄二十二年（前277），并据陈场所测，把屈原的生年定在楚宣王二十七年（前343），享寿六十七岁。郭、文则推定他享年六十二岁（前340—前278，见郭《屈原赋今译》，文：《屈原九章今绎》）。

郭沫若和游国恩等的这一假定，就《哀郢》原文考验起来，是说不通的。诗的开头明明说一般人民都在逃难，紧接着就说他自己也在内，一同离开了郢都和国门。这正和朱熹说的屈原被放时，适会凶荒，人民离散，而屈原亦在行中的想象很相似。郭沫若自己的翻译也说："大家都家破人亡，妻离子散。在这仲春二月向着东方逃难。离开家乡都朝远处逃走，沿着江水、夏水不再回头（这句译得似乎也不妥，下文明明有'西思'和'顾龙门'）。走出国门我的心里难受……"这显然已把自己离郢和人民流散连在一起，现在若说这儿所写屈原离郢是九年前的事，而开首几句所说人民离散是当前郢都将陷时的情景，把九年前后的事如此颠倒联系在一起，当然不通。若说这前段所谓"百姓震愆""民散相失"和下文屈原离郢的事都是回叙九年前的事，与当前郢都沦陷不是一回事，这本可以说得通，但顷襄十三年前后，楚国没有什么兵祸，从七年到十八年，秦楚都和好，只有十五年秦楚等联合伐齐，楚国人民当然不会受到大的骚动，"震愆""离散"似乎都不大适宜用在这时候。"民离散而相失兮，方仲春而东迁"，应该指一种规模相当大的迁徙。

游国恩大概感觉到这种困难，便提出些辩解的理由。他虽认《哀郢》是因听到破郢的消息而作,却说诗中并无人民逃难的叙述,他说:"矧观篇中'容与''洋洋''翔''逍遥'等语,气度从容,舒而不迫,岂举国上下仓皇逃窜之情耶?"其实游氏所举的所谓"气度从容"的字句,多是他的误解。"楫齐扬以容与兮,哀见君而不再得!"容与犹"犹豫",原是因不能再见的悲哀,故有所徘徊,这全是心里幻想,既然说"楫齐扬",难道不是在使船快航么?且下文"忽翱翔之焉薄",这"翱翔"也正如郭沫若译的"船行如飞",未必从容。"焉洋洋以为客"的洋洋,王逸早已释作"无所归貌",本是上文作客茫茫,"不知其所跖"的意思。至于"去终古之所居兮,今逍遥而来东",逍遥有人已认为即"游"的意思,恐怕解作远游也可以,却并无现在流行的"逍遥自在"的含义。诗中充满了许多悲伤的字样,和从容不迫都相反,而且逃难和流放是一种较长久的行程,即使下文有登高回顾的事,这也不能否定篇首仓促离郢的叙述。游氏又举了另一理由,说篇首"民散相失,乃屈子之自指,非泛指楚之人民也"。其实游氏自己也知道楚辞中"民"都指人民,如"哀民生之多艰"及"民好恶其不同"等,都是齐民或平民。《哀郢》的第三句"民离散而相失"紧接"百姓"以后,"百姓"有人证明是齐民以上的贵族,不论是否如此,这儿的"民"断没有单指屈原个人的道理。朱熹把它解作一般人民,并包括屈原自己,本来是很正确的。

总之,我们细读《哀郢》全诗,似可作两点假设:第一,这诗大约作于郢都遭受兵祸以后,至于以后多久,则不一定,须另行考索。第二,诗中所述屈原的放逐与郢都人民离散及东迁约在同时,若认为只说的是他个人普通的东行,则篇首所说离郢的情境便无法交代。不过我们也不能断定诗中所说九年前离郢即是顷襄二十一年的事。

在这前提下,我以为我们很可提出另一种解释。就是屈原这次被放离郢是在顷襄十九年(前280)或甚至十八年。据《楚世家》,顷襄十八年,楚准备合纵伐秦,秦闻之,发兵来伐楚。"十九年,秦伐楚,楚军败,割上庸、汉北地予秦。二十年,秦将白起拔我西陵。"《战国策·秦纪》中并说又拔鄢、邓。可见白起破郢的前两三年楚已被秦兵祸。十九年军败既割让了汉水以北的土地，可见秦兵曾迫近郢都，楚人当然可能震惊离散或开始向东迁避。十八年虽有昭子为楚相的记载，但子兰仍可能在位或当权。屈原大约于这时被放离郢，至于经过多久才到夏浦以东，已不能推测。但两年以后，郢都便沦陷，当这消息传给他时，也许就已开始写《哀郢》了，但首都久未恢复，也许是过了相当久才写作，不论如何，大约到顷襄二十七年（前272）才定稿，因此有"至今九年不复"的说法。游国恩以为屈原是主张对秦强硬的，应被放于和秦的时候。这也未必尽然，当抗秦军事失利后，主战派也可能被作为抵罪者而放逐。这时正是和亲派加屈等罪名的好机会，"你们看吧，要是不是他们主张合纵抗秦，哪里会有今天的兵败失地？"

《哀郢》诗中既说"夏之为丘""东门可芜"，似乎表示已作于郢都沦陷几年以后，绝不是刚刚被占的时候。至少，把它的作成年代定在破郢的若干年以后比定在当时解释得更为适合于这两句。而且说明了篇首的人民散失东迁和为什么题作《哀郢》。不但如此，就《楚辞》其他篇章而论，这种解释也最适合。我们已说过，《涉江》约作于《哀郢》之后，照上面的解释，也许就在次年，即顷襄二十八年（前272）。屈原可能在这年投江，得年七十岁。按《涉江》中说："余幼好此奇服兮，年既老而不衰。"秦汉以后，固然六十岁或五十岁以上也可称老，但周代多以七十岁为老。《礼记·曲礼》说："人生……六十曰耆，指使；七十曰老，而传。"春秋公羊宣公十二年传注也有同样的说法，《论语》：孔子六十二岁时对子路说他自己"老之将至"。可见推定这年屈原为七十岁和他自己说的"年既老"最适合。其次，《离骚》起稿于屈原三十多岁时，而完成时应该和屈原最后一次放逐的开始相接（因为根据《史记·屈原传》，屈原被放是因子兰听到屈原作品中讽刺到他的缘故，这作品很可能是《离骚》，本来屈原都用兰蕙芳草比君子，可是这诗后一部分却有"余以兰为可恃兮，羌无实而容长"，很可能是用"兰"来影射子兰）。现在照我们的新假设，屈原被放于顷襄十九年，约为六十一岁。《离骚》中说他"老冉冉其将至"，这也正和孔子以六十二岁为"老之将至"最相近。

现在我们且归纳上面的假设如下：屈原六十一岁时，秦兵侵楚，郢都人民离散东迁，屈原被顷襄王放逐，沿夏水长江到汉口以东，过了两年，郢都沦陷，仍流放在外，作客约九个年头，于六十九岁时作成《哀郢》。篇末引"鸟飞反故乡""狐死首丘"的话，这时可能已有西还的决心，或已萌死志。故离他溯江西上到沅湘自尽时不会太远，也许就在次年秋天或稍后，得年七十岁或以上。

这自然只能称作假设。它的成立建立在三个前提下：一是认定"至今九年而不复"是实指的年数。其次是认定《哀郢》必作于郢都沦陷的若干年后。第三是认定郢民离散东迁及屈原被放离郢是在顷襄十九年秦侵楚时。这三点都只是推测。我以为这个假设还值得提出，因为过去各种假设也都是臆测，问题是看哪一种说法最能适切解释原文而较少矛盾罢了。

1959 年 3 月 13 日，哈佛
（原载于纽约《海外论坛》创刊号，1960 年 1 月）

六　屈原《哀郢》新译

唉！老天爷居然不守轨范，　　　　　　　（哀）皇天之不纯命兮，
怎么把老百姓来颠簸摧残？　　　　　　　何百姓之震愆？
叫人民国破家亡，妻离子散，　　　　　　民离散而相失兮，
当春天的二月向东方逃难。　　　　　　　方仲春而东迁。

离开了故乡逃到远方，　　　　　　　　　去故乡而就远兮，
沿着夏水和长江而流亡。　　　　　　　　遵江夏以流亡。
走出国门真是无限的悲伤，　　　　　　　出国门而轸怀兮，
当着初一的大清早我也只得出行。　　　　甲之鼂吾以行。

从郢都出发，离开了家门，　　　　　　　发郢都而去闾兮，
心神恍惚，不知向何处投奔？　　　　　　（怊）荒忽其焉极？
船桨齐摇，我的心却流连不忍，　　　　　楫齐扬以容与兮，
从此再也见不到你啊，我多么伤心！　　　哀见君而不再得！

我望着高大的梓树而长叹，　　　　　　　望长楸而太息兮，
眼泪淋淋像冰雪一般。　　　　　　　　　涕淫淫其若霰。
船过夏口，从西方飘浮到东面，　　　　　过夏首而西浮兮，
回头眺望龙门，早已不见。　　　　　　　顾龙门而不见。

神魂颤动，又是无限的心悲，　　　　　　心婵媛而伤怀兮，
越走越远，全没有依归。　　　　　　　　眇不知其所跖。
只好顺着风波啊，随着流水，　　　　　　顺风波以从流兮，

做了个飘飘荡荡的游子，有去无回。	焉洋洋以为客。
我骑着波神的巨浪，奔腾澎湃，	凌阳侯之泛滥兮，
像这般飞航，要流到什么所在？	忽翱翔之焉薄？
我心乱如麻，真是郁结难解，	心绌结而不解兮，
思前想后，总放不下心怀。	思蹇产而不释。
我驾着船儿向下流浪，	将运舟而下浮兮，
流向洞庭，又流向长江，	上洞庭而下江。
离开了祖宗万代的家乡，	去终古之所居兮，
于今呀，远远地来到了东方。	今逍遥而来东。
可是我的灵魂总想回转家园，	羌灵魂之欲归兮，
哪会有一刻忘记这心愿？	何须臾而忘反？
我背向夏浦却想念着西边，	背夏浦而西思兮，
啊！我的故都是越来越远！	哀故都之日远！
走上大堤向远方眺望，	登大坟以远望兮，
姑且来发纾我的悲伤。	聊以舒吾忧心。
我赞叹这一片肥沃的土壤，	哀州土之平乐兮，
凭吊这民风古朴的江乡。	悲江介之遗风。
我驾着波涛要到何处？	当陵阳之焉至兮，
向南渡一片茫茫，何处是归宿？	（淼）南渡之焉如？
竟不知故宫已成了废墟，	曾不知夏之为丘兮，
更谁料到那东门会化作荒芜！	孰两东门之可芜！
心中忧闷已多么长久，	心不怡之长久兮，
旧愁未了，又接上新愁。	忧与忧其相接。
想到郢都已远在天的尽头，	惟郢路之辽远兮，
长江夏水是渡不过的鸿沟。	江与夏之不可涉。
我恍惚离家还不到两天，	忽若（去）不信兮，

可是流浪未回已足足九年。 至今九年而不复。
我多么凄惨抑郁，梗塞万端， 惨郁郁而不通兮，
穷途失志，真是有憾难言。 塞侘傺而含戚。

有人想邀宠而故作姣好， 外承欢之汋约兮，
实际上是柔弱而缺乏坚操， 谌荏弱而难持。
我虽耿耿忠心情愿报效， 忠湛湛而愿进兮，
猖狂的嫉妒者却来阻挠。 妒被离而鄣之。

唐尧和虞舜高尚的德行， （彼）尧舜之抗行兮，
真可与莽莽的苍天比并。 （瞭）杳冥冥而薄天。
可是那班小人却满怀妒心， 众谗人之嫉妒兮，
加他们以"不慈爱"的罪名。 被以不慈之伪名。

蕴藏的美德被人讨厌， 憎愠惀之修美兮，
伪善者的慷慨反被喜欢， 好夫人之慷慨，
群小跟着来亲近欺骗， 众踥蹀而日进兮，
美德的人们因孤高而愈疏远。 美超远而逾迈。

(尾声) **乱曰：**
啊！我举目向四方远望， 曼余目以流观兮，
要几时才能一回故乡？ 冀壹反之何时？
飞鸟也会飞回旧巢， 鸟飞反故乡兮，
狐死必然枕着山冈。 狐死必首丘。
我实在无罪而遭流放， 信非吾罪而弃逐兮，
日日夜夜怎么能忘！ 何日夜而忘之！

1959年3月2日译于哈佛

（原载于纽约《海外论坛》，第一卷第二期，1960年2月）

七　《哀郢》译记

《九章》中的《哀郢》是楚辞中我顶喜欢的一首，它描写怀念故国的热情和流亡的悲痛，是非常动人的。这诗过去至少已有三种白话译本。比较起来，恐怕还是郭沫若译的较好，他至少能把握到原诗的主要情绪，即使有许多地方过于任意，改动了原意，他的翻译还是很值得参考的。文怀沙译的有时或较正确，但文词不能像郭的一样表达丰富的热情。英文翻译，五六年前有杨宪益夫妇的译本，近于意译。最近牛津大学的 David Hawkes 教授来哈佛，偶然与我同事，出示近译《楚辞》(*Ch'u Tz'u, the Songs of the South*) 一书，可说是最完备和最好的英文译本。

我的译文在解释上和他们的有相同处，也有不同的地方。我现在举几个不同的例子，作为比较，并简单的陈述我的一些理由。

诗中"过夏首而西浮兮，顾龙门而不见"，好些人都把"西浮"译作向西航行。如文怀沙：

经过夏水口，随着江水迂回往西，回头看不见龙门在哪里？

Hawkes 也译作：

We passed the head of the Hsia; and once, as we drifted westwards,

I looked back for the Dragon Gate, but I could not see it.

但细读全诗，屈原的行程明明是从郢都（即今湖北江陵）沿夏水和长江而到夏浦（即今汉口）以东，所以自称为"东迁""下浮"和"来东"，绝不能说是"往西"。蒋骥曾经加以解释说："西浮，舟行之曲处，路有向西者。"这也可说是一种很仔细的考虑。Hawkes 用 once 和 drifted 字样，也许是受了这种解释的影响。可是如果本是向东去，偶因江流弯曲而暂时向西，则这时面已西向，正对郢都的龙门，为什么还用回顾的"顾"字呢？而且就写作的习惯说，既是东行，通常也绝不因路稍有向西便说西浮，致使混淆。郭沫若大约察觉了这种困难，所以他认为，"过夏首而西浮"与下文"背夏浦而西思"是"同例语"，"西浮为心思相西而船行向西"的意思。他译道：

> 船过夏口而心依恋着西边，回顾龙门已经不能再见。

我以为"西浮"和""西思"意义还是不同。"西浮"应该释作"自西而浮"。王逸的章句早已指出："言己从西浮而东行。"姜亮夫也说："浮"字有"顺流、起始、过逾"之义，"西浮"就是从西方过来的意思。我想这是比较正确的，所以译作：

> 船过夏口，从西方飘浮到东面，回头眺望龙门，早已不见。

另外一个例子："忽若去不信兮，至今九年而不复。"郭沫若从王逸把"不信"译作"不信任"的意思：

> 想到我遭受谗言而被疏远，未回郢都足足已有九年。

文怀沙译"不信"为"不能相信"，句子颇长：

> 我的神志恍惚，我不能相信我是离开了郢都，可是整整九年了，我被放逐在外面，没有回去的希望。

Hawkes 也和文作同样的解释：

Sometimes I no more believe that I have left it;
Yet now I have been here nine years without returning.

但这儿的"信"字实在是《左传》庄公三年"凡师一宿为舍，再宿为信"的"信"。最有力的证据是《诗经·九罭》有"公归不复，于汝信宿"的句子。"不复"与"信宿"对举，和《哀郢》的以"不信"与"不复"对举极相似，这可能是当时流行的成语。这儿的"信"是"再寄"或"再处"的意思，固然不一定指两天或两晚，可是确有短促的意思，诗经那两行若译作"你回去后就不会再来，愿与你再聚两天"，也未为不可。至于《哀郢》中以"九年"和"信宿"对比，反衬时间的长短，诗意也显得更有力量。因此我译成：

我恍惚离家还不到两天，可是流浪未回已足足九年。

屈原说的"九年"是否足足九年，本不一定，郭沫若加上"足足"两字，可以强调诗意，我以为还是可取的。有人又以为"九年"不必实指，只不过如"卜居"中的"屈原既放，三年不得复见"的"三年"一般，仅言时间的长。但"卜居"是后人所作，与"哀郢"本来不同。司马迁在屈原传赞里明指《哀郢》是屈原的作品。这是可以相信的。再方面，说九是泛指时间之长的这种推测，并无可靠的根据，其为空洞的揣测，比认九为实指更甚。

还有两句："曾不知夏之为丘兮，孰两东门之可芜？"从来都把"夏"释作"大殿"，独蒋骥解作"虽夏水化为丘陵，且不能知"。到底哪一种解释是对的，颇难确定。我以为不论从哪一种解释，仍不外"故国沧桑"或"故宫禾黍"的意思。至于"两东门"，虽然朱熹说郢都的东门有二，但也有人指出它不只二门，伍端休的《江陵记》说有三门。不管几条，这儿特别提出两条，本来已很费解。而且把"孰"字当动词

用也不太顺。姜亮夫说,"两"字古文意为衡量名,因此有"考虑计较"之义,我以为很有道理,所以把这一行译成:

更谁料到那东门会化作荒芜?

文怀沙译作:

谁又能想到郢都的两座东门也荒芜得不成话?

他把"孰"字译成了"谁又能想到"。郭沫若的翻译是:

还问哪两座东门化作荒芜。

这儿成了选择问句,也算一种特殊的解释。

有时候,我们真觉得古诗无法翻译。例如:"出国门而轸怀兮,甲之鼌吾以行"。"甲"是古代以十天作一星期的头一天,"鼌"即朝字。郭沫若仍用原字,译作:

走出国门,我的心里难受,今朝是甲日,我也不能久留。

Hawkes 也只把"甲"译或"On the day chia",再用批注说明,但他并未指出为什么用"甲"日,这自然是他的慎重处。郭氏用了个"也不能",可见他曾企图衬托出"甲之朝"可能的特殊含义。文怀沙则只译作:

出了国都的门,我痛苦地思量,那一天的早晨,我就动身东行。

"甲"字自然不只说"那一天"。它是十天干标日子的头一天。我起初本想意译成"星期一",这可能引起误解。过去的注释家往往认"甲之朝"另有用意。王逸说:"屈原放出郢门,心痛而思始去,正以甲日之旦而行,指时日清明者,刺君不聪明也。"洪兴祖则说:"冯衍赋云:甲子之朝兮,汩吾西征。注云:君子举事尚早,故以朝言也。"他们认为另有含义,这一点大约是对的,可是不见得说中了屈辞的本意。我以为这是泛指一个开头的日子的清早,略如《九歌》中的"吉日兮辰良"。金文中也常有"某月初吉"(义近于每月的第一个星期)的成语。现代人还时常把"初一"和"清早"当成吉利的时辰,或者可以决定办事成败吉凶的时机。屈原的放逐,当然不见得会选择吉利日子动身,但这可能是一个反语或怨辞。现在人们还往往这样说:"初一十五(或大年初一)大清早就碰上这种倒霉事!"可见用吉日良辰正可反衬强调一种不幸的遭遇。"甲之朝吾以行"也许和这种怨辞相似。本来司马迁早已说过,屈原的作品"盖自怨生也"。原诗的语气很像:连这初一的大清早也只好去国远行。文怀沙把"动身东行"的"行"字和"量"字押韵。按原文的"吾以行"本来也和"以流亡"相叶。现在湖南土话还把大年初一出外叫作"出行(读作杭)"。我想这和"吾以行"的用法是相似的,所以把这两行译作:

走出国门真是无限的悲伤,当着初一的大清早我也只得出行。

我在上面举出几种不同的翻译,并不是说谁的最合于原意。正如瞎子摸象,可能各有所得,也可能大家都猜错了。

八　定形新诗体的提议

近来台湾和香港等地的报刊上时常有人讨论新诗的现状和前途，也有人提到新诗的格律问题，这是个好现象。一般文学史家，检讨"五四"以来新文学运动的成就时，几乎都认为最有贡献和成绩的是小说和戏剧，最没肯定成就的要算是新诗了。我的看法恰好相反。我以为在创新方面，新诗的成就在中国近代文学史上比小说更显著。这点说来话长，1966年我在瑞典斯德哥尔摩大学曾经对这个问题讲演过一次，这里不再申说，也许以后再详细商讨。目前因为大家又提到格律问题，只想把我过去提倡的"定型新诗体"，再向大家来介绍一下，希望引起进一步的研讨。

这篇原文曾刊登在1962年9月1日的《海外论坛》月刊第三卷第九期里。这个刊物是我和一些留美的朋友们创办，在美国编辑，由香港友联出版社代为印行的。这刊物确是战后海外学人第一份最好的言论园地，像胡适、林语堂诸位先生当时都曾寄过稿件在上面发表。但它未能在台湾流通，海外发行也不够普遍。我这篇文章许多人也就没有看到。这次得痖弦先生鼓励，重新刊出，目的只是想引起一些国内新诗人的注意，并不是有意来推销旧货。

其实这篇文章的立意，远在抗战初期。1937年我曾向一些朋友提出，新诗革命的初期作者受乐府、散曲和词体的影响很深，可是新诗的定形体，却一直还没有人草创过。我试着做了一些，总觉不成功。1948年到美国后，又做了些，并和好些朋友讨论过。1954年在哈佛大学和洪煨莲（业）先生谈起，他还认为我那些粗率草创的定形新诗，可以开风气之先。1962年这篇文章发表后，承他不弃，推重为自《尝试集》以来关于新诗体发展最重要的论著。20世纪60年代中期，美国现代语言学会（Modern Language Association of America）有一次在纽约开会，我应邀宣读一篇论文《论当代中国新诗的特征与前途》(The Characteristics of Contemporary Chinese Poetry and Its Future)，又把这意见提出过。当时没有充分时间讨论，只有一位德国汉学家说，这提议能否成功要看能创出多少好诗来。这点也正是我那篇英文论文说过的。

文章里把我试作的诗《航天员》作例子，并把那八行的小诗体叫作"太空体"或"五三体"，只不过是作为"定形新诗体"草创的例证之一。我所要提倡的乃是"定形新诗体"，是各色各样的定形新诗体调，并非单指那首八行诗体，不料后来许多读者只知道我在提倡"太空体"，反而没注意到"定形新诗体"的重要性。为了免去这种误会，现在重新发表时，特地把原有的副标题《并介绍"太空体"》一行删除了。真的说来，我当时发表的这六首例诗，是不是好诗无太大关系。要紧的是定形诗体在新诗中将来到底行得通行不通。当然，我也欢迎批评家对这六首诗作严厉正直的批评。好诗不可强得，然而，"虽不能至，心向往之"。

我曾一再指出，这种定形新诗体的建议，固然也是部分地总结中国过去近体诗的律诗绝句、词和散曲，以及外国定形诗体的经验而建立，但却不是要新诗人来加制新的词调，或曲调，或外国的诗体。我所提议的是，纯粹或绝大部分根据现代中国语言和新诗已有的成果，加工而创立新体。所以我当时自作的例诗，就每行都采用新诗常用的句法。当然这并不是说，每创一体，都须如此根据过去新诗的句法。诗人们自然大可独创，而且近二三十年来，现代诗和译诗在语言上往往有新的锻炼，句法当然可更趋复杂。现代诗也可有现代诗的定型诗体，而且各种定型诗体也大都可用来写现代诗。我那六首诗也就想用一体写出各种不同意象和作风的诗来。固然我已说过，诗体与意境等自有密切关系，亦不能全无选择，任意填制。

我试制的这八行体，也有些朋友们赞同仿作过。顾一樵先生在1962年就采用它填制了好几首，后来收在他的诗集《樵歌》里。郑愁予先生以前告诉我说，他也打算来尝试。我很欢迎新诗人多来诗论和试作。

作者附识 1977 年 3 月 30 日于陌地生之弃园

（一）

这儿我所要提议的，是请大家来有意识地，具体地创造"定型新诗体"或新诗调。并且把我自己草创的这种诗体作实例来说明。这试制的诗体，只能算我的"新诗实验室"里的毛坯之一。希望能引起进一步的研讨。

四十多年来，中国新诗中自由诗占的分量很多。但从诗的性质而论，格律始终不失为诗的一个重要因素。格律诗在现代西洋也还很流行，以后必然会和自由诗并存发展。

事实上，在近代中国的诗歌改革运动里，从清朝末年起，就有人注意到新的格律和体裁的问题。戊戌维新时代倡导"诗界革命"的人物，就曾企图采用一些与旧诗体不同的体裁写诗。黄遵宪模仿民歌体，早已被大家注意到。梁启超于 1902 年左右，在《新中国未来记》小说里，则用曲调"沉醉东风"和"如梦忆桃园"来翻译拜伦的《哀希腊》诗，并且用的全是白话。

大约 1916 年的冬天，胡适自造词调"采桑子慢"。他作的这一首完全是文言旧词。自造词调原是前人已有的事。但这时候他也用旧诗体和旧词调写过白话或近于白话的作品，他用旧词调写白话诗，也可说是梁启超用旧曲调和白话译西洋诗的进一步发展。因为这些作品用的仍是旧调和旧句法，所以不能成为真正的新诗或新诗体。这种办法，后来还有人试过。结果梁宗岱在抗战期间率先去作起旧词来了。他们这般重视诗体，固然很有意义，但他们完全沿用旧曲、词调的办法，绝不是新诗应走的道路。

最早有意识地提倡要创造新诗体的也许要算刘半农。他在 1917 年 5 月 1 日的《新青年》上，发表《我之文学改良观》，特别提出要"增多诗体"。他说：我们应该"自造，或输入他种诗体"。可是他当时对新诗体的认识却还很模糊而狭隘，还只想在旧诗五、七言有韵诗之外，"别增无韵之诗"。他也没有设法创造一些新体来做榜样并重复使用。

新诗格律问题被多数诗人所注重，自然是1926年4月1日《北京晨报》出版《诗镌》副刊才开始。当时闻一多、徐志摩、朱湘、饶孟侃、刘梦苇、于赓虞等人都讲求写有格律的诗。从那时起，直到后来的新月派、象征派等，对于诗行的字数、停顿和韵脚等问题，都曾做了一些不同的试验。一般说来，杂乱的模仿西洋的试作较多，有系统的理论却较少。

1949年后，大陆上排斥欧化诗，多去仿效民歌。结果四行诗体几乎占满了整个诗坛，约从1959年起，诗人和文学批评者才重视格律诗的讨谕。由于缺乏大胆的创作实验，格律也就很难有进展，创造定形新诗调的问题，更不见被郑重提出。

总的说来，从"戊戌""五四"，到目前为止，中国新诗的格律和体裁，还只停留在初步发展的阶段。这至少可以从下面三种现象看出来：

第一、中国新诗界还只在设法建立初步或基本格律，如建行、建韵的问题；而没有创造出一种个别独立的新诗体或诗调，这种诗我把它叫作"复杂的定型诗"。这种诗体的特征，我在下面将加以分析。这儿只要指出：过去的新诗人，都把注意力放在如何创立新诗行内的节奏和行间的押韵。在韵式方面，创造的成分还很少；在行内节奏方面，努力却已相当的多。但即使在这最起码的问题上，如该用什么因素来构成新诗行内的节奏，还没有比较完满的解答。行内节奏的原则只是定型诗体的基本因素之一，并不就是整个的定型诗体。而我现在所要提议建立的，则是行内、行间、节间节奏的复杂关系，而给予每一诗体或诗调一个独立的固定形式，也就是一个整体的生命。

第二、最重要的还是，过去很少有人创造出一种抽象的新诗体或诗调，与主题分开，很少有人从口头语和已有的新诗句法中精馏出一些原型来，制作新的定形调格，依照这种调格用各种不同的主题来重复填作。所以新诗人们虽然写了不少五花八门的有规律的诗，但每一首或每一主题往往自成一个规律，等到换了主题时，规律又变了。例如徐志摩的《海韵》，每节九行，各节的句法和押韵都大致有固定的方式，可是这一完整的体裁，除了这一首诗外，就没有在别的诗里应用过。所以他写《呻吟语》便又用每节五行（单就行数而论，颇像雪莱的《云雀曲》）。写《这是一个懦怯的世界》，便又用七行（像乔叟所常用的）。而且句法、字数、停顿、韵脚等，又每首自成系统。这就是说，过去即使建立了一些"节式"（stanza pattern），却仍没有把这些节式用到不同的诗里，更不能算作独立整体而普遍使用的定形诗体或诗调。

第三、有几种定形诗体固然已被好些新诗作者所重复使用，但严格说来，这些都还不能算创体。因为事实上都是模仿或完全因袭西洋已有的定形诗体或民歌旧诗词体而成。这种诗体，最重要的已有三种，就是"十四行诗"（商籁体 sonnet）、"四行诗"（绝句 quatrain）和"素诗"（blank verse）。除这以外，也有些两行（couplet）、三行（triplet 或 tercet）、五行（cinquain 或 quintain）、六行（sestet）、七行（septet, 诗体如 rhyme royal）、八行（octave, 诗体如意大利的 ottava rima）、九行（Spenserian stanza），或九行以上的诗。但既不普遍，又缺乏固定的节奏，而且都没有超出西洋诗体的范畴。其中最显著的限度，是作者只知求每行字数或节奏数的相等。

在这方面，即用定形重复制作这一方面，除了写四行诗和十四行诗的以外，努力最多的也许是陆志韦。他在 1923 年 7 月出版诗集《渡河》，主张废除平仄，采用英诗中的轻重律，想建立"有节奏的自由诗"和"无韵体"。他那时曾注意到诗行内部的抑扬节奏，却没有建立严格的定形诗体。直到 1937 年发表《杂样的五拍诗》二十三首，又在一篇《论节奏》的文章里，把这种诗体作了些说明。他的《五拍诗》，每行字数不一定，但都有五个重读的字，即是五拍。每行都不押韵。虽然他说，他并未有意去模仿莎士比亚，也不是想去变通英文的素诗体，其实仔细说来，他仍然没有超出素诗体的范围，因为他这诗中只注意到重音，又每行五个重音，而且不押韵，不讲究字数，根本就是英文素诗的作法。尤近于 1199 年去世的法人但宜尔（Arnaut Daniel）所创，而流行于意大利、西班牙、葡萄牙等地的"六行素诗体"（the sestina）中的主要部分。所以严格地说，他仍然像别的诗人采用十四行诗体一般，不过是采用了西洋的六行素诗体于中国。

又如闻一多1928年1月出版的《死水》中，有两首诗，《发现》和《一个观念》，每首都是十二行，每行十一字，每两行一韵。原可说是一个诗体的重复使用了，可是这样行数、音数和韵式的诗体，在西洋固已有了，而且他这两首诗的题目虽有两个，主题却大致相似，所以他自己后来选诗，便把题目都删去了，改题作《诗二首》。他后来也没有拿这个体裁用别的主题去重作。可见作者的主要目的还只在写两首格律大致相似的诗，而不在创制定形诗体。而且这两首诗的行内停顿与重音等，都互不相同，作为定形诗调还有不足。

（二）

我现在所要提出的复杂的定形诗体，与过去这些发展自然也有关系，但着重处多少有些不同。我的注意点是：

第一、这种新诗体的格调，应该离开主题独立而自成一单位。这和"商籁"及法国古代的八行体"巴律"（ballade）等，以至于中国词、曲调的原则大致相同，就是格调确定后，可按调作各种主题不同的诗。由于这种格调比一般的格律诗更整严，所以叫作复杂的定形诗。但这也可包括一些格律较宽的诗体，所以它发展的范围可能很大。

第二、这种新诗体每一体的节数、行数固然可有复杂的安排，就是各行中的字数、重音数、停顿数，以至于音步与韵式等，也可作各种不同的规定。过去中国新诗界研究格律的，往往受了西洋诗和中国旧式近体诗的影响，只去求每行节奏的均等，或每一音步的同长。这种节奏等长的诗当然也包括在这儿所提出的定形诗内，算作它的一种。但在这以外，各种不等的节奏安排，更是我这儿所说的定形诗的主体。

其实，这种节奏不等的诗体，在西洋也有。如古代法国的"五二音体"（lai）和由这而生的好些转韵体。又如六步的轻重格"亚历山大体"（Alexandrine）可夹用于五行诗的三步重轻格中，也可用作十二与十四音节交间的"鸡商律"（Poulter's measure，古时鸡蛋商人以十二或十四为一打，故名）的前半，使每行的音数和韵律都很复杂。后来英文诗里也有许多人去创造定形诗体。罗尔斯（James Neill Northe）一个人就创造了六十七个形式。这种特创的定形诗体，在英诗中至少已有九十以上。比较流行的却不过十来调。

西洋定形诗体的扩张，曾一部分受日本诗体"短歌"（三十一音节：5，7，5，7，7）与"俳句"（发句，十七音节；5，7，5）传入的刺激。而日诗以五、七音定型，也许受过中国五、七言诗的影响。日本最早的歌谣集《古事记》和《日本书纪》都是用汉字记录的，其中定形的诗体已有"片歌"（5，5，7），但自二音到七音长短混合的不定形诗还是占多数。可是到九世纪中叶编成的《万叶集》就都是五、七音交错组成的定形诗了。这个集子仍是用汉字来谐音或谐义，模仿中国诗体的痕迹还可找到。短歌在这集子里才正式发展。而现存最早的俳句则是十三世纪初，即宋朝末年的作品。在这期间，中国的五、七言诗已成了主体。而词体也已在八世纪初期，即唐开元前后便已开始形成了。中国词的初步发展，原也经过一个阶段，由五七言诗的增减，以求配合乐调而成。

这儿我们应特别注意，日本和西洋这种长短音节不同的定形诗体，也许还不如中国词、曲调的繁多和发达。清康熙二十六年（1687）以前，万树编的《词律》连稍后别人的补遗，便收有词的正调八七五个。康熙五十四年（1715）编成的《钦定词谱》也收有八二六调，而变调则有二三〇六之多。若加上清代以后的创调，数目可能更大。就是单以最流行的词调来说，也至少有一百到两百左右。这上千的词调之中，从十四个字的小令"竹枝"起，到两百四十个字的长调"莺啼序"止，其间阕数、句数、字数、声、韵的错综复杂，形式的固定与繁多，就我所知，世界上很少有一国的定形诗能相比。还有散曲，往往脱离歌乐，与词很相近，也成了一种定形诗。元泰定元年（1324）周德清编的《中原音韵》里已收了曲谱三一五调，后来的《太和正音谱》及《北词广正谱》等书收入的更多。常用的曲调也至少在一百以上。

这并不是说西洋诗的格律不如中国诗的严密。相反的，西洋的诗律有许多比汉诗更严密而繁复。但我上面所指的乃是定形诗，而不是节数不定的普通格律诗。西洋从希伯来与希腊以来的"赞美诗"或"圣歌"（hymn）虽然也有定形，但绝大多数只是歌词伴着乐谱的，主要目的是为了歌唱而非阅读或吟诵，颇像佛曲或初期的郊庙乐府与初期的词、曲，和后来脱离乐谱的词、曲不全相同。中国由于乐谱的不够精密与失传，倒反而帮助词、曲脱离了乐谱而成为纯粹的诗作，这和西洋教堂里圣歌的发展方向究竟是有区别的。此外，在十一世纪到十三世纪两百年间，法国南部的普罗旺斯（Provence）省区流行的抒情定形诗，本也很繁复，但不久就消沉了。

再方面，我并不是说，中国的定形诗很发达便证明中国诗比别国的诗都更进步更好。我只是说，词、曲调的繁多，乃是汉诗的一个大特点。这一特点可能和汉语及文字有密切关系。我们的独立方块字、单音字，以至于四声的区分及语法结构等，也许都能帮助按照定形诗体而填作。汉语的这些特征在现代的国语中虽已有些改变，却大致仍相似。因此我认为，词、曲调繁多的这一特点，也就是说，汉诗中定形诗体十分发达的这一特点，应该可以鼓励我们去作多样的定形新诗体的创造。

第三、我绝不是说要再造些旧词、曲一般的诗体。我们所要做的乃是"新诗"，绝不是用旧的或新的词、曲调作白话诗。我们所要造的乃是"新诗"体，要尽量避免旧词、曲的句法和腔调。我们只能从现代中国语言文字的本身里去找规律。这些包括流行的国语，各地的普通话和方言，及一部分还可以使用的古文辞藻。假如用这种方法，从活的语言中创制的定形诗体，句法仍有些可能同词、曲的相似，那就只能说词、曲调中本也有一部分的句法仍然合于现代的汉语，而不能说我们是要去模仿词、曲的句法，因为我们完全要用活的语言作标准，而不是用旧的词、曲调作标准，这一点是十分重要的。至于西洋诗和日本、印度及其他外来因素，也可斟酌汉语的特点多方采用，但也不是生吞活剥的移植。

更重要的还有，过去四十多年来中国的新诗作品，无论自由诗或格律诗，所有成立、试用过的句法，都可作实验的标本，可从那里提炼出标准来作定形诗体的构成因素。

我们之所以要尽可能避免词曲的句法和腔调，一方面因为词曲既已自成体统，就不必相混。再方面，词曲的发展开始原都是为了配合乐调，便于歌唱，所以多是可以唱或吟的，现在我们来作定形的新诗，若配上乐谱，作为歌词，固然也可以算作定形新诗的一个种类，但我们的主要目的还是在写诗。合于口头语的新诗，可以唱，却不便于吟，也不必再走旧词便于吟的道路。新诗可以朗诵或唱也就行了。最主要的只是，依照口头语读起来必须有节奏。而词曲的吟唱往往要牺牲口头语的自然音节，所以我们必须避免。

第四、在建立这种新诗体时，最好能用创作的例子，来指出必须遵守的格律（诗律）和可能发展的技巧（诗艺）。本来，必须有了格律诗，才会有诗的格律，格律绝不能凭空造出来。诗律往往是从诗人实际的诗艺发展成功的。但有些技巧只能活用，不能成为呆板的规律。新诗体对诗律该有比较严格的规定，对诗艺自然只能由作者去自由发展。某些技巧在例证上当然也可自然流露出来。

第五、定形诗体的发展，必须要有多数优秀新诗人来共同参加实验创作。新诗进展到全盛阶段时，诗人们必然会更重视格律，这几乎是一切重要文学体制发展史必经的阶段。因此我深信，这种定形的新诗体，将来必然会充分发扬流行，占领诗界一片重要的领土，蔚为大国。一部分新诗人们的创作向这方面去发展，恐怕是不可避免的趋势。未来的新诗可能会发达成三大类，就是自由诗，不定形的格律诗和定形诗体的格律诗，而这后者将最便于优秀诗人高度技艺的表现；等到某些体调流行后，也会被大众所乐于接受和运用。

以上是五个要点。至于具体地创制这种定形诗体时，却至少要注意到三方面的规定：

形的方面，要规定那调的节数，每节的行数，每行的字数（音数）；要规定区分词汇和句子的长短（这和下文所要说的停顿律也可说是一事，只因我素来主张的联词中各字应排写较密，与别的词汇间应留出空格，所以词汇的区分也可成为形的问题）；还要规定每节每行排列的地位和方式，包括提行、跨行、降格等办法。这些虽不必在每一诗调中都做到，但都是诗律的一部分。至于该用什么形式的字，当然属于诗艺的范围，只能由作者自由选择。若也加以规定，原也可自成一种诗格，不过那就会流于一种文字游戏了。

其次，声的方面，至少有六种因素值得考虑：

（1）音高（pitch）：音的高低是汉语中一个要素，应作为新诗体的格律的重要原则。

（2）音长：希腊和拉丁语音中，长短最明显，所以希腊和拉丁诗的节奏也是以长短音相间为主。汉语没有这么明显，但它的声调除了以高低为重要因素外，长短也是个次要的因素。两样配合便成为升降。有时再加上一些清浊关系，便构成所谓五声、四声、或平仄。

这平仄问题，在新诗界还没有定论。过去写新诗的人绝大多数不讲究平仄，但也有极少数人注意到声调的高低升降。我自己写过一首长诗《纽约》（收在《海燕》里），曾尝试略为兼顾到这方面。定形诗体，在严密的格调中，似乎仍可讲求国语的四声；在不太严密的格调里，则不妨仍用阴、阳平为平，上去为仄，只遵守平仄；或者竟放弃平仄和四声。

平仄的名目大约到齐、梁以后才发生，但在诗歌的实际写作上恐怕早已存在。过去相传沈约（441—513）定上、去、入为仄声。其实仄声就是"侧声"，这名称可能是从乐调或转读印度佛经时依古时的声明论而成立，而这种名词的采用还是本诸于过去长期的习惯。协韵用两分法在中国古代似乎已经存在。前人曾以为《诗经》里协韵特别注重入声与非入声的区别。我们且不去管那些音韵学者聚讼纷纭的古音是否有上、去或入声的问题，但至少可以找出古代区分声调为两类的痕迹来。《公羊传》注已说有"长言""短言"，韩非子也说："夫教歌者，使先呼而诎之，其声反清征者乃教之。"又说："教歌者，先揆以法；疾呼中宫，徐呼中征。疾不中宫，徐不中征，不可谓教。"长短、疾徐当然是指音长；"清征"是"最悲"的音，若违反了这种读法，便要"诎之"。这可能指音高或兼指音长。陈澧尝以为齐、隋间人往往以"宫、商""宫、羽""宫、徵""角、徵"对举,也许宫、角便是平声,而商、徵、羽则属于仄声。这猜测也许并非全无理由。我觉得周、汉的诗歌作品,在押韵时,绝大多数已分成两类,虽无平仄之名,已有平仄之实。沈约是否真说过上、去、入为仄声,已难考定。但他的《宋书·谢灵运传》论中说:"欲使宫、羽相变,低昂互节,若前有浮声,则后须切响。一简之内,音韵尽殊,两句之中,轻重悉异。"这"浮声"和"切响"虽然说得太笼统,却很可能指的是平仄。"浮"字原有"轻""在上"及"高扬"诸义。《说文》:"平,语平舒也。"唐初或以前平声较长,仄声较短。我的假定以为平声也许还是轻、扬。按唐《元和韵谱》说的"平声哀而安,上声厉而举,去声清而远,入声直而促"。及明释真空《玉钥匙歌诀》说的"平声平道莫低昂,上声高呼猛烈强,去声分明哀远道,入声短促急收藏"。固然不完全准确。若顾炎武《音论》所说:"平音最长,上去次之,入则诎然而止,无余音矣。"又说:"其重其疾则为上,为去,为入;其轻其迟则为平。"江永《音学辨微》说的:"平声音长,仄声音短。平声长空,如击钟鼓;上去入短实,如击土木石。"张成孙《说文韵补》说的:"平声长言,上声短言,去声重言,入声急言。"虽然仍难作据,但大致可见有人已主张平声长扬而轻,仄声短促而重。所以我们如认沈约说的"浮声"是指"昂""轻"而长的平声,"切响"是指"低""重"而短的仄声,也不是完全不合。而且"切"字有"割断""急促",也就有短的意义。《说文》训"仄"为"倾侧",而唐人常用"切侧"一词。切响指仄声也很有可能。不过古音既已不可全知,古代四声的调值更无法肯定,则过去平仄的性质也就不能完全弄清楚了。

我们作格律的新诗,也是可照流行的国语,重新确定平仄的意义。因为阴平高而平,始终一致(调值五五),阳平高而升,前面的低音较短而后面升高的部分较长(调值三五)。这两种声调都较长。所以我们不妨把平声叫作"高扬调"。在另一方面,上声低降全升(调值三一五或二一四),全调虽然也相当长,但大多数只念半调;去声全降(调值五一),也时常短读。上、去的短读虽然还不是全部的特质,但两者都含有降音,带有急促感。因此我们不妨把仄声叫作"降促调"。当然,上声全调降后再升，实是一种波动或"低昂"。不过它的高升较短，过去认为是"猛烈强"，实际上似乎也收得急促。所以算作降促调也不能说全不正确。又阳平比上声高的不多，但它是全升，故现得高扬些。西南一带的入声，仍可算作降促调。

上面说的"高扬"与"降促"问题，还只算一个初步的提议。再方面，新诗中要字字讲求平仄恐怕还很困难，通常只能就紧要的字加以限定。

（3）音强：上面所说的平仄声调中，固然也有些强弱重轻的关系，但不十分明显。这儿所说的音强则专指词汇和语句中的重读。轻重是英语诗中节奏的主体；汉语没有那么显著，在许多两个字所构成的单词里两字轻重相似的情形更是不少。汉语的单字往往等于英语的字根，汉语的单词则多相当于英语的单字，所以若讲求汉语的轻重，便必须以单词为主。

就词与句而论，重读是比较显著的。而且诗的读法，通常和散文不同，必然会扩大轻重的差异。吟、读旧体诗词，便是如此。新诗也可依照口头语特别强调轻重，使强弱现得更明显，但切不可违背自然的语气而去作勉强的吟诵。

（4）停顿或间歇（pause）：停顿最能影响到音节的轻重与声调。旧诗里四、五、七言多半利用两字、三字、或一字一停，词里虽有三字以上一停，但到底较少。现代汉语的自然趋势，早已超出了这限度。

我现在把这顿与顿之间的一个连续的单词或词汇叫作"音组"。每个音组里通常至少有一个重读字，这是和英诗里的"音步"（foot）有相似的地方。但它们也有不同的地方。音组的长短较有伸缩性，从一个字音到多个字音都可构成音组；重读字在音组中的位置虽然也可分出种类来，如轻重律（iamb）、重轻律（trochee）、重重律（spondee）、轻轻律（pyrrhic）、轻轻重（anapest）、重轻轻（dactyl）、轻重轻（amphibrach），及轻轻轻（tribrach）等，但恐怕不能像在英诗里那么容易使用，所以通常可以不计较重音的位置。但在较严格的诗体中，也可以规定，每一音组中的重音数，可能在两个以上；还有，每一诗行可以都用同音数的音组，但在另种诗体中也可规定用不同音数的音组相配合。

上面所说的，由停顿和音强构成的音组，应该当作定形新诗体音节方面最重要的因素。

（5）韵：英语同韵的单字太少，尚且不全废押韵；汉语同韵字多，应该比英诗更重视押韵。定形新诗体对韵的规定至少有下面几种可能性：

> 同行内（包括行首、行尾）押韵。
> 行间内部与行尾或行首押韵。
> 行间内部互相押韵。
> 行间脚韵。
> 无韵。

前面两种暂可算作诗艺部分，不必规定；后面三种则在诗律中可以选择规定办法。这些都指单字互押，至于复字互押，或如西洋的"母音半谐"（assonance），自然也以由作者自由决定为主。

（6）音色（timbre 或 tone color）：这包括双声、选音、选韵等问题，除了双声间或可入格律外，其余都属诗艺的范围，不应作为格律。

形与声之外，还有情与意的方面。诗体虽然应该离开个别诗作的主题而独立，但它和所要表现的情感与意境却常常有连带关系。素诗所能表现的情感与意境，不见得能用十四行诗同样地表现出来，反过来说也如此。同样的，古诗和近体，或词里的小令与长调，以至于各个词调，都会表现出不同的情境。定形诗体的某体某调，主要的是为什么种类的情感与意境而设，虽不能过于呆板地规定，却应有它的特征，在创造诗体时不可不注意。至于以后作者如何选择与配合主题，自然也牵涉到诗人的技巧，可以斟酌处理。

（三）

　　根据上面所说的原则和规律，我曾试作了好几种定形新诗体。现在且把我去年作的一种"太空体"或"五三体"，来作例子加以说明。

　　这诗体的主要用处，在于作抒情小诗，或记录一种感觉或慧悟。两节共八行，前五后三。有点像小型的十四行诗体，但各行的字数、音组数与长短、重音和平仄的配置，则比十四行诗更复杂，韵式自然也不同。它的分节颇像词的多分上下阕，但词的上下阕句数相等的较多，这儿不等，目的在使两节不用来平叙或骈比，而便于情绪、感觉、或想象作进一步的发展或转换。

　　这诗体分作正体和变体两种。正体有严格的音组规定，停顿律、重音律、平仄和韵律。主要的不跨行，但也可以跨行。

　　现在用竖线分开音组，用圆点标出重音，用横线标出韵脚如下：

太空人

失去｜重心｜也没有｜尘虑，
灵机｜像星一样｜多。
梦行者｜骑上｜梦想，
泡沫｜撞破｜泡沫，
游魂般｜向天顶｜降落。
为了｜永远的｜追求，
可充满｜空虚感？
月光｜不是伴。

　　这儿八行的字数，共有五、六、七、八、九字五种。内中七字的三行，六字的两行，余各一行。全诗共五十五个字，分成二十三个音组。包括一、二、三、四字音组共四种，以二字音组最多，占了十三个。若把音组与行共计，实际上包含从一字到九字的九种词句单位。内中虽有三行都是七字，有两行都是六字，但由于音组的长短与重音、平仄的排列不同，所以八句的构造没有全同的。

第一行九个字，最长，分成四个停顿，也就是四个音组。第二行七个字，分成三个音组。第二音组"像星一样"有四个字，但第三音组却只有一个"多"字。这儿本来也可以把"一样多"当作三字音组，不过我在这一行里要特别强调"星"字，把"像星一样"当作一个音组，意境自有不同。由于第一行长句显得流利，所以在第二行一个四字长音组后用一个一字短音组，使语气一顿。

第三、四两行于一个三字音组后，连用五个二字短音组，目的在使音节于一顿后快速进展。

全诗每行的字数与音组数，大致上有递减的趋势。只有第五行有八个字，是个次长行，并且有两个三字长音组，可说在这诗的破节处有一度延长的姿态，这是为了要使第一节的末了暂现悠扬而慢慢收敛。

第六行转调。这以下各行的字数完全递减，末行的字数最少。只有五个。末两行各只两个音组。但在音组的长短上却有些波动，最后结束的还是个比较长的三字音组。末两行的目的在简短轻收而无尽。

这诗的结构，可分析成下表：

行序	字数	音组数	每一音组字数
1	9	4	2，2，3，2
2	7	3	2，4，1
3	7	3	3，2，2
4	6	3	2，2，2
5	8	3	3，3，2
6	7	2	2，3，2
7	6	3	3，3
8	5	2	2，3

这儿每一音组里至少有一个重音。重音在音组内的位置大致一定，但也可以改动。韵脚通常都比较重读，所以我没有用圆点标出。

但有韵诗的韵脚重读的结果，也很容易流于呆板，而近于旧诗词曲的腔调。在这里我用了一个补救的方法，好些行末的音组，重音都分配在前面或中间。这样平衡的结果，大致可以使韵脚成为半重读或甚至轻读，对声调的变化似乎有些帮助。例如"梦想""泡沫""降落"等，前一字比后一字并不轻；而"空虚感"的"空"字应该作为主要重音，"不是伴"的"不"字和"伴"字至少各为重读。过去有人以为轻读的字不能押韵，这是不尽然的。胡适从前以为中国古代和西洋诗中，助词和代词多不用作韵脚，后来经刘大白指出，《诗经》和《楚辞》中这种轻读的字用作韵脚的很不少。其实西洋诗里这种例子更多。例如莎士比亚"十四行诗"第一首便用 die 和 memory 押韵，用 spring 和 niggarding 押韵。"巴律"中更常用这种办法，如用 be 和 bodie 押韵，用 dam 和 woman 押韵等，正像《诗经》中《墓门》的"知而不已""谁昔然矣"。"已""矣"为韵。《离骚》中的"心犹豫而狐疑""怀椒糈而要之"。"疑""之"为韵。这种韵式，都可以减轻押韵过于壅滞毛病。

"太空体"八行中只有五行押韵。都降格写。但前三个韵脚"多、沫、落"与后两个"感、伴"各属一韵，共是两个韵。除了"多"字是平声外，其余都是仄声。如果把平声小写，仄声用大写标注，这诗的韵律便是 A, b, C, B, B; d, E, E。这就是说，只有 b (B) 和 E 两个韵。在上面这实例中，照《中华新韵》便是二波与十四寒。

除了脚韵之外，这诗例中几乎每行都至少有一个行内韵。如：

第一行："去"与"虑"；"心"与"尘"。
第二行："灵"与"星"；"机"与"一"；"像"与"样"。
第三行："上"与"想"。
第四行："沫"与"破"。
第五行："向"与"降"。
第六行："为"与"追"。
第七行："充"与"空"；"满"与"感"。

末行里虽没有行内韵，但在同一个音组里"不"与"伴"是双声。这些行内韵和双声，有些是故意安排，有些是巧合，都不算在格律内。

还有，这诗的平仄，只有选择性的限定。旧诗七言有所谓"一、三、五不论，二、四、六分明"。虽不十分准确，却也有一部分真实。为什么第二、四、六三个字必须严格些呢？我的一个假设是，因为照旧诗句的构造，在这些字的末了通常都有停顿和加重的缘故。依照类似的理由，在这新诗体里，凡是有停顿的字，就是每个音组的末了一字，要比较严格一点讲究平仄。但如果这字是轻读的，则可以变通。其他不在音组末的字便可不拘平仄。这只算是这"太空体"里的规律，我在试作别的诗体时，也有更多的字讲究平仄的。现在把不拘平仄的字用 0，平声用 —，仄声用 √，注明如下：（括号内的是轻读字，可以变通）

    0 √ | 0 — | 0 0 (√) | 0 √
        0 — | 0 0 0 (√) | —
    0 0 (√) | 0 (√) | 0 √
        0 √ | 0 (√) | 0 √
        0 0 (—) | 0 0 √ | 0 √

    0 (√) | 0 0 (√) | 0 —
        0 0 (√) | 0 0 √
        0 — | 0 0 √

这儿讲究平仄的二十三个字当中，有十四个是该严格遵守的，有九个是因轻读而可以变通的。

    依照上面这"太空体"，我曾用不同的主题写了些诗。下面这一首大致是完全依格写成的：

叶影

染透青苔沉重的忧郁
偶然在小河里游
替生命留下式样
绿色伸出枯手
乱撒着一地的时候

或许被摇的倦了
闪躲到空谷里
风也吹不起

这里只有末行的"也"字未拘平仄，不过这一音组里重音已全放在"风"字上。下面一首末行的"漫"字也颇相似，只是不像"也"字那般轻读。又第五、六行跨行。重音也有几处稍为移动了一下。但其他如音组、停顿、字数、韵式等都没有变动，末三行的行间行内韵是比较复杂的：

忆黄梅雨

这里哪来南国的淅沥？
寄托最阴湿的愁。
半夜里追索消失，
往事都已霉锈。
归来呵，我的病，还有
不可救药的不安，
丁香般郁结着
浪漫与岁月。

还有这一首也可说合于格律：

喷射飞机

——答德刚（德刚赠我"街车"一诗，载海外论坛二卷一期）

倘若虹霓拖一条云路，
正如从风暴里来。
我反抗，故我前进。
想象越远越快，
吐出心要推走时代。

撕裂夺人的先声，
一把火，一闪电。
从来不退转。

以上几首都算正体。若用变体，只需保持节数、行数、字数、停顿和音组的规则，韵与平仄都可不管，而且跨行可以完全自由。在某种情形下也许还可在字数和音组上略加伸缩。下面这首变体，跨行还不太多：

年纪
咳咳，只有坟墓里没有
让我翻个身的分。
慢慢地吹到一阵
微风，带些霜花，
我不觉怎么样来了——

挨过红色的笑声，
紫色的刺心痛，
呆在折磨里。

下面这一首较注重意识的漂流，目的在使音节紧凑急促，如激湍漱石，流转无方，而自成一脉。这就和正体离的更远了：

往回
我要喝尽月的光飞到
歌之旋律中心而
不回来颤栗烈于
蝉翅也有跌落
埋葬在化石的静默

之底用回忆倒生
红成绿而成水
由花开到根

(四)

也许有人看了我上面的分析,会感觉:这样严格限制,岂不过于拘束,真是"诗律伤严近寡恩"了,哪里还能写出好的诗来?其实也不然。这诗体比起词调来,并不算太严。中国抒情诗歌中,词的佳作正是不少。好的绝句、律诗、词和散曲总计起来,比好的古诗和较少格律的诗,不见得少些。在西洋,有名的格律诗比自由诗也还多些。就是定形诗,好的也很多。这并不是主张以格律诗代替自由诗,我自己就是写自由诗的。我只是说,如果会运用,格律正可帮助写出好诗来。

整严的格律有一个最大的长处,就是可以使作者用最精练的语言,表达最多的情绪、感觉和想象。由于格律诗受着约束,不易流于平铺直叙,词与词和句与句之间,往往要省去许多话,须由读者用想象自去补充,才有意义。这样的补充,往往会随读者而不同。因此好的诗多半有点朦胧,给予读者的印象不能完全一致,并生出无尽的意境。这也就是中国过去词家据《说文》所说的"意内而言外"。这种由欣赏者合作,自由补充想象的原理,在近代西洋美术中非常重视,不但诗如此,就是绘画和雕刻等也都是这样。

再方面,诗的想象往往是一种被情绪或感觉扭歪了的思想。格律不便于思想作逻辑的发展,却便于扭歪作者的思想,也就可以帮助想象的发挥。合于逻辑推理过程而缺乏跳跃性的思想,绝不能算作诗的主要因素,这是诗与论文或宣言不同之处。所以严格的格律可以帮助发挥诗的主要功能。

定形诗还有一个特别好处,就是最便于记忆和背诵。并且读者如熟悉了某一体调,读时就能有一种预期感,即"先合我心"的快感。较简短的定形诗,往往最易被大众所传诵和爱好,因此也更易流行广远。

还有,这"太空体"(五三体)的句法,大致上是相当自然的,合于汉语习惯的。依格写作,并不太困难。

原来这一诗体,也不是完全凭空造出来的。为什么选用了那些行式?为什么停顿和音组要那样安排?除了顾虑到国语的句法外,我曾就新诗初期直到现在四十多年中,七十多个诗人的作品里,选出和这诗体中八行结构类似的诗句一千多行，加以比较研究，一再修正，然后确定采用这些行式。这千多行例句包括主要各派的诗作。所以我可以肯定地说，这八行的结构并不偏僻，却各有特征。不但是口头语中所有，而且是许多新诗人所常用的。

最后，我要郑重指出，上面所提议的具体办法，和所试制的诗体，对不对，好不好，还是次要的问题。我的主要意思，乃是认定这种有独立格律的定形诗体，可能是新诗范围内很有希望的待垦园地。如果能好好发展，也许还可能成为新诗的主流之一。中国新诗应该向多方面扩张，所以这种诗体也值得重视。

诗人们要是肯依照我这"毛坯"诗体，来创作更美丽的诗篇，自然非常欢迎。而我尤其希望大家用各种不同的方式，来创造更多的定形诗体。

谁能说，中国新诗运动中，不能开辟一种像词、曲那样领域广大，而有独特风趣的新天地呢？

（五）

上面说到四十多年来新诗作者的类似句法，现在为篇幅所限，只选出一部分来和"太空体"的各行对照。请注意，这儿采取的，绝大部分都是不讲格律的自由诗：其中有一部分虽有格律，却都不是定形诗。我以为，从自由诗的句法里找出规律来建立定形诗体，也许是更适当的办法。

又，这些例句中，有些平仄稍有差异，区分音组也颇有问题，为了显示更多的结构式样，也就选用了：

1. **失去重心也没有尘虑**
因为有你分去了一半（胡适：《许怡荪》）
常说，"你闹，我更要病了！"（《我们的双生日》）
大雪下了，扫出路寻他（周树人：《他》）
是它痛爱我们的苦笑（刘复：《敲冰》）

至少把它生生的饿死（俞平怕：《呓语》）
趁你未成残废的时候
还可用你仅有的力量！……
提着灯笼在前面等我，……
擎着铁锤在后面逼我——（朱自清：《毁灭》）
微波只是嫣然地笑着（刘大白：《失恋的东风》）
水滨　枯草　荒径的　近旁（穆木天：《苍白的钟声》）
我们如果可比做戏剧（白采：《赢疾者的爱》）
这是一沟绝望的死水（闻一多：《死水》）
如果青蛙耐不住寂寞（同）
不要发抖，伸舌头，顿脚（《一句话》）
妇人身旁找不出阴影（《夜歌》）
这是一个懦怯的世界（徐志摩：《这是一个懦怯的世界》）
一声剥啄在我的窗上（《落叶小唱》）
你的眼珠是我的碧海（朱湘：《恋人的春》）
好像波圈越摇曳越大，
虽然堤岸能加以阻防。（《答梦》）
嘶的一声奔上了桥梁（饶孟侃：《家乡》）
这里有个昨日的园子（邵洵美：《昨日的园子》）
因为雨雪是你的名字（金克木：《雨雪》）
找寻诗人情爱的舍弃（李金发：《心愿》）
衬于深青与黑的沉寂（《永不回来》）
更怕新月依池塘深睡（《迟我行道》）
敲出客人苦涩的欢喜（臧克家：《神女》）
她的喉咙最适合歌唱（同）
一阵轻风吹到了官掖（《运河》）
可是我们却一声不响，
只是跟着各人的影子（卞之琳：《长的是》）
你爱寂寞，寂寞的星光（何其芳：《花环》）

那儿我们将变成植物（《风沙日》）
梆子迈着沉重的大步（《失眠夜》）
最后一乘旧马车走过（《夜景》）
枕着大的凉石板睡了（同）
月光在摸碑上的朱字（《古城》）
仅存一条微颤的静脉（同）
不时以其呼呼的声响（林咏泉：《塞上吟》）
这是自然给我的抚慰（艾青：《黎明》）
我的年纪比山的更大（《煤的对话》）
虽然昨夜我还是困倦（《给太阳》）
大红大绿披一身色彩（袁可嘉：《冬夜的城市》）
荒草，颓墙，空洞的茅屋（穆旦：《荒村》）。

2. 灵机像星一样多
一首没有字的诗（胡适：《晨星篇》）
我们走我们的路（刘复：《敲冰》）
闪着她嫣红的脸（《一个小农家的暮》）
枯树在冷风里摇。
野火在暮色中烧。（《教我如何不想他》）
正如我轻轻的来（徐志摩：《再别康桥》）
幂了新嫁娘的面（朱自清：《独自》）
你是清溪里的水（应修人：《妹妹你是水》）
赞美你最深的爱（冰心：《春水》，一六七）
我是全宇宙的王（闻一多：《回顾》）
就把我心上的肉（《诗债》）
永远照不进的是（《晴朝》）
今回算我撞的祸（《你莫怨我》）
飞来在丹穴山上（郭沫若：《凤凰涅槃》）
葬我在荷花池内（朱湘：《葬我》）
长得如我一般高（戴望舒：《寂寞》）

一封远方来的信（臧克家：《家书》）
一匹栗红色的马（艾青：《青色的池沼》）
照着你棕红的毛（《牝牛》）
已从去年冬季起（《初夏》）
我们是往热带去（何其芳：《风沙日》）
摇落浪游人的心（《古城》）
天上有飞过的鸟（李广田：《夜鸟》）

3. 梦行者骑上梦想
你要是谁也不爱（周树人：《爱之神》）
奴隶们同心合力（胡适：《威权》）
有的人读了欢喜（《一笑》）
也照着西山山顶（《月亮的歌》）
快吹开那家窗幕（周树人：《他》）
白吹上许多枯叶（同）
哼哼地吹得柴响（康白情：《江南》）
似这般山河如墨（冰心：《繁星》，一四二）
只送些不宁来了（《春水》，七二）
正席地坐在花下（同，一七二）
在我的心头荡漾（徐志摩：《再别康桥》）
不带走一片云彩（同）
凝聚成夜的乌黑
树枝上挂着冰雪（《我等候你》）
忍含着一眼悲泪（《我来扬子江边买一把莲蓬》）
还驮着斜阳回去（刘大白：《秋晚的江上》）
把斜阳掉在江上（同）
小虫儿向我瞥眼（徐玉诺：《诗》）
树林中，这里，那里（同）
燃到了这般模样（郭沫若：《炉中煤》）
山上的香烟弥散（《凤凰涅槃》）

自天外飞来观葬（同）

黄莺儿飞来欣赏（《春莺曲》）

又迸成一座梅薮（同）

梅花儿都已破绽（同）

战栗了无数游牧（李金发：《弃妇》）

长染在游鸦之羽（同）

徜徉在邱墓之侧（同）

与荷花一同漂去（朱湘：《葬我》）

把轻音撒到地上（戴望舒：《古神祠前》）

摸到了白杨树顶（卞之琳：《夜风》）

奏一曲满城冷雨（同）

让我们抬起倦眼（《小别》）

我喜欢下雨下雪（金克木：《雨雪》）

冰冷地没有言语（冯至：《蛇》）

千万啊，莫要悚惧！（同）

不知是何年何月

他独自登上山腰（《吹箫人》）

在她的面前荡漾（《蚕马》）

生凤尼永无宁息（李广田：《生凤尼 Symphony》）

像星殒，坠入林荫（《流星》）

好春天，春的细雨（《访》）

寂然的，生机一室（同）

哪来的一席风雨？（同）

把一粒笑的种子

深深地种在心底（《笑的种子》）

谁家的狗叫，像哭（《土耳其》）

爸爸说，看吧，孩子（《上天桥去》）

乡下人迎神赛会（林庚：《夜谈》）

如喜鹊伫立牛背（林咏泉：《牧马者》）

涌一身新的力量（臧克家：《歇午工》）
向山野披示痛苦（艾青：《山毛榉》）
她的话伴着眼泪（《马槽》）
爱和夜守住沉默（《无题》）
我带着我的贫困（柳木下：《贫困》）
不停的吻着泥土（杜谷：《泥土的梦》）
黄金的海水作梦（郭尼迪：《我记起那些捡贝壳的女郎》）
而我们听见土地
轻快地舒息着（同《太空体》第七行）
土地成长了春天（同第六行）
春天恋着我们（同第四行）（赵令仪：《马上吟》）

4. 泡沫撞破泡沫

现在变了青黑（周作人：《小河》）
我在树下睡倒（胡适：《上山》）
水上一个萤火（《湖上》）
都是平常经验（《梦与诗》）
爱过才知情重（同）
偶然有些破缝（刘复：《敲冰》）
不许我们管得（同）
回头月也恼了（康白情：《窗外》）
去罢，人间，去罢！（徐志摩：《去罢》）
抛弃这个世界（《这是一个懦怯的世界》）
吹拂她的新墓（《问谁》）
嘲讽我的希冀（同）
谁知我的苦痛？（《他怕她说出口》）
悔煞许他出去（应修人：《悔煞》）
给她丝毫暖意（冰心：《繁星》，一二一）
然而我的问题
不容人来解答。（同，一二二）

八 定形新诗体的提议 109

垂着丝见独钓（《春水》，一六二）
放到窗外去了（同，一七〇）
是谁隔着小溪
吹起悠扬之笛。（同，一七九）
我是一条天狗！
我把月来吞了，
我把日来吞了。（郭鼎堂：《天狗》）
我想我的前身（《炉中煤》）
遍宇都是清响（《春莺曲》）
越此短墙之角（李金发：《弃妇》）
月儿装上面幙
枫叶带了愁容（《律》）
树儿这样消瘦（同）
使他稍得余暖（《爱憎》）
时间逃遁之迹（同）
无人割此秋实（同）
血液忘了流驶（闻一多：《剑匣》）
织成一件大氅（《雪》）
生波停了掀簸（《深夜底泪》）
宇宙是个监狱（《宇宙》）
输得干干净净（《国手》）
嗅着你的色彩（《秋色》）
醉得颠头颠脑（《秋之末日》）
一字一颗热泪（《红豆》）
他们赤着双脚
他们袒着半胸（王独清：《吊罗玛》）
忧愁，忧愁，忧愁（《我们在乘着……》）
化成小诗一朵（宗白华：《小诗》）
消了她的颜色（戴望舒：《雨巷》）

组织，组织，组织：
会员，会章，会址。
组织，组织，组织：
细胞，血球，分子。（金克木：《少年行》）
月亮已经高了（卞之琳：《月夜》）
始知时间静止（何其芳：《柏林》）
揉揉睡眼哭了（《失眠夜》）
低的土墙瓦屋（《岁暮怀人》）
与人恣意谈笑（同）
天桥不在天上（李广田：《上天桥去》）
怎会神心一闪（臧克家：《运河》）
容我问你一句（同）
彼此挽着胳膊（《刑场》）
主人打着赤脚（《鞭子》）
惹得鸡叫狗咬（《家书》）
好像互不理睬（艾青：《旷野》）
向你张开两臂（《黎明》）
眼泪迸出微笑（同）
没有一刻静止（《浪》）
草原悄悄绿了。
绿透了辽阔的边疆。（同第五行）
马蹄轻轻起落（赵令仪：《马上吟》）
远近树子错落（汪铭竹：《月下小景》）

5. 游魂般向天顶降落
我觉得他笑的很好（胡适：《一笑》）
渐渐地并作了一个（《湖上》）
窗纸上北风底悉索（俞平伯：《呓语》）
三妹底小孩子坏了（康白情：《一封没写完的信》）
风的箭不息地射放（汪静之：《风的箭不息地射放》）

也捣破他们的监狱（闻一多：《红烛》）
西岸底光明底影子（《西岸》）
小小的轻圆的诗句（《诗债》）
不幸的失群的孤客！
谁教你抛弃了旧侣（《孤雁》）
喝醉了弱者底鲜血，
吐出些罪恶底黑烟（同）
向西风抱怨了一夜（《秋色》）
原本是有用的栋梁（郭鼎堂：《炉中煤》）
兴来时到灵峰去过（《莺莺歌》）
吞了花便丢了性命（同）
把孤坟化成了花冢（同）
如空间轻气的颤动（李金发：《爱憎》）
忽想起古代的传统（王独清：《吊罗马》）
向青草更深处漫溯（徐志摩：《再别康桥》）
那天边扯起了黑幕（《海韵》）
掩护着同心的欢恋（《我来扬子江边买一把莲蓬》）
我望见有两个月亮（《两个月亮》）
三海间有她的清丽（同）
莫停在回忆的坟地（朱大枏：《时间的辩白》）
也没有弱者的妒忌（同）
不动手就起座官殿
不动脚就爬上帝座（同）
紫禁城红门的自信（林庚：《夜谈》）
思量底轻轻的脚迹（戴望舒：《古神祠前》）
陌生人在篱边探首（《深闭的园子》）
我思想，故我是蝴蝶（《我思想》）
咀嚼着太阳的香味（《致萤火》）
这一角已变成灰烬（《我用残损的手掌》）

就够人整天地骄傲（《过旧居》）
炫耀着新绿的小草（《在天晴了的时候》）
涌上了沉睡的大漠（卞之琳：《远行》）
穿进了黄昏的寂寞（同）
总喜欢向窗外发呆（《还乡》）
叹一声《悲哀的种子》！（《水成岩》）
像一只绯红的花朵（冯至：《蛇》）
是一个可怜的少女（《蚕马》）
想一个鸣蛙的夏夜（李广田：《流星》）
秋风里秋云的舒卷（臧克家：《答客问》）
照不破四周的黑影（《洋车夫》）
静波上把冷梦泊下
三月里披一身烟雨（《渔翁》）
替自己读一封家信（《他回来了》）
像轮子，远远地郊外（何其芳：《风沙日》）
像听着大地的脉搏（《河》）
老年人总记得戊戌
少年人总记得五四（金克木：《少年行》）
久久地停止了转运（艾青：《初夏》）
也不能在街上奔跑（《黎明》）
不要动，也不要做梦（沈紫曼：《来》）
可怜的小东西，你要
唱到呕血才休。（贾芝：《播谷鸟》）
饱吞下法兰西煤炭（汪铭竹，《法兰西与红睡衣》）
给大地加添着创洞（丽砂：《蚯蚓》）

6. 为了永远的追求
大树被斫做柴烧（胡适：《乐观》）
三个失败的英雄（《四烈士冢上的没字碑歌》）
他们干了些什么（同）

一弹把帝制推翻（同）

黑夜继续着白昼（刘复：《敲冰》）

天上飘着些微云

地上吹着些微风（《教我如何不想他》）

月光恋爱着海洋

海洋恋爱着月光（同）

背后十来只小鹅（康白情：《江南》）

敲破世人的命运（冰心：《繁星》，七）

含着伟大的灵魂（同，三五）

每晚窗外的落日（同，六五）

永远红艳的春花（《春水》，六九）

我要至诚地求着

我在母亲的怀里（同，一〇五）

蹴起如云的尘土（同，一七一）

太阳从东方出来（冯雪峰：《老三底病》）

太阳溜到了西山（同）

晨鸡惊耸地叫着（闻一多：《剑匣》）

因此造一个谣言（同）

像只大鹏的翅子（《我是一个流囚》）

我是快乐底罪人（同）

寻梦？撑一支长篙（徐志摩：《再别康桥》）

女郎，单身的女郎（《海韵》）

女郎，回家吧，女郎！（同）

黑夜吞没了星辉（同）

手剥一层层莲衣（《我来扬子江边买一把莲蓬》）

和着这深夜，荒街（《夜半深巷琵琶》）

南风自海上吹来（郭鼎堂：《南风》）

好幅典雅的画图（同）

梅子再进成梅林（《春莺曲》）

自从那诗人死后（《莺莺歌》）
清香在树上飘扬
琴弦在树下铿锵（同）
除夕将近的空中（《凤凰涅槃》）
海潮，从低处升腾（李金发：《英雄之歌》）
知道来的是秋天（《律》）
望见远海的变色（《爱憎》）
蜘蛛在风前战栗（同）
也是真正的平民（王独清：《吊罗马》）
还是迅速地归去（《动身归国的时候》）
耳边有水蚓拖声（朱湘：《葬我》）
不然，就烧我成灰
投入泛滥的春江（同）
一跤跌下了平原（饶孟侃：《和偕》）
也许它有点心思（陈梦家：《影》）
慢慢它抱着树枝（同）
远山啼哭得紫了（戴望舒：《夕阳下》）
落叶却飞舞欢迎（同）
却似凝露的山花（《山行》）
太息一般的眼光（《雨巷》）
手指所触的地方（《灯》）
几丝持续的蝉声
牵住西去的太阳，
晒得垂头的杨柳
呕也呕不出哀伤（卞之琳：《长途》）
假如撞破了地球（《彗星》）
也是这样的风夜，也是这样的秋天——（冯至：《风夜》）
那时我常有烦忧（何其芳：《岁暮怀人》二）
叩问迷路的街巷（《失眠夜》）

沿途捡拾些上来（同）

有客从塞外归来（《古城》）

是呢，这就是天桥（李广田：《上天桥去》）

天女拔一根金钗

顺手画成了天河（臧克家：《运河》）

我们从江南回来（林咏泉：《同舟》）

江水戏逐着阳光（艾青：《初夏》）

今天，我穿着草鞋（《公路》）

假如没有你，太阳（《给太阳》）

绞杀一般的枪声（田间：《北方》）

鸥鸟在海上飞鸣（柳木下：《贫困》）

巴黎，世界的花床（汪铭竹：《法兰西与红睡衣》）

它们披一身尘沙（杜谷：《车队》）

只有小播谷还来！

我的忠实的爱者（贾芝：《小播谷》）

当我半夜里醒了（杨芸：《星》）

江流正奔向东方（郭尼迪：《我记起那些捡贝壳的女郎》）

7. 可充满空虚感

竟也说这宗话（周树人：《爱之神》）

山脚底挖空了（胡适：《威权》）

他们的墓志铭（《四烈士冢上的没字碑歌》）

敲一尺，进一尺！

敲一程，进一程！（刘复：《敲冰》）

咱们做，咱们吃（《面包与盐》）

谁要枪，谁要揍（同）

无力的残荷呵！（冰心：《春水》，四八）

肯开在空谷里（同，九九）

怎样的感人呵（同，一七三）

银光的田野里（同，一七九）

你的手像火把（朱自清：《赠 A. S.》）

吻着他，吻着他……（闻一多：《剑匣》）

小溪底胸膛上（《小溪》）

游戏着膜拜你（《游戏之祸》）

但只求输给你——

将我的灵和肉。（《国手》）

轻轻的我走了（徐志摩：《再别康桥》）

叫了壶大白干，

咱们俩随便谈，（《大帅》）

见个儿就给铲，

见个儿就给埋，（同）

我拉着你的手（《这是一个懦怯的世界》）

小小的白蝴蝶（戴望舒：《白蝴蝶》）

试试寒，试试暖（《在天晴了的时候》）

赤着脚，携着手（同）

在南天，在北极（冯至：《如果你》）

永久里，永久里？（同）

最后的一呼吸（金克木：《少年行》）

一阵大，一阵小（臧克家：《渔翁》）

爬起来，抖一下（《歇午工》）

远窗上有灯光，

草堆里有蟋蟀，（李广田：《夜鸟》）

小孩儿，我见你

一边走一边唱，（卞之琳：《投》）

清道夫扫出了

一张少女的小影（同第六行）（《寄流水》）

骏马的指挥者（林咏泉：《牧马者》）

从童年到老死（艾青：《旷野》）

无言地，长久地（同）

八　定形新诗体的提议　117

一根树，一根树（《树》）
长满了马鬃草（《青色的池沼》）
松林的空隙处（《初夏》）
自由的眷慕者（同）
徐缓地游过去（《春雨》）
比月光更明亮（《给乌兰诺娃》）
悲哀地裸露着（杜谷：《巷》）
艰难地走着的（同）
孤独地探走在
世纪的灾难里（《给一个人》）
在河边，我们走（鲁黎：《野花》）

8. 月光不是伴

一个小娃子（周树人：《爱之神》）
努力望上跑（胡适：《上山》）
难道我与你（刘复：《敲冰》）
朋友，歇歇罢！（同）
那么，傻孩子！（同）
手掌麻木了，
皮也剀破了，（同）
相思都恼了（康白情：《窗外》）
弟弟你底好（俞平伯：《忆》，第一）
假如你愿意（《假如他愿意》）
宝宝你睡吧（陆志韦：《摇篮歌》）
妹妹你是水（应修人：《妹妹你是水》）
我想捞回来（同）
容我伴你罢，
山上白云深了！（同第四行）（冰心：《春水》四一）
不要随从我（同，一一四）
堂下花阴里（同，一一五）

崖壁阴阴处

海波深深处（同，一六二）

钓着诗趣了（同）

一对红蜡烛（闻一多：《红豆》）

他们吃完了（同）

他的一滴泪（徐志摩：《我等候你》）

生的鼓动哟！（郭鼎堂：《笔立山头展望》）

在我曲径里（李金发：《爱憎》）

预备我休息（王独清：《失望的哀歌》）

我是中国人！（《动身归国的时候》）

虽然是痛苦（梁宗岱：《泪歌》）

深些，更深些（李广田：《夜鸟》）

时间像大海（《生风尼 Symphony》）

来自田间的（《地之子》）

生长又死亡（同）

望着白的云（同）

一碧沧州雨（《那座城》）

是的，你又说（同）

于是，偶然地

一切都完了，

沉寂了，

除非我还想：（同）

你听，要不然（卞之琳：《夜风》）

你看，我这手（《月夜》）

小心着了凉（同）

怎么，你尽唱！（同）

常到这里来

倚在栏杆上（《白石上》）

只能比叹息（同）

八　定形新诗体的提议　119

一边看远山（同）

可以害羞了！（《芦苇船》）

一步又一步（《古镇的梦》）

一步一沙漠（《秋窗》）

撑着油纸伞（戴望舒：《雨巷》）

走尽这雨巷（同）

亮着一点火（臧克家：《渔翁》）

城圈绕住你（《运河》）

谁能计算清（同）

脸上烧着火（《他回来了》）

他们认不得（《家书》）

满街小孩子

满街小旗子

满街人拥挤（金克木：《少年行》）

停在驿站里（蒋星煜：《年青的城市》）

为我所熟识（艾青：《旷野》）

人们从船里（《初夏》）

又是播谷鸟（《笑》）

比夜更宁静（《给乌兰诺娃》）

今天我看见（杜谷：《车队》）

是的，我知道

我们每一个（《巷》）

胜利与成熟（贾芝：《小播谷》）

我的田园呵！（白岩：《我回来了》）

初稿于 1962 年 7 月 28 日，于波士顿西郊

（原载于《诗学》第三辑，台北：巨人出版社，1977）

九　论《诗话》
《西诗中话》稿自序

我把这十多年来自己所译的西洋诗和诗论，与所写的注释和评论，收集在一起，题作《西诗中话》。这"西诗中话"到底是什么意思呢？我用这名称，不仅指使用中文来谈西洋诗，而且是有意采用中国的《诗话》体来处理和介绍西洋的诗和诗歌理论。

诗话也许可说是中国特有的文体，至少在西洋并没有具体形成，或不很发达。日本和朝鲜有诗话，显然是受了中国的影响。

中国诗话的起源，据章学诚（1738—1801）《文史通义·诗话》说，是"本于钟嵘《诗品》"，而"滥觞"于《诗经》。因为《诗经》中有些诗篇"论诗而及事"，和有些"论诗而及辞"。乾隆时代编辑《历代诗话》的何文焕却说：

> 诗话于何昉乎？赓歌纪于"虞书"，六义详于古"序"。孔、孟论言，别申远旨；春秋赋答，都属断章。三代尚已。汉、魏而降，作者渐多，遂成一家言。

照这样追溯，我们也许可以指出：商代甲骨卜辞对雏形诗句的利用，以及《周易》解释谣谚作为卦爻辞，是说诗之始。不过这到底还只是最原始的形式。

周代士大夫的赋诗释诗，以及汉代经生说诗，不但加上主观的理论，有时还造出许多作诗的动机和掌故，甚至利用不相干的小说故事来解释诗句,如《韩诗外传》之类。此外如葛洪说是刘歆所作的《西京杂记》,里面谈到辞赋的几条,兼记作品和作家的轶事。这些固然与诗话不完全相同,却也草创了解释诗的特殊作风,尤其是注重故事和背景的论诗作风。

但这种周人的赋诗,多是断章取义,作为外交辞令;汉人的说诗,也只重视实用和道德立场,很少采取审美和文学的观点。

所以仔细说来,还是只有梁代钟嵘的《诗品》(约作于510—531年之间),真可说是中国第一部从文学观点来评论诗和诗人的专著。这书的序文包含有简略的诗歌理论、诗史、诗评的标准和格律的讨论。正文除品评外,也有些诗人的轶事。可说已具备了诗话体的许多主要因素了。

到了唐代,记录遗文逸事的笔记和小说很发达风行,这些作品也往往记载着不少诗人的遗事。这样再发展成专门著作,把诗和作诗的故事或背景结合在一起,便有了孟棨的《本事诗》,以及晚唐、五代的几种续本事诗。与本事诗体不同的,当时还有不少叫作《诗格》或《诗句图》的著作,专论诗的体裁和句法,与诗话体离得较远。另外还有一些书,主要在评论诗的风格和意境,例如相传为释皎然所作的《诗式》,以至于司空图(837—908)的《二十四诗品》。而《诗式》有时也提到诗人的身世,并且对个别诗人与诗,往往有所批评,对诗的历史及一般诗歌理论,也有时触及,可说更具有诗话体的雏形。

可是唐代及以前这些论诗的著作,都不叫作"诗话"。唐人称作"诗话"的,实际上只是一种平话小说。如《大唐三藏取经诗话》便是个例子。所以王国维说:"其称诗话,非唐宋士大夫所谓诗话;以其中有诗有话,故得此名。"

真正建立"诗话"的名称而且左右了这一体裁后来的趋向的,自然是宋代欧阳修(1007—1072)的《诗话》。这书后人多叫它《六一诗话》或别的名称。大约作于熙宁四年(1071)。作者自己在书前说:"居士退居汝阴而集以资闲谈也。"欧阳修把这短短的二十七则叫作《诗话》,也许是因为那里面也"有诗有话",所以借用小说俗语,作为书名。他这儿用的"闲谈"的"谈"字,有些本子作"话"字。无论如何,他大约是说,这是"诗的闲话"吧。这种态度也许没有过去论诗的著作那么严肃,但他却使这种体裁普遍了起来。不久以后,司马光(1019—1086)继他这书而作《续诗话》,其他作者也纷纷而起,如蔡宽夫、释惠洪、周必大、姜夔、叶梦得、严羽等人的诗话,都很有名。一时造成了宋代的诗话热。北宋末宣和五年(1123)离欧阳修的著作只五十年左右,阮阅编纂《诗总》(后人改编称《诗话总龟》),共九十八卷,所采诗话书就已达两百种。这不能不说是一个惊人的发展!

从北宋以后直到清末民初,诗话的著作都不在少数。宋代以来,词话也很流行,比较知名的大约也有六七十种左右。可见这种体裁早已成为中国人所喜爱的了。

完备的诗话体,到底应该包括些什么因素,过去作诗话的人很少讨论到。章学诚说:

> 唐人诗话,初本论诗。自孟棨《本事诗》出(原注,下同:亦本《诗小序》),乃使人知国史叙诗之意,而好事者踵而广之,则诗话而通于史部之传记矣;间或诠释名物,则诗话而通经部之小学矣(《尔雅》训诂类也);或泛述闻见,则诗话而通于子部之杂家矣(此二条宋人以后较多);虽书旨不一其端,而大略不出论辞论事,推作者之志,期于诗教有益而已矣。

这是对诗话体最早的有系统的见解。论辞论事两点固然说得很对,但还不能包括诗话的全部因素,而"期于诗教有益",也说得不够明确。

1929年郭绍虞先生在《小说月报》上连续发表《诗话丛话》书稿,指出中国过去的诗话书除了论辞和论事外,还包括五种内容,即"阐明诗理""诗话中之类书"、辑录成的"诗话之丛书""集昔人之成说"、及近人研讨诗论的变迁或派别的书。其实这儿所列举的大部分只是诗话书的分类,不是内容因素的分析。其中除了第一种可列于章氏所说的子部,第五种可列于史部外,其余三种与诗话体因素的本质无关。

我以为，若归纳过去所有的诗话来说，这种体裁可能包括下面七种因素：

（一）诗歌理论，如诗的定义、性质与理想等。

（二）诗艺、格律与风格的研讨。

（三）诗与诗之理论的历史或史料。

（四）诗人的生平或轶事。

（五）作某诗的背景、因果或其他有关的事。

（六）对诗的解释、欣赏或批评。

（七）对诗人、或诗潮的批评。

概括说来，诗话该是论诗而及理、及辞、及人、及事和及史。一种诗话不必能包含这一切，但较完备的著作往往能融合这许多因素。它在外表上虽然并无严格的体系，却有时也贯穿着作者的特殊观点和理论。

西洋人论诗的著作，体例方面与诗话颇不相同。自柏拉图、亚里士多德、霍雷士（Horace）、赛德乃、约翰逊、华滋渥斯、柯立芝以至于后来许多作者，有时虽亦作短篇文字，但都偏向较有系统的专门分析。或者是从纯粹理论上对诗的性质、目的或功用的探讨，或者是对形式、格律或作法的研究，或者是对诗与诗人的批评，或者是诗人传记或诗歌史一类的著作。他们有些用对话体，有些用论辩体，有些用书信体，或用史传体，也有许多人用序文引言等方式；却很少人用诗话体。固然他们的诗选家，有时也在前前后后夹入些有关的资料、说明和批评，可是目的还只是注重选诗作为读本，兼附注释而已，不像中国的诗话那样繁杂，而且自成为主体。

比较说起来，西洋的诗论一般要科学些。他们往往有系统，重专题，所以更能剖析源流，精微深造，而且比较明确而具体。中国论诗论文的著作，早期的像《文心雕龙》和《诗品》，本来也相当有系统，并作了专门的分析，后来的诗话体却确实显得有点混杂了。章学诚在两百年前就看到了这一点。他说：《诗品》以后的诗话，往往不是"专门著述"，而多是"沿流忘源"，像说部一般，其末流变成了"纠纷而不可犁别，学术不明，而人心风俗或因之而受其弊矣"。他又把诗话和宋儒的语录体相提并论，说作者往往不明"渊源流别"，只为了"好名之习，作诗话以党同伐异"。并说这是"以不能名家之学（原注：如能名家，即自成著述矣），入趋风好名之习，挟人尽可能之笔，著惟意可欲之言"。他为了要攻击袁枚，骂倒当时的诗话，似乎有点过火。不过中国流行的许多诗话，也确实有他所说的流弊。其实攻击诗歌评论的著作而责备它是"党同伐异"，这在古今中外都是常事，倒不见得全由于诗话体裁之故。只是诗话体既注重人物背景，若评论到当时的诗人，那这种责备的招致就更难避免了。

今后中国的诗歌评论，自然应该向有系统的理论分析和专题研究方面发展。而且最近半个世纪以来，我们在西洋著作影响下，许多作者也早已在向这个方向努力了。不过还需要更多的改进。很明显的，我之采用诗话体，绝不是要用它来"代替"有系统的专题分析。

可是我要指出，诗话体也有它的特色和长处，要看我们的目的和方法如何，将来还是可以好好运用和发展。如果就促进对诗的了解与欣赏，引起读诗的兴趣，启发灵感、想象和智慧等说来，它也许不失为一种很好的工具。

诗话固然显得杂乱，但好处却在能从各种不同的角度，用各种不同的说法来处理。近于综合，却仍保存着各种不同方式的陈述的分立性。它往往简短扼要，富于调节性与趣味，不像专重系统的纯理分析那么容易流于累赘和枯燥。章学诚说诗话是"不能名家之学"，却又不能不承认它能同时"通于史部之传记""经部之小学"与"子部之杂家"。他没有想到，一种体裁如能综合运用理论、史传、考据、解说和批判，也可能另外自成一种名家之学，或即是"诗话之学"，正不必为经、史、子、集等范畴所限制。

最重要的问题还是：我们现在所要处理的乃是诗。诗，主要是感情和灵感的产物，至少不纯粹由于理智的成分。每首诗都是一个生命。我们对它的吟味，应该要像了解体贴一位朋友或亲人一般，一方面固然需要分别从各种不同的角度去分析它，认识它的身世和遭遇，出生的背景，它的个性和兴趣，以至于当时社会的观点与传统；另一方面，也不妨与它作各种各样偶然的接触，若茶余酒后闲谈，花前月下对坐，或暴风骤雨中相依，全盘地和它活在一起，去体认它的风趣。这样，又何尝不另有一番乐趣和好处？禅宗的顿悟，虽不能算作认知的唯一法门，却也不可全非。而且我们也不能完全把诗话体来比作语录，因为诗与哲学本来不相同，哲学重理智和认知，而诗却重在感觉和欣赏。诗话在这方面实在有它特殊的用处。

一千多年来，诗话对于诗在中国的普遍化和兴趣化，无疑起了很大的作用。多少好诗和名句，都由于经过诗话的征引或标扬，才被大众所传诵和喜爱。1910年王国维作《人间词话》，首先把西洋的文学理论与中国的诗话体结合，来评论中国的词。1928年刘大白作《旧诗新话》，也是用诗话体，却改用白话文和新观点来讨论旧体诗。他们两人的著作都相当成功，都拥有不少的读者。

我常觉得，诗话体除这些作品外，还可运用到更新的领域。一种是中国新诗的诗话。自"五四"以后，近几十年来，已有人用语录体写新式的诗论和诗人论了，但新诗的诗话还很少见。1944年朱自清写了《新诗杂话》，略近诗话体，却不全是；他不曾明白提倡正式用这种体裁来处理新诗。近年来有些刊物辟有诗话专栏，有讨论新诗的，但也不全说新诗，而且还未成专书。单论一个新作家的诗话是有了，泛论新诗和一般新诗人的却还没有。我早年试写过一些新诗的诗话，却也没有完成。我相信这样做可以帮助一般读者了解和鉴赏新诗，提高新诗的水准，使新诗更流行和大众化，并且如与别的论诗专著并行，当可使新诗易于作有理想有方向的改进和发展。

其次，就是这儿所写的《西诗中话》，也就是采择改进诗话体，兼用中、西的观点来评价西洋诗，也可说是用诗话体来处理译诗，来研讨古今中外诗的理论、学说和史实。本来，介绍外国诗是件最困难的工作，翻译只能算是介绍方式的一种。最好能同时运用注音、训释、直译、意译、说明、唱片和影片等，把一首诗同时用这许多方式，多面呈现。现在我这"西诗中话"体的试用，也不过是其中的一种罢了。其实中国的诗话，也值得选译介绍给西方。西洋要翻译欣赏中国诗，或处理别的诗歌，也未尝不可于分析性的专著之外，兼采诗话的方式。

　　用诗话体来补翻译的不足，来提高欣赏外国诗的兴趣，增加了解，可能很轻便而有效。我从译诗的痛苦经验中，渐渐有了这种看法。最近十多年来，零零星星译了几百首外国诗，译的时候，经常觉得应该先弄清作诗的背景，和那诗的地位与关系，以及诗人的身世等等，才能动手。有时更不能不旁及诸家的训释和批评。可能时还比较前人的各种译文，或中国的诗作。有时也介绍了一些西洋的诗歌理论，拿来和中国的观念对比。同时，自己也往往有些零碎的感想，拉杂记录了下来。不过有时也加入了一些略有系统的专题讨论，长短不拘。原希望这种改革过的体裁，能引起读者的注意，大家来作进一步的研讨和发展。至于我的翻译和介绍是否成功，倒是次要的问题了。

1965年冬于威斯康星之陌地生

（原载于新加坡《南洋商报》，1966年元旦"新年特刊"）

十　再论李商隐《无题》诗答徐复观先生

昨天收到《大陆杂志》四十二卷十期，看见徐复观教授一篇大作，对我在四十一卷十二期发表的《论诗小札：与刘若愚教授论李商隐〈无题〉诗书》写了一篇"书后"。他的批评我当然欢迎，只是因为他完全误会了我原作的主要观点，使我不得不加以解释。

徐先生一开头就给我戴上一项大帽子，说我把李商隐这首"来是空言去绝踪"的《无题》诗认作一首"咏史诗"，或"认为都是咏李夫人故事的"。所以他说：

> 假使承认周先生的说法，这首诗，是咏汉武为李夫人死后招魂的故事的，则贯注于全诗的，应当是汉武对李夫人的恋恋不已之情。

还更进一步说：

> 上面的《无题》诗，若如周先生之说，乃是咏史诗，（则）不必以"无题"为名。当然周先生也提到，咏史诗中还是有诗人自己创作的动机，例如李商隐的"李夫人"三首，即系自己悼亡之作。但咏史可以有题，而无题则几乎没有是咏史的，虽然里面可以用上许多典故。

我必须声明，我那原札，从来没有说过这首《无题》诗是"咏史诗"，也没有说那"是咏李夫人故事的"。在札前的短引中，我早就表明过，

我给刘先生的那封信,是为了"商讨此诗意境之所据"。信的开头便说:

> 此诗似大受《汉武故事》及《汉书·李夫人传》中所述武帝命李少翁求李夫人神故事之影响。

这明明只说是受"影响"。后来也只说过这故事和传记"在文字与意境上尤类李诗",或就个别词句说是"相应""言意绝类""辞意之所本"或"所据"。说某诗在文字和意境上与某文相类似,或是根据于某文中某些词句,或说受了某文故事的影响,当然绝不等于说,这诗就是咏那一篇文章所说的故事,更不等于说,这诗就是"咏史诗"。也不见得那诗的主题便和某文相同。我没有说过那诗的全部与整个文字和意境与那故事相同,只是说有许多相似之处。而且我用了"根据"和"影响"这些词句,显然不是在说那诗的主题。即使承认这些都不能使徐先生了解清楚,他也应该注意到,在那书札的末了总结时,我交代得很明白:

> 以上所述,自亦不必太凿,谓义山此诗即为咏李夫人事而作。实则诗人当系自纪其经验,自抒其感情。弟之所论,不过谓义山在意识上或下意识上,确受其所喜读作品与故事之影响,且借此以发抒其感触耳。吾人若不抉发此中底蕴与关联,则亦不能充分了解诗人之作。

这不是明明白白说了,我所论的,只"不过"是受"影响"。并且指出,如果认李义山这诗就是咏李夫人事,便是太穿凿了。怎么徐先生反而三番数次一口咬定,说我认这诗"是咏汉武为李夫人死后招魂的故事的",甚至是"咏史诗"呢?

我想稍能了解旧诗,尤其义山诗的人,都不会把这《无题》诗看成一种"咏史诗"。我既然说这诗是"诗人当系自纪其经验",自然便不会认这诗是"咏史诗"了。难道这也可以混淆么?

我对这首《无题》诗的主题,只说到是李商隐"自纪其经验,自抒其感情"，至于是什么样的经验和感情，是对一个私下爱着的女人呢？还是对他的妻子？她是否还活着？以至于是否也与他政治、社会生活经验和感触有关？都没有作肯定或否定的解答。这一方面因为我觉得证据不足，便不能作狭隘的论断。而我这种最广泛的解释也可算是一种特殊而有用的解释，读者可自凭想象去体会。再方面，我那信原是因刘若愚先生在我所主编的《文林》一书中所发表的那篇英文大作而写，他的大作已对这诗的主题有详细讨论，而且认这诗是与恋爱一个女人有关，至于女人是谁却已无法追究，也不必过于追究。就诗论诗，我个人的看法和这很相似，只是我也许还更笼统广泛一点，连政治社会经验感触反应的可能性，都没有排除。不论如何，我认为刘先生的解释很合情理，所以我的信对主题也就不再多说了。徐先生自己说不能读英文，因此不读刘先生那篇大作和英文专书，这是可原谅的，但他连刘先生在《清华学报》新七卷二期里的中文论文也不去看，就猜测刘先生的翻译也可能受我的影响而不对，这就更没有事实根据了。

事实上，我那封书札的暂时主要目的，只不过想在文字上、个别意象上或典故上，找寻李商隐这诗所可能受到的影响或其所本。我若能找到一部分根源（当然我并没有说，要找这诗每个字的根源，那既不可能，也可不必），对欣赏这诗可能有帮助，对研究它的主题也有一部分用处，但并未绝对限制作各种不同主题解释的可能性。诗人尽可采用过去某种特殊辞藻、成语、专名、典故或句型，来组织创造他自己各种不同的、特别要表达的主题。那些组织素材，通常可能取自许多来源，有时（就像这一首诗）也可能有大部分取自一个或少数来源。这要看诗人平日的训练和当下一时的感兴如何而定。组织素材可能有渊源，诗人可能受他所读作品的明示或暗示，在心目中留下好些意象的符号。这些意象符号或素材的记忆，一方面可供给诗人作为表情达意的工具，来有效处理他自己的主题；另一方面，由于这些意象符号的记忆，也往往可以影响诗人如何选择他本身的经验感情来建立他的主题。因此，这种记忆，不管是意识的或下意识的，对作者抉择主题可能有影响，对如何处理主题，更是关系重大。

可是这种意象符号或组成素材,并不就等于那诗的主题,也不必然决定主题。明白了这一点,则即使认定这首《无题》诗在许多文字和意境上受了汉武与李夫人故事的影响,使用了类似的意象符号,甚至在一两句里还运用了那典故,但诗的主题仍可作各种不同的解释。说那是为爱人而作,为妻子而作,或甚至是为政治生涯感慨而作,都仍然有可能性。不过那故事的来源,也至少可帮助说明,诗人更可能是在渴望他远别的爱人而不可得。我之所以指出这点,只因刘若愚先生读了我的信后,并未觉得我已把这诗认作"咏史诗",却觉得我的看法可以加强他对主题的解释;而徐先生却得了恰好相反的印象,肯定地说我认这诗是"咏"这个故事的了。

这个莫须有的肯定,便使他要追问,非诗中每句每字和李夫人故事中的全同不可,非解释得通"贯注于全诗的,应当是汉武对李夫人的恋恋不已之情"不可。初看起来,徐先生的要求都是合理的,"假使"认这诗的主题是"咏"汉武与李夫人故事的"咏史诗",难道我们不应该证实诗中所说的帷帐蜡烛就是故事中的帷帐灯烛么?难道我们不应该证实诗中啼哭的人就是故事中啼哭的人么?如果不能证实这些,当然徐先生就可以宣告我"立论的骨干完全垮了"。不幸的是,那个"假使",是他自己的"假使",他自己先"假使"我已把这诗认作"咏"李夫人事的"咏史诗",把这种很不适切的结论当作是我的,那我只好先天就"垮了"。可是,他如果注意到,我明白说过,诗人是"自纪其经验",并非为咏李夫人事而作,我的"所论,不过谓义山在意识上或下意识上,确受其所喜读作品与故事之影响",那么,我为什么要来证实那诗的全部感情是汉武帝的感情呢?为什么要来证实那诗的每一个字和所写的每一个动作都要和那故事相合呢?难道说,诗中有个"楼上"在那故事里找不着,就可证明那相类似的部分也不类似了么?难道说,不是百分之百相同就不能以那故事为据和受它的影响么?本来,即使这诗是"咏"那故事的,即使是用那故事作主题的,也不见得要词句情节全同,王维、刘禹锡、韩愈、王安石这些人咏"桃源"的诗何尝与《桃花源记》情节全同?王维诗中说的"青溪",刘禹锡说的"广乐虽交奏",何

十　再论李商隐《无题》诗答徐复观先生

尝见于原记？即使把李商隐那首《无题》诗勉强认为是咏汉武帝与李夫人故事的，就那诗的文字论，倒也不见得有什么冲突不合，"梦为远别啼难唤"，是谁在做梦，梦的是谁，远别是指生离还是死别，是谁在啼唤，这些就文字本身说本来都是不定的。至于"书被催成"是指现在还是回忆过去，是指书信还是书本，在旧诗里也往往都可以说得通。但是刘先生和我都没有把这诗看作咏那故事的咏史诗，就我而言，我觉得那不是最好的解释。总之，我既不曾把这诗看成咏那故事的，就更不必要做到坐实证明"啼难唤"必须指李夫人的弟弟和儿子在啼唤了。凡徐先生所要追问的这类问题，只因徐先生的"假使"是"假"的，所以也就"骨干全垮"，用不着答复了。

可是，我的那个假设，就是认李诗确曾受汉武与李夫人故事的影响，文字和意境上有许多相类似，并且在一两句里直用了这典故，这个假设能否成立，当然要看我所谓类似之处是否类似，而且有多少个类似之处。从这方面说，徐先生所否认的那些类似点，自然值得我来再加辩证。现在为了讨论方便起见，先把我原信中认为类似或相关的几点列举在下面：

李诗

"来是空言"

"去绝踪"

"来……去……"（连词）

"月斜……五更钟"

"梦为远别"

"远别"

"啼"

"难唤"

笼"蜡"烛于"翡翠"帷

"麝"香

"芙蓉"帐

"刘郎"

"蓬山"

汉武帝与李夫人故事

"仁者不誓,岂约亲兮。既往不来,申以信兮。"

"去彼昭昭,就冥冥兮。""命樔绝而不长。"

"既往不来,……去彼昭昭……"

"奄修夜之不阳"。

"梦之芒芒","卧梦……终不复见。"

"执路日以远兮,遂荒忽而辞去。"

"悲愁于邑,喧(啼)不止兮。"

"涕泣洽席。"

"响不虚应。"(颜师古注:"虚其应。")

"设灯烛于帷幄"。

"香""芳"。

"张帐""居他帐"。

刘彻

"蓬山"

上面大致列举了十三点,实际上烛和烛帷本可分为两件,所以一共是十四点。上面已说过,李诗既非即"咏"那故事,则我所谓类似只是文字和个别意象上的类似,不必所指全同。我当然知道,李诗说的是麝香,而《汉武故事》中说的"香气"是指"蘅芜之香",但这种异点并没有否认掉,两篇中都说到香。和这相类的辩论,用不着再重述。其余不同性质的问题,我可分别答复:

(一)关于"月斜楼上五更钟"和"奄修夜之不阳","月斜"与"修夜"在意境上的类似是很明显的,用不着多说。"五更钟"徐先生也早已解释作"乃夜将尽而天快晓之钟"。"天快晓"还是"未阳",未尝不相类似。至于说"修夜不阳"是指"李夫人死了,葬在坟墓之中,永无见到阳光之一日"。这个解释也不全对,原文只说长夜没有阳光罢了,若说已永无见到阳光之一日,那武帝又何必去求方士,去求李夫人神?上文我已说过,若把李诗说成是为一个死了的恋人而作的,本无不可通之处,这和武帝赋中夜将尽而天未亮的境界,未必有什么矛盾。不过我们并不必这样坐实。我们要指出的只是这"长夜未明"的意象,两处的确相似。还有"楼上"一词,在李夫人故事中也不见得完全不相干。《李夫人传》中说:"李夫人少而蚤卒,上怜闵焉,图画其神于甘泉宫。"《史记·封禅书》说,这甘泉宫本是武帝依李少翁的意思修筑起来致天神求仙的,后来,武帝又听信齐人方士公孙卿的话,说"神人宜可致也,且僊人好楼居"。便在甘泉宫里加盖了楼房延寿观。如果说李夫人的神像是在楼上,在想象中并非全不合理。可是我们既不求字字坐实,也就不必深究了。

（二）关于"绣芙蓉"一词,我虽未完全否认冯浩注认是"褥"的解释,但引了鲍照、庾信、刘长卿、白居易的诗句,和李商隐在生时宫中的谣谚,来证明"芙蓉帐"是更常用的意象,比用杜甫诗的孤证更为可信。徐先生对这点虽未否认,但语气上似乎还不甘心。其实冯浩所引杜甫《李监宅》诗:"屏开金孔雀,褥隐绣芙蓉"中的"绣芙蓉",是否百分之百可肯定是指褥也还成问题,崔融《新体》诗"屏帏几处开";刘长卿《昭阳曲》"芙蓉帐小云屏暗";李商隐《屏风》诗首句"六曲连环接翠帷",都可见屏往往和帏帐在一道说到。杜诗前句说到屏,下句的"隐"字若照萧纲"绿炬怀翠,朱烛含丹"中的"怀"字用法,当成被动词"隐于"解,即褥隐于绣着芙蓉的帏帐中,也未尝没有可能。当然,我也承认,把杜诗解释成褥,隐藏着本身所绣的芙蓉,也很近理。可是"芙蓉褥"一词是否已见他例还是问题,而"芙蓉帐"却流行得很(《成都记》所载,成都城上遍种芙蓉,每至秋,四十里如锦绣,因名锦城,"以花染绘为帐,名芙蓉帐"。说是起于后蜀孟昶时。可是孟后主已在第十世纪,而"芙蓉帐"至迟在第五世纪鲍照时便已存在了。初唐以后更已著名。恐《成都记》所记时代有误,或因别处芙蓉帐已有名,所以成都也特别大量制造)。顺治时代朱鹤龄笺注义山诗,对这句注释已引崔颢《卢姬篇》"水晶帘箔绣芙蓉",不把它当褥。帘箔和帏帐比较近似,"麝熏微度绣芙蓉"的"度"字用在帐比用在褥上似较适切。白居易（772—846）《长恨歌》："芙蓉帐暖度春宵。"也用"度"字,意义自然不同。但我倒怀疑,李氏那句诗是否可能受了一点白氏这句诗的启发。《长恨歌》作于元和元年十二月（807年1、2月间）,在李出生前五年,李作《无题》诗时这歌已风靡遍天下,正如唐宣宗《吊白居易诗》所说："童子解吟长恨曲。"元稹也说白氏诗"禁省、观寺、邮候墙壁之上无不书,王公、妾妇、牛童、马走之口无不道。至于缮写模勒,衒卖于市井,或持之以交酒茗者,处处皆是"。白比李只先死十二年,《蔡宽夫诗话》说二人很相好,当亦可能（原文云："白乐天晚年极喜义山诗,云：我死得为尔子,足矣。义山生子,遂以白老名之。既长,略无文性。温庭筠尝戏之曰：以尔为乐天后身,不亦忝乎。"此说固不经。然张采田考义山生子年确与白卒年同,又令狐楚与白素有往来唱酬。且白死后不久,其妻与子即托义山为撰墓碑铭,则二人有忘年交,盖可想见）。《长恨歌》首句："汉皇重色思倾国。"也正用汉武求李夫人故事,歌的后半述临卬道士至蓬莱山访杨贵妃魂魄,即比拟李少翁事。陈鸿《长恨歌传》也把唐明皇说成"如汉武帝李夫人"。又说贵妃死后,"适有道士自蜀来,知上心念杨妃如是,自言有李少君之术。玄宗大喜,命致其神"。陈寅恪先生认为《长恨歌》首句所用汉武李夫人故事,已暗启此歌"下半段之全部情事"。我想这歌大大地宣传普遍化了李夫人故事,义山受这歌影响很有可能。上面只是说,认李诗中"芙蓉"为"芙蓉帐",颇有理由。至于帐是在室内或在室外等细节,李诗本未明说,我们也用不着去穿凿。这儿我要附带提起,《长恨歌》开头明指汉武李夫人,接着便证明是在说唐明皇杨贵妃,也正如李诗末了明明说汉武李夫人,但实际却在说他自己的生活经验。自然我们也可以说,《长恨歌》受了李夫人故事的影响,部分也根据于此；但有人如追问,汉武李夫人故事只说李少翁,并非李夫人之神,住在蓬山,而《长恨歌》却说杨贵妃的魂魄住在"蓬莱宫中",因此便认定不可附会汉武故事影响,把《长恨歌》弄成了恶诗,那就是他自己把它看得太不灵活了。

（三）我把"来是空言"的"言"比作武帝赋中所说的"誓""约"

等字,"既往不来",这些誓约也就成了不可"信"的"空言"。我原说,义山把这种类似的观念与词句用来描写他自己的经验感情,诗中的主人公是诗人自己和他的女郎。徐先生却要我把"来是空言"这句诗用到李夫人身上去,说李夫人既死,怎能向武帝说"来"呢?我本来可以不答复,因为我并没有把汉武帝和李夫人看作这《无题》诗里的主人公。不过,这句话对李夫人故事倒大可说得通,汉武"卧梦李夫人",她当然可答应再来,而且李少翁不是一再向武帝诺言"能致其神"么?那神是好像"姗姗其来迟",又"不得就视",连"是耶非耶"都不知道,怎不能说少翁所谓能"来之"(致)的那句话是"来是空言"呢?

(四)徐先生批判我的假设的大文最关紧要的一点,是他否认我对"刘郎"与"蓬山"的解释。把"刘郎"解作汉武帝刘彻,本是冯浩旧说,但他注道:"用汉武求仙事屡见。"他只认是求仙,实际上求仙和想求李少翁回来致李夫人神不是一件事,所以我来加以辩证,而且前人未能确证"刘郎"指汉武,也有人像徐先生一样,认为是刘阮的。这就是我为什么写了那封信。徐先生却说:

> 诗人有称唐明皇为"三郎"的;有把起事而尚未登极的皇帝偶称为某郎的。断乎没有把继业垂统的皇帝称为"郎"之理。周先生以此处的"刘郎"指的是汉武,已属过于奇特。退一万步,承认此处的"刘郎"指的是汉武,则此两句的感情,应当是以李夫人为对象。但周先生却说:"少翁没后,杳去蓬山,于是大悔,实即李诗刘郎已恨蓬山远之所据也。"(纵案:徐先生征引时删去了"之所据"三字,这就无形中把二者画上了等号,或系无心,但有乖作者原意。)这便变成了汉武和少翁恋爱,世间岂有如此大煞风景的恶诗。

博闻强记的徐先生居然敢大胆说:"断乎没有把继业垂统的皇帝称为郎之理。"这很有点像在七十年代里说,断乎没有把总理、总统或主席称为同志之理。无奈李商隐生在唐代,不在明清。按《太平广记》所引

《定命录》《谈宾录》及《两京记》，还有宋朝马永卿的《懒真子》，都曾记载，玄宗执帝位以后还被称或自称作"三郎"。这些也许还只算小说家言，或不足据。但唐昭宗光化二年（899）去世的郑綮所著《开天传信录》，自称是"搜求遗逸，传于必信"，也记载玄宗在位时天宝二年十一月间有个名叫刘朝霞的，向明皇献了一篇《贺幸温泉赋》，其中说："遮穆尔古时千帝，岂如我今日三郎。"皇帝因此还封了他一个官。即使说这事不必可信，但"郑书"非伪书。再看与《汉武故事》性质相似的《汉武帝内传》，便常称武帝为"刘彻"或"刘生"。而更明显的，李贺《金铜仙人辞汉歌》一开头就说："茂陵刘郎秋风客。"在这诗前作者自序明说诗题是指汉武帝捧露盘仙人，茂陵是武帝陵墓，武帝又作有《秋风辞》，这"刘郎"是指汉武帝，绝无可疑。李贺（790—816）和李商隐（812—858）先后同时，李商隐还写撰有《效长吉》诗和《李长吉小传》，可能还见过李贺的姐姐。李贺诗可以称汉武帝为"刘郎"，为什么李商隐就不可以呢？再看李商隐自己的古诗《海上谣》吧：

桂水寒于江，玉兔秋冷咽。海底觅仙人，香桃如瘦骨。紫鸾不肯舞，满翅蓬山雪。借得龙堂宽，晓出揲云发。刘郎旧香炷，立见茂陵树。云孙帖帖卧秋烟，上元细字如蚕眠。

这首诗也是用汉武帝求仙的故事来咏自己的感触的。这里茂陵、蓬山、上元夫人、香桃、香炷、海底觅仙等无一不在汉武故事中，刘郎是指"继业垂统的皇帝"汉武帝已绝无问题，这儿也和蓬山并称，更可证明《无题》诗中"刘郎已恨蓬山远"是确指汉武故事。这里我只好请求尊重事实的徐先生"退一万步"了。

至于说，李少翁被杀后突然又神秘地出现，叫使者告诉武帝"后四十年求我于蓬山"，于是武帝大悔。把李诗末了两句解释成根据于此，也不见得如徐先生所说，便使李诗"变成了汉武和少翁恋爱"。武帝悔憾蓬山杳远，也只不过是说他深悔再也找不到李少翁来致李夫人之神，目的是李夫人，怎么能说是他和少翁恋爱呢？我实在看不出来，认"刘

十　再论李商隐《无题》诗答徐复观先生　137

郎已恨蓬山远"是指汉武李夫人典故，便会把这《无题》诗弄成了"大煞风景的恶诗"。

　　这里我得顺便提起一点，徐先生说："除了末句更隔蓬山一万重，周先生未作交代外，其余七句，认为都是咏李夫人故事的。"这儿他说我"认为"种种，固已如前所说不确。事实上，我对"更隔蓬山一万重"一句当然认为已连同上句"刘郎已恨蓬山远"一起交代了，这里"刘郎"自然已是指李商隐自己，末句就紧跟着巧妙地使用移花接木的手法。所以这句仍在用典之列。我说诗中七行与故事相应，原是指"书被催成墨未浓"一句似乎未见受李夫人故事影响。其实，徐先生如能再容忍我"附会""挦撦"一番的话，这句也不是不可能受到李少翁或李少君故事的一点启发。上文所引《海上谣》的末句"上元细字如蚕眠"，当然是指《汉武帝内传》所载，王母替武帝请来的那位"年可廿余，天姿清辉，灵眸绝朗"，小名阿环的仙女上元夫人。武帝跪在地上向她苦苦哀求，"叩头流血"，她才付与他《金书秘字》十二篇，也称作《五帝六甲左右灵飞之书》。这套"可以步虚，可以隐形，长生久视，还白留青"的天书，说是在人间只能授予李少君（《史记·封禅书》中的李少君和齐人少翁本是二人，死得也不同；但后来传述有时变成了一人。例如也作于义山出生前五年的《长恨歌传》，似即如此）。武帝把这书藏在柏梁台，后来天火烧台，把书全烧了。所幸武帝事先遵照上元夫人的话，曾把这书传授李少君，这时只能赖少君再传。据道藏本"外传"中李少君条所载（唐代诗人如李商隐等所见汉武内传、外传，应近于道藏本。钱曾《读书敏求记》《四库提要》及余嘉锡《辨证》等皆已指出。今《守山阁丛书》本最为完备），少君又有方书，但他已患病，武帝急于求得方书，恰好梦见少君被仙使召唤上天，正疑虑少君会"舍朕去矣"，果然，"明日少君临病困，武帝自往视，并使左右人受其方书，未竟而少君绝。武帝流涕曰：少君不死也，故作此去耳。既敛之，忽失其所在"。这里记载和《内传》稍有不同，说在少君死后，"明年，柏梁台火，烧失诸秘书妙文也"。总之，这是说，少君死前武帝梦他远去，后又派人去到病床边依他口传方书，赶紧抄写，但匆匆忙忙未完书，他就死了。这件事和"梦为远别""书被催成"也不无类似之处。本来，如果单是这点类似，自不可强为附会。但武帝内外传把这失书的事的确写得很严重，"帝既失书，悔不行德，自知道丧"。而义山对上元夫人授书事也很重视，《曼倩辞》中也有"如何汉殿穿针夜，又向窗前觑阿环"之句。为什么他要特别提到"上元细字"像"蚕书"一样？后来注诗的人，或说这是指李德裕的相业记在史书，且暗寓曾代郑亚替李德裕的《会昌一品集》作过序；也有说是指自己充书记的文字生涯。我想也许是讥讽唐武宗求仙书吧。《海上谣》作于宣宗大中元年（847），义山在桂林依桂管防御观察使郑亚当幕僚掌书记的时候。先一年唐武宗死去，这个皇帝和汉武帝很相似，好大喜功，重方士，学仙，喜女色。宠王才人，从道士受法箓，服食修摄，等到丹药发作，变得性情暴躁，喜怒失常，大病不起，道士们还说他在"换骨"！临死时被宦官操纵，把他的叔父扶立，是为宣宗。在武宗当皇帝的六年中，亲任义山岳丈所属的李德裕党。但宣宗却重用牛僧孺一党，从此义山便在政治上终生潦倒。因此武宗之死对义山一生影响很大，他也就常用汉武故事来比喻武宗写诗，"昭肃皇帝挽歌辞"固是直指，其他如"茂陵""汉宫"等都如此暗喻。《海上谣》一面写自己在桂林的生活经验，一面也借武帝事来讥叹武宗，自无可疑。《无题》诗一般都认为作于大中三、四年左右，或稍前，尚难肯定。这些年义山似乎最喜欢用汉武帝典故写诗。《无题》诗和《海上谣》的主题当然不同。假如我们说，"梦为远别""书被催成"这些句子有可能受到上元夫人和李少君事的启发，既不是说那就是咏这件事，也不是用典，因为我也认为前一句也可能受了武帝赋的影响。我所说的，乃是指诗人写作过程中，大约在下意识上，也可能在意识上，因那些故事和赋在心目中已有深刻印象，便自然而然地融合起来创造了"梦为远别""书被催成"等境界，来表达他自己的经验和感情。

以上大致解释了徐先生的几点怀疑。但他对我的假设，在方法上还有个总的反对。他说：

按与"芙蓉""翡翠""梦""香""啼"有关之故事，只要把汇书翻开一查,可谓多得不可胜数。只看能不能与李诗全首全句的内涵乃至气氛相融。

他这末了一句,还是把我所要作的分析诗中个别意象素材的来源和所受影响,与解释全诗主题,混淆在一起。上面既已说明,这儿可不再论。他前半段所提出的问题倒是很重要的。因为"梦""香""啼"等确实都是很常用的字,与它们有关之故事也非常多,如果一见有这些词句相似便以为是根据或影响,那就未免太荒唐了。可是我把这《无题》诗来和汉武李夫人故事比较,原有几点特殊理由:第一、《汉武故事》和《李夫人传》是单篇故事,也可说"一个"故事,绝不能看成字典、词典或百科全书式的"汇书"。汇书可以把许多不相关的字汇和故事都列在里面,单篇故事不可能。第二、这故事本身非常短,我所用的据明钞《说郛》本《汉武故事》小本只印了九面,大本只有两面多,而且我并未拿全篇来作比,只用了其中述致李夫人神一小段,共只一百九十余字,《汉书·李夫人传》更短,也只用了后面讲招李夫人魂的那段,共只六十余字。武帝赋也不过三百三十余字。而且这种都是叙汉武思念李夫人的单一故事。这和在长篇小说或许多不同故事中找出那些类似词句意象来,不能相提并论。第三、这《无题》诗只短短八句,其中至少七句,也可能全部八句,在文字和意象上都可在那故事中找到或多或少的类似点,共达十四五件之多。即使说其中有一两件不太明确,但总是惊人的多了。我也承认,把那些类似点分开来看,绝大多数都不能建立个别的必然关系,这就等于说都是逻辑上的"丐词",许多不必然的丐词还是建立不起整个的必然关系。大家当还记得,近人争辩《老子》书年代问题时,也曾争论到这个逻辑问题,在这一点上,徐先生倒像是站在胡适先生一边反对冯友兰先生等人。我也尝觉得,丐词虽多还是无法建立必然关系,因此,我并不认定我如恍惚指出许多不必然的类似点便肯定地建立了李诗与李夫人故事的关系。但我也有一点很强的理由,那就是第四,我确可肯定"刘郎已恨蓬山远"是指汉武李夫人故事。有了这个肯定而非丐词的关联,再加上那么多可能是真,也可能不真的类似点,我才下出结论:"其间影响,至为显著,决非强为附会,亦非偶然巧合也。"我当然还承认,我所指出的个别类似点,不一定件件都真实肯定,但权衡全部比例数,如要否认那相当重要的影响,却是不应该的。如果真是无关,两篇这样短的作品,怎能"附会"出这许多类似点,还有两个肯定的专名作证呢?

一个很好的例证便是上面说过的《长恨歌》和《长恨歌传》。在这两篇里,真也可找出许多与这《无题》诗相类似之处。这里有汉皇、芙蓉帐(度)、栖、翡翠、月、长夜欲曙天、死别、蓬莱,词中有誓、长恨、焚香于庭等。有灯但不是烛(后人曾因此屡评,宫廷富贵人家点烛不点灯,说白氏比拟不伦)。也说到梦,但却是相反地说"不曾来入梦"或只说杨妃之魂由梦中惊醒。不论如何,相似之处已很多了,为什么会如此呢?原来作者陈鸿、白居易自己很明显表示过,他们是在用汉武李夫人事作比拟;而且我已指出过,义山那诗也可能受了《长恨歌》的影响。《无题》诗在文字和意象上比《长恨歌》更接近汉武李夫人故事,像"来是空言去绝踪""啼难唤",烛帷,甚至"梦为远别"和"书被催成",都是很不简单的情境,若无影响,不容易都附会得上。《长恨歌》和"传"既是明白要比附汉武李夫人事,我现在来指出《无题》诗和它的关系,岂不恰当么?

徐先生说我附会汉武李夫人事不当,他自己却轻而易举地肯定(刘郎)是指"刘阮","蓬山"是指"东观""兰台"。关于典故应注意"如何地活用",我很同意,但却不能同意随便肯定那典故的出处。"东观、兰台"本是冯浩旧说,他已指出:"《后汉书·窦章传》:学者称东观为老氏藏室,道家蓬莱山。"如果不否认蓬山与武帝故事有关,但说义山同时也用蓬山来暗示他曾两度工作过的秘书省,我并不完全反对,这已是解释主题问题,连同徐先生认全诗是为在赴江乡途中怀念妻子之作的问题,说来话长,这里无法讨论,只是觉得也还需要更多的证据才能成立。至于"刘阮",前人本也有此一说,我们且把《古小说钩沉》中最完备的合校本全录如下:

汉明帝永平五年，剡县刘晨、阮肇共入天台山取谷皮，迷不得返，经十三日，粮食乏尽，饥馁殆死。遥望山上有一桃树，大有子实，而绝岩邃涧，永无登路。攀援藤葛，乃得至上。各噉数枚，而饥止体充。复下山，持杯取水，欲盥漱，见芜菁叶从山腹流出，甚鲜新，复一杯流出，有胡麻饭糁，相谓曰："此去人径不远。"便共没水，逆流二三里，得度山出一大溪，溪边有二女子，姿质妙绝，见二人持杯出，便笑曰："刘、阮二郎，捉向所失流杯来。"晨、肇既不识之，缘二女便呼其姓，如似有旧。乃相见忻喜。问："来何晚邪？"因邀还家。其家铜瓦屋，南壁及东壁下各有一大床，皆施绛罗帐，帐角悬铃，金银交错，床头各有十侍婢，敕云："刘、阮二郎，经涉山岨，向虽得琼实，犹尚虚弊，可速作食。"食胡麻饭、山羊脯、牛肉，甚甘美。食毕行酒，有一群女来，各持五三桃子，笑而言："贺汝婿来。"酒酣作乐，刘、阮忻怖交并。至暮，令各就一帐宿，女往就之，言声清婉，令人忘忧。十日后欲求还去，女云："君已来是，宿福所迁，何复欲还邪？"遂停半年。气候草木是春时，百鸟啼鸣，更怀悲思，求归甚苦。女曰："罪牵君当可如何？"遂呼前来女子有三四十人，集会奏乐，共送刘、阮，指示还路。既出，亲旧零落，邑屋改异，无复相识。问讯得七世孙，传闻上世入山，迷不得归。至晋太元八年，忽复去，不知何所。

这故事已有四百三十余字，若加入别本异文，与《汉武故事》及《李夫人传》等李夫人与少翁事长短已差不远。我现在无论怎样附会捋搢，也只能找到"刘、阮二郎"、"帐"、远别、去绝踪几个名词和意象相类，像"金"、"啼唤"及"来去"连词已不很恰当，难于附会，其他确无办法。而最重要的，这里明明是"天台山"，没有"蓬山"。把刘晨拉到这里来实在没有多大理由，并且就我记忆所及，李商隐诗中他处没见用过刘阮典故，他是否注意或喜欢这个故事，也还有问题。我不懂为什么徐先生要选择这个说法。如果徐先生能在这个故事里，或其他任何单一短篇故事或诗歌里，也能像在汉武李夫人故事中一样，找到十四五件词句和意象相类似,并且包括两个专有名词,我也自愿"退一万步"放弃我的假设。

有人也许要问,一首短诗,何必花如许笔墨来找出它文字和意象的根源呢?我素来也不喜欢仇兆鳌详注杜诗那法子,把"文武衣冠异昔时"要注出《后汉书传赞》里说过"上方欲用文武"。这不但无必要,并且杜甫可能全没想到《后汉书传赞》那句话。但我对义山这首诗的解释,和一般繁琐注诗绝不相同,因为这么多意象符号都出现在同一个短故事中,几乎全诗的重要意象都可在这一短故事里找出来,可是又不是咏这故事的诗,而过去读者都未察觉,作者也未明白承认其渊源。这在中外文学史上,就我所知,可算是个颇为稀有的例子。对研究诗人创作的心理过程和意识演变或下意识之流,也许是一件可贵的资料。因此不惜辞费,再加辨析。

(原载于台北《大陆杂志》,第 43 卷第 4 期,1971 年 10 月 15 日)

十一　关于屈原与杜甫

我的拙文《论杜甫》发表后，还未见到，就收到好些朋友的来信商讨。其中徐复观先生四月三日的信很有新意，似乎值得公开讨论。谨先录原信如下：

> 今天一口气读完了您写的《论杜甫》，心中郁积为之一扫。特写此信，向您表示敬意。
> 有两点提出请您指教：一、屈原所说的世、俗，似指的是与政治关联在一起的上层社会，甚至即是指的腐败堕落的大小官吏，而不是指"当时大多数的人民"。古人对世、俗的攻击，多是如此。
> 二、"朝廷问府主"四句，可否作如下的解释：假定朝廷中有人问您（府主），问及我的情形和志愿，您便可以答复，我正在山村中学习耕稼。只要我能回到故园安住（栖定）。即使生活艰难（寒灯），我亦闭门无所他求了。

关于《晚》诗"杖藜寻巷晚，炙背近墙暄。人见幽居僻，吾知拙养尊。朝廷问府主，耕稼学山村。归翼飞栖定，寒灯亦闭门"。我前文因据下句"关于耕稼之事可学山村"，故依类似句法把上句解释作"关于朝廷之事可问府主"，认为这样较适合"幽居"和"拙养"的主题。

现在徐先生把上句解成假设语气，自然不再像浦起龙和郭沫若等坐实那种扞格。我现再细读全诗。尤其是上文用了《列子·杨朱》"负暄"的典故，杜甫当有用山村的耕稼"以献吾君"的意思。这段似可解作：

我却知道这种幽居养拙还是很尊贵，因为朝廷一旦如果问起太守来，耕稼之事仍要向我们山村学习。不过"诗无达诂"，不仅《诗经》如此，古今中外一切好诗也往往如此。只要不与史实相背，或不在无据中增入史实，对诗的想象，往往可作多种不同的解释，端视读者的主观注重点而有出入，徐先生的说法，以至于我原文的那解释，也许都可同时容许。我反对浦、郭等人的解释，主要点本不在其语气及主题上不顺，而在其于无据中肯定增加史实。其实他们那种解释也非绝不可能，只是不能太肯定坐实罢了。

至于屈原所说的"世""俗"，我原文认为是指"当时大多数的人民，我们至多只能说他们还未觉悟吧"。屈原对于"世俗""时俗"，多所批评埋怨。《离骚》说："謇吾法夫前修兮，非世俗之所服。"王逸注："言我忠信謇謇者，乃上法前世远贤，固非今时俗人之所服行也。"又"固时俗之工巧兮，偭（背）规矩而改错"。王逸解"时俗"为"今世之士"。《离骚》里又说："世并举而好朋兮，夫何茕独而不余听。""世幽昧以眩曜兮，孰云察余之善恶。民好恶其不同兮，惟此党人其独异。""世溷浊而不分兮，好蔽美而嫉妒。""世溷浊而嫉贤兮，好蔽善而称恶。"不一而足。《九章》里也一再说到"世溷浊而莫吾知"。"世"字本义当是世代，"俗"是风习或人欲之所趣。"世俗"或"时俗"当指一时代之所风尚，有时即指一时代。"世"有时便指一时代的人或多数人，这本来不成什么问题。但徐先生所说的乃是屈原和其他古人所攻击的世、俗，并非依字的本义，实是指少数的上层社会。到底屈原要指什么人？真是个问题。《卜居》里说："将从俗富贵以一生乎？"便不明显，富贵大概只少数人，但风俗也还得由多数人才可造成。至于《渔父》里说的"举世皆浊，而我独清；众人皆醉，而我独醒，是以见放"和"又安能以皎皎之白，而蒙世俗之尘埃乎"，这所谓"举世"与"众人"对举，本应指社会上的多数人；但我们仍可说，屈原见放，应是少数官吏所致，不该埋怨社会上的多数人。可是这样说也未免是亏词，先就假定屈原不致批评社会上多数人。其实《离骚》里屈原上下求索，就是全找不到一个知己，绝对孤独，所以自杀了。"已矣哉，国无人莫我知兮"，因此"吾将从彭咸之所居"。《怀沙》中所说的也是如此:"文质疏内兮,众不知余之异采。""世既莫吾知兮,人心不可谓兮,怀情抱质兮,独无匹兮,伯乐既殁兮,骥将焉程兮……世溷不吾知兮,心不可谓兮,知死不可让兮,愿勿爱兮。"屈原把自己看得这样孤洁,举世无匹,绝不只是说朝廷无人知他用他而已,而真是整个社会无人知赏他。这其实未免有点超人哲学思想。屈原固然同情平民的痛苦,"哀民生之多艰",而且知道楚王昏乱是由于"终不察夫民心"。但他也未尝不批评人民的短处。《离骚》里说:"民生各有所乐兮,余独好修以为常。"王逸注云:"言万民禀天命而生,各有所乐,或乐谄佞,或乐贪淫,我独好修正直,以为常行也。"王逸也许说得略偏,可是屈原在这里的确把自己"独"与万民对比,把自己看得超特,却无疑问。从这点说,我们很可怀疑屈原是平民主义者,至少他自己好像不屑于做大多数的常人。

总之,我们不能否认屈原确曾愤世嫉俗,"怨世骂时"。这世、俗不见得是指少数上层人物。不过可辩论的是:他把世俗的溷浊乖违,到底归咎于少数上层官吏呢,还是也归咎到多数的人民?我们也许可承认或假定,他是归咎于上层社会而非社会多数人。如果这样,也就正是我原文所说的大多数人民"还未觉悟"。这种未觉悟或无力无法反抗,是否也值得愤忌怨骂呢?大多数人民对世风之坏是否也负有责任呢?我在三十多年前尝打算写一篇文章,题作《论匹夫有责》,并不是想照旧勉励匹夫匹妇来担当天下兴亡之责,而是想指出,一个社会的兴盛,固然大多数人民应有功绩;但它的衰乱,大多数人民也应可受责备,不能说没有责任。在希特勒和东条英机等人专权时,德国和日本的多数人民不曾反抗或抗议,史家能说他们不负咎责吗?近代宣传,几乎认"天下无不是的人民"。其实,社会上大多数人民如果有足够的智慧、道德和勇气,便不会容许暴乱因素存在。屈原怀才不遇,只好自杀,当时楚国的政治黑暗固然是重要原因,社会人民是否能全辞其咎?假如屈原承认政治黑暗乃是朝廷"未察民心"之故,而大多数人民仍是明智善良的,那他就不应该说"举世皆浊,而我独清;众人皆醉,而我独醒"。如果说这"举世"与"众人"只是指朝廷的少数人,则社会上便自有不少清醒的人，可以了解同情他，国事不至全无望，他也就用不着觉得那么孤独而非自杀不可了。

　　从以上种种看来，屈原既然孤愤投江，在他那怨世忌俗的言辞背后，恐怕对当时社会多数人民，也许不无责备，至少是埋怨他们还未清醒。而这种责怨倒不是全无道理的。我这看法是否妥当，不敢自信，还得请徐先生和读者进一步指教。

1973 年 4 月 15 日夜于威斯康星陌地生

十二　论词体的通名与个性
金云鹏著《唐宋词评论书目》小序

　　作为与诗有别的词,从它发展的初期起,就有了好些不同的名称。只要随便一查,就可找到二十四五种以上,前人都曾用过,作为词的通名或别名。

　　这些早期的名称,包括"词"这一名号在内,大多含有歌或歌词的意义。例如,从唐、宋以来,往往有人把词叫作"曲""今曲子"或"杂曲"。也有人把它叫作"曲词""曲子词"或"诗客曲子词"。有时则直称为"歌曲"。有少数词人甚至把他们的词集定名为"樵歌""渔唱",甚至只简单地叫作"咏"。这些当然表示他们认为词和供唱的歌曲有关系。

　　在别的例子里,有些名称却暗示有人认定词是从古代的乐府演变而来的。宋朝有些词人往往把词就叫作"乐府"。另外一些人把它叫作"新乐府",或"近体乐府"。还有一些宋代的作家,为了着重指出词的音乐性,便用"乐章"或"遗音"来题他们自己的词集。一小部分的词人竟把自己的词集题作"琴趣""笛谱""渔谱"或"鼓吹"。后来也有人把词只叫作"新声"。

　　有些时候,为了标出词句或音节的长短参差不齐,像大家都知道的"长短句"就成为词最流行的另一名称。另外许多人认为词是从诗引申出来的别体,所以常把它叫作"诗余"。

　　上面这个名单已经够长了,但我们还不妨指出极少数词人还用过一些更花样翻新的名儿。他们把自己的词叫作"山中白云""绮语债""语孽"或者"痴语"。他们用这种花名儿固然不见得是要作为词这一体制(genre)

的通名，但至少可以表示词人们有时把这些当作他们自己所作词的特征。

这一诗歌体制的名号虽然曾经是这样多而且杂，但到底"词"这个名词总算成为这一体制最常用的通名了。固然我们还不能准确肯定这个通名从什么时候开始成立，我颇相信，也许与当代许多学者的意见相反，它可能是在唐朝，或甚至是渊源于更早的一种传统，逐渐采纳而形成的。

我们可以找到，有些最早的词，已经在题目里或词句里就叫作"词"。唐朝的刘肃（元和中，即806—820年间任江都主簿）所著《大唐新语》一书记载说，景龙（707—709）年间，李景伯等曾著《回波词》。别的书里也有类似的记载。张说（667—730）的《舞马词》《乐世词》《破阵乐词》和《踏歌词》是另外的例子。敦煌卷子所录曲子词也有《乐世词》《水调词》和《剑器词》诸题。这些固然是六言或七言的绝句体，但像张说的词，加上五字的和声，便很像早期的长短句词体了。别的例子也许还可在中唐时期找到。张志和（730—810）作的《渔歌子》，有时题作《渔父词》。在宋版韦应物（707—？）的诗集中也有《调啸词》的名称。这两种都已是定型填制的长短句词体。稍后，白居易（772—846）写了不少题作"词"的作品。他的朋友刘禹锡（772—842）在好些场合里提到这种词调的时候，也把它叫作"词"。我相信，大约在九世纪时，"词"就逐渐成为这一诗歌体制的通名了。

"词"这个字，从《说文解字》和许多古书中的用法看来，在古代的意义，有时是指惊叹词或助词。此外还有别的含义。而且就现有的材料和研究，已大致可以肯定，"词"在古代有个时期和"辞"是一个字。《说文解字》记载"辞"的籀文从司。金文从司作的这字很常见，和"词"字的字形很相似，并且与"辞"同义。可见"辞"和"词"本来是一个字。辞字在古代除了作语助词、修辞和讼词等解释外，往往指祭祀或卜筮中祝祷用的有诗歌形式的篇辞。在周代或甚至以前，有"祝致辞"的传统。《易经》里有卦爻辞和"系辞传"。据我的研究结果，古代巫祝所致的辞，本来常与婚恋、生育、丧祭等牵涉到情感的事有关。到了周末汉初，"辞"字往往用来指中国南方的一种抒情诗。这表现在汉武帝（前157—前87）所作的《秋风辞》和《楚辞》的书名。后来到了魏、晋、南北朝和中唐时代，当"辞"字与"词"字比较更常区分使用，而且"词"字愈见流行的时候，"词"字就往往替代"辞"字用来标称情诗、挽歌或其他比较轻艳婉约富于想象的抒情诗体。这样我们就有了许多题作"挽歌词（或辞）"和"宫词"（白居易的《吴宫词》有时也题作《吴宫辞》）或"春词"一类的作品。

从上面这一简略叙述的历史发展看来，我以为当"词"这一名称逐渐成为长短句这一诗歌体制的特别通名时，那些传统的情诗和其他婉约轻艳富于想象的抒情诗的个性，可能也已影响了早期创作这一长短句诗歌体制——即我们今天都叫作"词"的诗歌体——的作品的词人，虽然这种影响也许只是下意识的。换句话说，就是那些现在通称为"词"的新的抒情诗歌体之形成，不仅只起源于民歌、歌词、乐府的传统或受了外来音乐的影响，而且也有一部分是从过去婉约的情诗、艳体诗、挽歌等抒情诗，即往往称为"辞"或"词"的诗歌传统，所发展而来的；虽然这种发展也许在形式方面的影响比较小，在情趣色调方面的影响比较大。这样说来，词体的发展，不仅牵涉到"词"这一体名的采用（这种采用自然一部分仍源于歌曲之词，另一部分也可能源于早期的词名），而且还一部分牵涉到较早期常以"辞"或"词"为名的抒情诗歌的种类和个性。

这一假设能否成立当然还有待于进一步的研究。不过我想这个建议也许可以帮助说明，至少部分地说明，词这一体制大多偏重婉约艳丽或富于想象的抒情的性质。

上面这个问题只不过是探索研考词的历史与体性时可能发生的许多问题之一。这种研究将牵涉到许多资料。研究者显然需要一些充分的书目。可惜这种书文目录还很缺少，尤其是用英文写的有关词论研究的书目，一直还没有。美国青年学者金云鹏博士的这本小书应该很适合这需要。固然它并未求十分完备，但能给研究唐、宋词的人许多方便，却是毫无疑问的。（此序原为英文，现经作者译成中文。）

（原载于《诗学》第一期，台北巨人出版社，1976年10月）

十三　诗词的"当下"美
论中国诗歌的抒情主流和自然境界

(一) 导言：抒情体系与"当下"之定义

中国的传统诗歌，无论诗或词，也包括一部分散曲，都以简约抒写情景著称。在诗歌评论里，多数人也认为，最好的往往是那些最朴素天然，直接呈现的作品。这种诗词，细节不多，用典较少，能使读者立刻感动而领悟到它的美。有时虽富于雕饰与典故，但它的功用仍在于抒发作者的思想、感情或感觉。固然，这样的诗歌和这种意见，在别的文学传统里也可以找到，但在中国则比较突出，受到较多的重视。我认为这种极端偏向抒情诗的特征，有它哲学思想和语言文字的根源。这种特征也应该追溯到中国诗的原始观念之形成。又由于这种特征，牵涉到中国诗的理想境界和审美标准。所以一个比较有系统的探索和解释，似乎很有必要。我现在提出"当下"这个概念来，作为评论中国诗词的一个首要标准，并从这个观点出发，来说明中国诗歌主流的性质及其形成的原因。

我用"当下"一词作为中心来说明这一切，是由于过去习用的一些词汇都难于恰当地表达我的解释。"当下"一词，至迟在三世纪时就出现了。陈寿（233—297）《三国志·陆凯传》载：右国史华核于建衡元年（269）上表吴主孙皓，说凯子祎："及被召，当下径还赴都。"北宋释道原著《景德传灯录》十一，"俱胝和尚"条下说："天龙竖一指示之，师当下大悟。"又《水浒传·楔子》："当下上至住持真人，下及道童侍从，前迎后引，接至三清殿上。"这些"当下"，都有"实时"或"立刻"的意义。指短促的时间而言。不过"当"字据《说文》训作"田相值也"。段玉裁以为："值者持也，田与田相持也，引申之凡相持相抵皆曰当。"这字原有敌对、面对、面临之意，《公羊传》庄公十三年："君请当其君，臣请当其臣。"何休（129—182）注："当犹敌也。"《礼记·曲礼上》："当食不叹。"这些都隐含有指空间的意思。因此我把"当下"一词固然照通俗说法界定作"实时"，但也有"此时此地"的含义，不过较偏重于时间一方面。若用英文来说，约莫相当于 immediacy。此字源于拉丁文的 immediatus，本来有"无间"或"不隔"的意思，但后来也已多用作"即时"之意。西洋评论家也往往认 immediacy 和 directness（直接）是诗文的优良素质。不过在这方面似乎还没有充分而有系统的理论。

总的说来，我这里用的"当下"一词，和过去的说法并非全无渊源，但也不完全相同。看了我下面的分析，也许就会更明白些。

（二）前人以"自然"境界评陶、谢诗

首先让我们来看看中国传统诗歌评论与我上面所提出的"当下"最类似的一些观念。这至少可找到两种，一种是所谓"自然""天然"或"浑然天成"。另一种是"直寻""直致""直寄"或"如在目前"或"不隔"。这两种观念所表现的角度虽各有不同，基本论点却往往是相关联的。前一种偏重一切事物的本身，后一种则注重事物与我的关系。目的却都在提倡一切事物包括自我在内之本身的直接呈现。

当然大家都知道，"自然"这个观念是由老子、庄子等道家著作提倡才普遍起来的。"自然"一词的本义，我在二三十年前曾讲解过，原是指事物或观念自身本来是怎么样就怎么样，并非指与"人为"对立的西洋所谓自然界的自然或 nature。《道德经》第二十五章那句有名的话："人法地，地法天，天法道，道法自然。"这个"自"字即指道的本身，道所法的就是它自己是怎么样就怎么样，并不是在道之上还有个什么东西可取法。这在本章里原极明显，前文早已说过"为天下母"的是

"道"；并且说：道、天、地、王（一作人）是域中的"四大"，当然不会再有第五个"自然界"在上。《道德经》书中"自然"一词出现了五次，《庄子》书中出现了六七次，都指自己是怎么样就怎么样，并非后世和西洋所谓"自然界"的意思。这个了解本来很早，例如《道德经》第十七章末句说："功成事遂，百姓皆谓我自然。"《庄子·庚桑楚》郭象注引此句作"功成事遂，而百姓皆谓我自尔"。按王引之《经传释词》："尔，犹如此也。"我们虽然不知道郭象引文有何根据，但至少可见他或他以前已有人把"自然"了解作"自己如此"了。胡适之先生在《中国哲学史大纲》里解释《老子》中的"自然"也说："自是自己，然是如此，'自然'只是自己如此。"这种说法基本上和我的解释相似，不过我把它解释作"自己是怎么样就怎么样"，意义更为明确，也更适合于文学批评上的用法。照这个解释，人如果纯依自己本性去思想行为，也可以说是"自"然。把自然与人为对立起来乃是后起的观念，虽然这与原义也不是无关。到汉代又逐渐有人把"自然"的观念和"文"联系起来。如《太平御览》七四九引《纬书·孝经援神契》说："得之自然，备其文理象形之属，则为之文。"这个"文"还是指"单体为文"之文，是用来说明文和字的滋乳演变，并不是诗文。

用"自然"这个标准来评诗，大约起源于南朝刘宋的鲍照（约405年或414—466年），他用这词来称赞谢灵运的诗。《南史·颜延之传》说：

> 延之尝问鲍照，己与灵运优劣，照曰："谢五言如初发芙蓉，自然可爱；君诗若铺锦列绣，亦雕缋满眼。"

这事在钟嵘（约468—518）《诗品》中"品颜延之"项下却说是与鲍照约同时的汤惠休说的。这儿说：

> 汤惠休曰："谢诗如芙蓉出水，颜如错彩镂金。"颜终身病之。

这里虽然没用到"自然"二字,但"芙蓉出水"却生动地描绘了"自然可爱"的状态,意思可能是一样的。初发或才出水的芙蓉,不加外饰,本身令人一见就显得鲜丽,诗也要这样才算较好。其实这个评语还不曾完全否定雕缋修饰的功用,不过雕饰显得是次要或低一境界了。

对谢灵运诗的这种看法,一直就为后来的批评家所接受继承。梁简文帝萧纲《与湘东王书》就说:"谢客吐言天拔,出于自然。"唐僧皎然(八世纪,约与颜真卿、李、杜同时)在他的《诗式》里也说谢"直于情性,尚于作用,不顾词彩,而风流自然"。这种说法一直流传到宋、元以至清代。宋朝如叶梦得(1077—1184)的说法,留到下面再讨论。元朝陈绎曾《诗谱》则说谢"以自然为主"。清朝如王士禛也说他"钩深极微,而近于自然"。谢诗是否大多数如此,乃另一问题,这里只想指出,当他的诗声望最高的时期,论者多说那是"自然"之作。

到了宋朝,特别是由于苏轼(1037—1101)和黄庭坚(1045—1105)的提倡,陶潜诗的地位越来越高,超过了谢灵运。"自然"这个赞词,初则引用于陶诗的评论,后来索性认为谢与这个标准不相称了。黄庭坚在《题意可诗后》说:

> 宁律不谐而不使句弱,用字不工不使语俗,此庾开府之所长也,然有意于为诗也。至于渊明,则所谓不烦绳削而自合者。

这个看法与自然流露的说法已很相近,只是还没有用"自然"二字,也没有把谢灵运来对比。稍后,杨时(1053—1135)在他的《龟山语录》里便直说:

> 陶渊明所不可及者,冲澹深粹,出于自然。若曾用力学,然后知渊明诗非着力之所能成。

同时代的晁说之(1059—1129)《晁氏客语》也说渊明诗"自然守节"。朱熹(1130—1200)在《朱子语类》卷一百四十"论文下"里说:"渊明诗平淡，出于自然。"清陶澍《靖节先生集》"诸家评陶汇集"引《朱子文集》更有这么一段：

> 渊明诗所以为高，正在不待安排，胸中自然流出。东坡乃篇篇句句，依韵而和之，虽其高才似不费力，然已失其自然之趣矣。

朱熹在《答谢成之》（全集卷五十八）里又说：

> 以诗言之，则渊明所以为高，正在其超然自得，不费安排处。

这所谓"自得"而"不费安排"，应该也就是"自然"。

以上所引，还不过只是说陶潜的诗"自合""自然"或"自得"而已。可是比朱熹略早的葛立方（？—1164）在他的《韵语阳秋》里却根据苏轼称赞陶潜的"采菊东篱下，悠然见南山"等诗句为"知道之言"，因而说：

> 盖摘章绘句，嘲弄风月，虽工亦何补？若睹道者，出语自然超诣。非常人能蹈其轨辙也。山谷……尝论云："谢康乐、庾义城之诗，炉锤之功，不遗余力，然未能窥彭泽数仞之墙者，二子有意于俗人赞毁其工拙，渊明直寄焉。"持是以论渊明诗，亦可以见其关键也。

他这里引的黄庭坚的话，不知究竟有何根据。至于引陶潜佳句，则与葛立方约同时的陈善在他的《扪虱新话》里首先就拿它和谢灵运最有名的诗句来对比了。他说：

> 诗有格有韵，渊明"悠然见南山"之句，格高也；康乐"池塘生春草"之句，韵胜也。格高似梅花，韵胜似海棠。欲格高者难，

这个评断非常主观和抽象，引在这里，只因他是首先拿这两句名诗来对比之故。到了十二三世纪之间，严羽便在他那很有影响力的《沧浪诗话》里把这两句用"自然"与否来明白判断了：

> 汉、魏古诗，气象混沌，难以句摘。晋以还方有佳句，如渊明"采菊东篱下，悠然见南山"，谢灵运"池塘生春草"之类。谢所以不及陶者，康乐之诗精工，渊明之诗质而自然耳。

后来的诗论家论陶、谢诗的，多半都受了这种论点的影响，即使有人想略持折中平衡之论，但仍以"自然"为较高的水平。如明代谢榛（1495—1575）《四溟诗话》：

> 自然妙者为上，精工者次之。此着力不着力之分，学之者不必专一而逼真也。专于陶者失之浅易，专于谢者失之饾饤，孰能处于陶、谢之间，易其貌，换其骨，而神存千古？子美云："安得思如陶、谢手？"此老犹以为难，况其他者乎？

许学夷《诗源辨体》也说：

> 康乐上承汉、魏、太康，其脉似正，而文体破碎，殆非可法。靖节诗真率自然，自为一源，虽若小偏，而文体完纯，实有可取。康乐譬吾儒之有荀、扬，靖节犹孔门视伯夷也。

沈德潜（1673—1769）《说诗晬语》企图调和，说：

> 陶诗合下自然，不可及处，在真在厚；谢诗经营而反于自然，不可及处，在新在俊。陶诗胜人在不排，谢诗胜人正在排。

这可说是最折中持平之论了，但他所持的最终尺度，仍然在归于"自然"。

(三)"自然"与"直寻":短促时间因素

以上是用对陶、谢诗的评论来说明"自然"这个标准在中国诗论里的重要性。由于陶、谢在中国诗人当中占有崇高的地位,也就可以想象到"自然"给当作了最高的尺度。现在请再进一步来考察一下,这个观念在中国一般诗歌理论中应用的情况和特殊重要性,以及它与"直寻""如在目前"和"不隔"等观念的关系,以说明这些亲念的真正意义。

本来自魏、晋之间新道家玄学兴起之后,"自然"这一观念当然也就变得重要起来,逐渐用于文学理论。陆机(261—303)《文赋》里虽未用到这一词汇,但在文末说道:"应感之会,通塞之纪,来不可遏,去不可止。""天机"奔放时,思发言流,"虽兹物之在我,非余力之所勠"。便了解自然流露的重要。陆云(262—303)《与兄平原书》说:

> 云今意视文,乃好清省,欲无以尚,意之至此,乃出自然。

这也许是以"自然"论文最早的例子。至于葛洪(284—363)《抱朴子·钧世》说:"且夫古者事事醇素,今则莫不雕饰,时移世改,理自然也。"只不过是用来解释文学史的一种现象,这些都不是专门论诗的。不像鲍照的突出。

当然,鲍照还只是用这个观念来评谢灵运一个人的诗,在他以后四五十年内,用这个标准来评论一般诗文的似乎便逐渐普遍起来。如沈约(441—513)《宋书·谢灵运传论》就说:

> 至于高言妙句,音韵天成,皆暗与理合,匪由思至。

这个"天成"而"匪由思至",当然也就近于"自然"之意。不过还只限于用来讨论音韵。

"自然"一词,在《文心雕龙》里才出现得较多。可是刘勰(约465—522)只是认为,一切诗文作品,都自然发生。在《原道》里首先便指出:"心生而言立,言立而文明,自然之道也。"所以龙凤虎豹、云霞草木,以至于文字作品的文章,都可说是"夫岂外饰?盖自然耳"。在《明诗》里更明白指出:"人禀七情,应物斯感,感物吟志,莫非自然。"因此他把素朴和藻饰——如对仗之类,同样看成自然会发展出来的。在《丽辞》里替对偶和修辞辩护说:"造化赋形,支体必双",故"心生文辞,运裁百虑,高下相须,自然成对"。可是当称许《尚书》和《周易》里的对偶句时却又说:"岂营丽辞,自然对尔。"好像是认为,对偶丽辞也以自然流露比勉强经营为好,所以下文又说:"契机者入巧,浮假者无功。"试再读《隐秀》下面这一段,就更可看出他对"自然"和"润色"的看法:

"朔风动秋草,边马有归心。"气寒而事伤,此羁旅之怨曲也。凡文集胜篇,不盈十一;篇章秀句,裁可百二:并思合而自逢,非研虑之所课也。或有晦塞为深,虽奥非隐;雕削取巧,虽美非秀矣。故自然会妙,譬卉木之耀英华;润色取美,譬缯帛之染朱绿。朱绿染缯,深而繁鲜;英华曜树,浅而炜烨:秀句所以照文苑,盖以此也。

这儿可见刘勰认为,"自然会妙"和"润色取美"都可能造成秀句,但秀句之得,乃由于"思合而自逢",而不是"研虑之所课"。并且指出"雕削取巧,虽美非秀"。换句话说,他认为修饰自有它的功用和好处,但必由"自逢"才能秀出。总的说来,他固然替修饰辩护,但实际上仍然承认"自然会妙"的极端优异处。后来沈德潜评陶、谢诗的折中之论,如前文所引的,大概还是受了一些刘勰的影响。

就以"自然"论诗来说,与刘勰同时的钟嵘(约468—518)却更偏向这方面了。他在《诗品》序里说:

夫属词比事,乃为通谈。若乃经国文符,应资博古,撰德驳奏,宜穷往烈。至乎吟咏情性,亦何贵于用事?"思君如流水",既是即目;"高台多悲风",亦惟所见;"清晨登陇首",羌无故实;

"明月照积雪",讵出经史?观古今胜语,多非补假,皆由直寻。颜延、谢庄,尤为繁密,于时化之。故大明、泰始中,文章殆同书钞。近任昉、王元长等,词不贵奇,竞须新事。尔来作者,寖以成俗。遂乃句无虚语,语无虚字。拘挛补衲,蠹文已甚。但自然英旨,罕值其人。词既失高,则宜加事义,虽谢天才,且表学问,亦一理乎?

钟嵘在这里否定繁密的用典,把"自然英旨"提到极崇高的地位。他所说的"胜语",似乎有点像刘勰所说的"秀句",但他在这里却并未提到藻饰润色也可以造成胜语,所以"自然"显得更重要了。他把鲍照评谢诗的看法推广到普遍的诗论。

尤其值得注意的是,他在这里提出了"直寻"这个观念来,这就给"自然"一词无形中作了一个重要的说明。这点我将到后面再作解释。

钟嵘这种重视"自然""直寻"的主张对唐、宋以后的诗人和诗论家影响很大。像盛唐时代王昌龄在《诗格》里就说得更广泛,不限于秀句和胜语了。据日僧空海(遍照金刚)(774—835)《文镜秘府论》所引:

自古文章,起于无作,兴于自然,感激而成,都无饰练,发言以当,应物便是。古诗云:"日出而作,日入而息,凿井而饮,耕田而食。"当句皆了也。

王氏这里说的"应物便是"颇相当于钟嵘的"直寻",他用"便是",用"当句皆了",尤其现出他已注意到缩短了时空的"当下"美。

李白受道家思想较深,当然他的创作和议论都会偏向这方面。他在《经乱离后天恩流夜郎忆旧游书怀赠江夏韦太守良宰》一诗里有下面这种句子:

览君荆山作,江、鲍堪动色,清水出芙蓉,天然去雕饰。

这里既然提到鲍照，又以"芙蓉""天然"评诗，显然是受了鲍评谢诗的影响，而"去雕饰"之说又极近钟嵘的看法。但"芙蓉出水"之句，只见于《诗品》，可是那儿却说是汤惠休而不是鲍照的评语，并且没直说出"自然"二字。《南史》说是鲍照的话，却又没有"出水"字样。李白所见诗品的本子也许即说是鲍照；也许他把《南史》和《诗品》二说融合为一；不论如何，他大约相信这是鲍照的评语。他这两句诗也美化了这个评语，常为后人所引用。例如明朝李东阳（1447—1516）《麓堂诗话》：

> 太白天才绝出，真所谓"秋水出芙蓉，天然去雕饰"。今所传石刻"处世若大梦"一诗，序称大醉中作。贺生为我读之。此等诗皆信手纵笔而就，他可知已。前代传子美"桃花细逐杨花落"。手稿有改定字。而二公齐名并价，莫可轩轾。稍有异议者，退之辄有"世间群儿愚，安用故谤伤"之句。然则诗岂必以迟速论哉？

这个看法很对，因为"自然""直寻"并不指写作的迟速，也不指修改与否，而是指如何表现，和作品给读者的反应与效果如何。

至于杜甫。他虽不曾以"自然"谕诗，但他的诗自有自然流露的一面，更极推重过陶、谢、王、孟这种自然诗人。他在《寄题江外草堂》一诗的开头说道：

> 我生性放诞，雅欲逃自然。

由于下文接着就说："嗜酒爱风竹，卜居必林泉。"表面上看来，这"自然"应该是指身外的自然界，如风竹、林泉之类了。可是细读全诗，主题却仍是在肯定依自我的个性，要自然而然。所以说："蛟龙无定窟，黄鹄摩苍天，古来远士志，宁受外物牵？"又说："事迹固无必。"而末了更说："尚念四小松，蔓草易拘缠，霜骨不堪长，永为邻里怜。"用松树受外物拘缠，不能自然生长的悲哀，来衬托人生应听任自然。所以他这句"雅欲逃自然"的"自然"固然已可能指外物的自然界，但真正说来，也许还是指自己那"嗜"和"爱"某种外物的"放诞"之"生性"，至少一部分仍含有此意。仇兆鳌注引汉末高彪（灵帝中平元年，184年卒）《清诫》中的句子"涤荡去（纵按：《艺文类聚》二十三引作'弃'）秽累，飘逸任自然"来说明杜诗此句。高彪这句中的"自然"也还是用老子里自己本来如此就如此的意思。

当然，把自然界与人对立起来这种观点，自有"天、人"这一观念时就有了。可是早期这种自然界并不叫作"自然"，而是叫作"天"。上面引到沈约说的"音韵天成"，李白说的"天然去雕饰"，用"天"字便可能有天、人相对之意。大约初期的"天然"和"自然"二词，意义也许还不必全同，至少重点不一样。不过不管"天然"也好，"自然"也好，主要意思，正如上引李白和杜甫诗所透露的，仍离不了自己是怎么样就怎么样这个原始含义。十多年前我在巴黎一次国际东方学者会议上宣讲过一篇论文，指出扬雄说"长卿赋不似从人间来，其神化所至耶"有类于古希腊诗人由神灵依附感应之说。杜甫也一再说："文章有神交有道""篇什若有神""诗成觉有神""诗应有神助"。好像他们都认为诗人自我之外，另需外助。但扬雄也明明说过："能读千赋则善赋。"杜甫亦复认为诗人"读书破万卷，下笔如有神"。可见他们还是以为诗人如养之有素，好诗便能自然流露。后来陆游诗说："文章本天成，妙手偶得之。"都不否定自我，而是顺应自然而已。

诗贵自然这观念，到唐朝末年更有发展，司空图（837—908）在《二十四诗品》里便专列了"自然"一品，说：

　　俯拾即是，不取诸邻。俱道适往，着手成春。如逢花开，如瞻岁新。真与不夺，强得易贫。幽人空山，过雨采苹。薄言情悟，悠悠天钧。

这儿说的"俯拾即是，不取诸邻"似乎近于"直寻"。"如逢花开"有点像"初发芙蓉"。更值得注意的是他用"如瞻岁新"来特别强调时间因素。司空图的确有他敏锐之处。

我在上文指出过,"自然""直寻"这种诗论,应该是指如何表现,和作品给读者的反应与效果如何。以前所说的"自逢""直寻""直寄"等多半是说作者如何表现,即使钟嵘提到过"既是即目"和"亦惟所见",也仍然是从作者方面说的。但鲍照说的"如初发芙蓉,自然可爱",显然注重作品给读者的印象。可是这种作品与识者之间的关系、性质如何,未见解释。这一直要到宋朝初年梅尧臣(1002—1060)才提出了一个很好的看法。欧阳修(1007—1072)《六一诗话》记载了他和梅的有名的对话:

> 圣俞尝语余曰:"诗家虽率意,而造语亦难。若意新语工,得前人所未道者,斯为善也。必能状难写之景,如在目前,含不尽之意,见于言外,然后为至矣。……

欧阳修接着问他:"状难写之景,含不尽之意,何诗为然?"梅的答复是:

> 作者得于心。览者会以意,殆难指陈以言也。虽然,亦可略道其彷佛。若严维"柳塘春水漫,花坞夕阳迟"。则天容时态,融和骀荡,岂不如在目前乎?……

梅尧臣固然没有说他是在解释前人"自然""直寻"的境界,但他举的"柳塘春水",却与谢灵运的"池塘春草、园柳鸣禽"相类,"如在目前"的确可作为那种诗句很恰当的描写。梅尧臣"如在目前"评语的好处在于能表出诗歌实时即地的素质。这所谓"目",如果解释成不仅指"肉眼",也指"心目",那就十分像西洋所说的"直接",比王国维从反面立论的"不隔"说更为积极。《人间词话》说到隔与不隔时便说:"语语都在目前,便是不隔。"正是用梅尧臣的话来作界说。他之所以不沿用"如在目前",大约因为写情和写景的诗都可能有隔和不隔,"在目前"好像只表写景,事实上梅的原语本是说"状难写之景"。其实若说写情不隔是"如在目前"也未为不可,"目前"也有指时间和兼指时空的意思。前文提到过的宋葛立方的《韵语阳秋》似乎已隐含有不隔之意。他说:

> 诗人首二谢,而灵运之在永嘉,因梦见惠连,遂有"池塘生春草"之句,元晖在宣城,因登三山,遂有"澄江静如练"之句。二公妙处,盖在于鼻无垩、目无膜尔。鼻无垩,斤将曷运?目无膜,篦将曷施?真所谓浑然天成,天球不琢者与。

这固然是个象征的说法,不限于空间之不隔,但到底没能强调时间的因素。能特别体认到短促时间因素的要推宋代的叶梦得(1077—1148)。他在《石林诗话》里早就提倡过"浑然天成"和"缘情体物,自有天然",并且说:

> "池塘生春草,园柳变鸣禽。"世多不解此语为工,盖欲以奇文求之耳。此语之工,正在无所用意,猝然与景相遇,藉以成章,不假绳削,故非常情所能到。诗家妙处,当须以此为根本,而思苦言难者往往不悟。钟嵘诗品论之最详,其略云:(引文自"思君如流水"以下至"自然英旨,罕遇其人"止,已引见前,从略。)余每爱此言简切明白易晓,但观者未尝留意耳。自唐以后,既变以律体,固不能无拘窘;然苟大手笔,亦自不妨削鐯于神志之间,斲轮于甘苦之外也。

这里特别指出"猝然与景相遇",已标明是刹那间事。他又说:

> 古今论诗者多矣,吾独爱汤惠休称谢灵运为"初日芙蕖"(此语略误,看上第二节引原文)。沈约称王筠为"弹丸脱手",两语最当人意。初日芙蕖,非人力所能为,而精彩华妙之意,自然见于造化之妙,灵运诸诗可以当此者亦无几。弹丸脱手,虽是输写便利,

动无留碍，然其精圆快速，发之在手，筠亦未能尽也。然作诗审到此地，岂复更有余事！

其实《南史·王筠传》所载，沈约引谢朓的话："好诗圆美流转如弹丸。"来称赞王筠的诗，并无"脱手"的意思。"弹丸脱手"只是叶梦得自己的看法。其实他指的也不是作者写作得快，只是作品读起来使人有此感觉罢了。至多也只能说，作者似能在一刹那间捕捉那微妙一纵即逝的景致、思想或感觉罢了。这就有点像清初徐增《而庵诗话》所说："好诗须在一刹那上揽取，迟则失之"的意思。

这个所谓"须在一刹那上揽取"，当然也不应解释作诗人只能写当下的情景或事件，也不是说作品不可修改。因为时间本在不断地流动，凡当下所见、所遇、所经历者，一到写时，早已成为过去。换句话说，此已逝的情景事件，诗人无不经过回忆与心目中的再创才能写出，真正说来，诗人所写的已非此情景事件的本身，而是诗人心目中再创的情景与事件。此情景事件的发生与诗人心目中再创之间的时空距离，可能长短大小不一，可能为一刹那，也可能为多年，可能近在一身，也可能远在千里。但在此期间，必须此经验或事件尚未为前人同样表达过，而诗人还能于心目中恰好地重创之；且此心目中所重创者与写作表达这一动作之间的距离，则愈短愈不隔愈好。须使此心目之回忆与再创及表达，猝然在一刹那上揽取。作品的修改乃往往由于此心目中的重创与表达距离太大，未能得其真切，故须重复这一过程。所以虽是多次修改，目的仍在求做到于一刹那上揽取。这就有点像陆机《文赋》里说的："收百世之阙文，采千载之遗韵，谢朝花于已披，启夕秀于未振，观古今于须臾，抚四海于一瞬。"因此，这个理论并不排除写于事后，也不在乎写得快慢，更不是反对修改或雕饰。至于若就作品与读者之间的关系来说，无论有没有雕饰，都应求做到能引起读者亲切的印象，也就是所谓"语语都在目前"。

（四）"自然"与自我意识，变动与时空敏感

上面我把"自然"和"直寻""如在目前"或"不隔"联系起来看，主要是因为我认为，"自然"的"自"，本义实是"自身"或"自我"。"自然"指本身是怎么样就怎么样。诗人和诗歌依事物情景或自我照本身是怎么样就怎么样表达出来，就可说是自然。这样说来，若就写作过程而论，便可说是"直寻""直致""直寄"；若就作品表达于读者而论，则可说是"如在目前"或"不隔"；若合而言之，也许就可说是"猝然与情景相遇"。而这种诗的美，我就叫它作"当下"美。

所以真正说来，我所说的"当下"美，也就是"自然"美，不过所谓"自然"，应该照我上面那种解释。我以为这种美可能是中国诗歌最高的美，是评论中国诗歌的最高标准或境界。这个观点，也许可以很模糊地从宋朝大词人姜夔（1163—1203年或1155—1221年）《白石道人诗说》里见到一点端倪。他说：

> 诗有四种高妙：一曰理高妙，二曰意高妙，三曰想高妙，四曰自然高妙。碍而实通，曰理高妙。出自意外，曰意高妙。写出幽微，如清潭见底，曰想高妙。非奇非怪，剥落文采，知其妙而不知其所以妙，曰自然高妙。

这里有两点值得注意：其一是，在这四种高妙中，他好像把"自然高妙"看得最高。其次，他用"知其妙而不知其所以妙"来形容"自然高妙"，固然显得有点神秘，其实这倒透露出他在这里把"自然"一词确实用作自己原是如此，即自然而然之意，也就是说，这一词汇的本身就可能包含有知其然而不知其所以然的意义。

由于"自然"是指自身是怎么样就怎么样，若隔了一段时间或空间，那个自身（心目中的）早已变了，所写所现，也就会失真。所以欲得"自然"，便须"直寻"，便须"不隔"，也就是说，要捕捉到那实时即地的"当下"美。而这方面最重要的就是时间。

原来，自我意识之成立，必以时间为基础。能有个人认同或个性与

人格的建立与认识，必须依赖对过去的记忆，换句话说，就是必须通过时间的延续。如果没有记忆和时间的延续感，所有的瞬息经验都是片断破碎的，不相连续，就没有自我人格可言。所以自我意识的建立，早已意味着人们对时间的流动与延续有了适当的感认。

人类在没有文字以前应该早已有自我意识的存在了，但如要在文献记载里找到某种文明中人们自我意识最早已发达到什么程度，那就不容易。不过据我的看法，目前已发现的中国最早的文字甲骨文里，已透露至少四千五百年以前，自我认同已相当发达。《说文解字》："自，鼻也，象鼻形。"甲骨文里的自字正像鼻形。我认为，指着自己的鼻子说这就是我自己，乃是很自然的方式。但作为自己意义解的"自"字，最早见于《尚书·大禹谟》"不自满假"等句，不过这是《古文尚书》，真伪存疑。今文最早见于《盘庚》，如："非予自荒兹德。"可是《今文尚书》中的篇章如《皋陶谟》《禹贡》里的"自"字却只作由、从解。甲骨文里也是如此，例如我在威斯康星大学东亚语言文学系的信笺上印上卜辞"自东来雨"之句，就是一例。从自我的地位做出发点故引申有由、从之义。这可见最早的中国文字里透露自我认同的观念已相当发达。这也就是说，古代人早已有时间延续性的感认。

古代中国人对时间已有敏感。我在十多年前一篇英文文章《文道探源》里已指出过，中国古代哲学思想里最主要最基本的观念几乎都是从对动、变的体认而来，当然也就是敏感于时间之流逝的结果。例如"道"字、"德"字、"术"字都从行路而作，"五行"的"行"，至为明显。"阴阳"的观念应该是从观察日月运行的现象而来。《易经》的"易"原来当指月亮的移易变态。我看孔子说"行夏之时，乘殷之辂，服周之冕"，不是没有道理。夏代对于历法已有贡献，殷代重猎牧，注意交通。这都可能透露古人对时空会有体认。较古的时代说"天地"，可能已含有时空的意识。庄子、荀子更已把时空来代表世间一切。《庄子·让王》："余立于宇宙之中。"《知北游》："外不观乎宇宙，内不知乎大初。"《荀子·解蔽》："制割大理，而宇宙里（理）矣。"宇宙一词似都已包括世间一切的整体之意。而《庄子·庚桑楚》："有实而无乎处者宇也,有长而无本剽(标、即末)者宙也。"释文引汉初字书《三苍》说:"四方上下曰宇,往古来今曰宙。"《淮南子·齐俗训》也说:"往古来今谓之宙,四方上下谓之宇。"可见宇宙指时间和空间。我以为,宇从于,犹于某地,宙从由,犹由某时。自佛教传入中国后,又用"世界"来表天地间的一切。世犹世代,界犹界域,仍是用时空来代表一切。凡此都可看出古代中国人对时间的敏感和重视。

这种对动、变和时间的敏感和重视,不但使中国人很早就发展了自我认同的意识,影响到中国哲学思想;并且也赋予了古代中国诗和诗论以非常重要的特性,而这种特性还一直影响到古典诗词和评论以后长期的发展。

(五) 诗:志之所趋——抒情诗的"我"与"现在"

要了解中国古典诗词和评论的这种特性,便须从中国人对诗的最早观念谈起。关于这个问题,我在所编英文《文林》(*Wen-lin*)一书里发表了1966年所写的一篇《诗字古义考》,作了初步的探讨,这里不能详细介绍。基本上我在那篇英文文章里指出,"诗"字所从的"寺"在甲骨文里已出现,只是以前没有人考释出来,这字在卜辞里作国名,就是金文和春秋经传里的寺(郜)国,在《公羊传》和《汉书·地理志》里却叫作诗国。可见古时"寺""诗"二字曾通用过,"寺"可能是"诗"之初文。金文里也不像一般人说的没有"诗"字,只因那儿的好几个"诗"字都是从口与寺而不从言,被后人误释作"时"字。其实"诗"字左面早期从口,正如"詠"字的初文是"咏"。我在这篇文章里指出甲骨文里实有"咏"字,但没有"詠"字,因为就我所知,甲骨文里"口"字可作偏旁,还少见有用"言"字作偏旁的。在现存经典里还可找到有因隶变而把"诗"字误释作"时"字的例子,如《诗经·宾之初筵》:"以奏尔时。""时"便应是"诗"字。由于从口的"诗"字那个"口"往往写成圆圈,前人不知,以为凡此皆是"日"旁,故而误释。金文里从口作的"诗"字多用作击钟发声的意思。而《大戴礼·虞戴德》和《礼记·射义》说到比射的时候,"时"字有"射中"之义,《古书训释》也是如此。《论语·乡党》："山梁雌雉，时哉时哉！"这"时"字其实也应作"射中"解。而上引《宾之初筵》一诗，也说道："钟鼓既设""大侯既抗，弓矢斯张。射夫既同，献尔发功。"后文才说"以奏尔时"。可见也是在射礼中用到钟。此所谓"奏时"似可能如金文击钟作声之意。大约在射箭比赛时一射中便会击钟或歌乐，所以这个从口的"时"（诗）字，也就有了"射中"之义。诗原与射有关系，还有别的证据。《说文解字》说："诗，志也。""寺"和"志"的上半部全同，这个符号后来都认为即是篆文的"之"字。《说文》并说古文诗字即从"言之"。这个"之"字也就是古"志"字，《墨子·天志》的篇名便写作"天之"。"志"原与射有关，《尚书·盘庚上》："若射之有志。"《仪礼·既夕礼》提到："志矢一乘。"《尔雅·释器》说："骨镞不翦羽谓之志。"我尝猜测，这"志"也许有点像后来叫作骹（一作镐、嚆）的带有较长羽毛的响箭。志矢在于射中目标，上面那个屮应该就是其形符，倘如此，则"寺"字加手，便是表示以手持此志矢。石鼓文"弓兹已寺"，也许还带有这持矢的原义。《诗经·卷阿》："矢诗不多，维以遂歌。"郑玄笺："矢，陈也。"其实这一"矢诗"连用，也许还巧妙地紧扣住志、诗与射有关的传统。如果志、寺所从者是"之"，那就是用足趾符号来表示指向。从心作志可能是表射者的意向，从口从言的"诗"当然是表这意向发之于歌乐了。这可见中国"诗"字的原始意义实本于迅速的运动和有目标的指向这两个观念。而这两点也正是时间的特质，即流动（flowing）与指向（direction）。这与古代希腊"诗"字取义自"造作"（to make）便有很大的差别。

中国最早给"诗"下定义而且也成为最早的"诗论"的，当然是《尚书·尧典》，舜命夔典乐说："诗言志。"后来《左传》襄公二十七年（前554）晋国赵孟也说："诗以言志。"《礼记·孔子闲居》引："孔子曰：志之所至，诗亦至焉。"《庄子·天下》也说："诗以道志。"孟子和荀子也说过类似的话。当然，最有影响力的，如众所周知，还是《诗·大序》所说的：

> 诗者，志之所之也。在心为志，发言为诗。情动于中而形于言；言之不足，故嗟叹之；嗟叹之不足，故永歌之；永歌之不足，不知手之舞之，足之蹈之也。

"诗言志"这句话当然是用的双关语，"诗"字本身就包含"言志"二字的意义，而这也正是我上文说明的"诗"字的原始观念。这个原始观念从定义上便把中国的"诗"主要地限制为"抒情诗"。这可能也是史诗和故事诗在中国不发达的原因之一。言志的"志"，在早期含义较广。可包括知、情、意，而主要的是指心之所向，这种诗正和西洋的所谓抒情诗（lyric）相似，它多半是短的，原先是合于歌乐的，并且有两个特别值得注意的特征：

一个特征是，这种诗多是主观的，以诗人自我为出发点而写的。中国的诗要言志，多数是言诗人之志。不过中国人的主要思想不是天人对立，而是求天人合一。因此中国人的自我意识的最高境界是要与万物自我协调合一，求物我各得其自然，也共得其自然。加上极端"直寻""不隔"的趋势，于是诗人有时也向往于表面上似乎相反的"无我"之境或"忘我"之境。其实这是自我意识高度发展和对时间极端敏感的结果。

其次，抒情诗当然也表达回忆和期望，但它所要陈述的，却多求其为对诗人思想、感情、印象的当下呈现或暗示，换句话说，抒情诗多半是现在的，其所表现的过去和未来，也多是现在所说的过去和未来。这个看法本来已成为西洋批评家大多数人的意见了，可是 1946 年德国的司特格（Emil Staiger）出版《诗学基本原理》（*Grundbegriffe der Poetik*）一书，却说抒情诗是过去的或回忆的。这就引起魏勒克（René Wellek）指出说，这个说法似乎与一般人承认的"抒情诗的现在或当下"（lyrical presence or immediacy）观点相反。不过他也承认司氏受了赫德格（Martin Heidegger）的影响，在"回忆"这一词汇中允许有主体与客体间消失距离的可能，所以司氏把抒情诗模式的时间安排给取消了，允许诗人的笔致直接指向神秘的和不可言说的境界。魏氏觉得司特格的有些说法很难理解，原不足怪（参看 Wellek, *Discriminations*:

Further Concepts of Criticism，1970）。从另一方面说来，在一切人生经验的时间里，所谓现在或当下，本来就有点不可捉摸和理解，因为真正的现在，必须是没有延续才行，否则便包含了过去和将来。而时间既然在永远流动，我们所说的现在也就只是所谓"似是而非的现在"（specious present）了。所以真正说来，抒情诗的现在或"当下"，事实上都已成了过去。然而抒情诗人在抒写自己的感觉、感情或思想时，原多是想要挣脱这时间的枷锁的。这种特征正表现在中国的古典诗词里。

（六）自我之省略

上面说明了中国古典诗词特重自然直寻的"当下"美，这种特质之形成，乃由于中国人对变动、时间和自我的意识发展得早，因此中国诗一开始就以抒情诗为主流，而抒情诗的本质便须注重现在和"当下"。本来，中国诗的主要传统便是抒情传统，这已是众所周知的事，陆机（261—303）《文赋》中"诗缘情而绮靡"早就一针见血地点出了。不过我却是从中国诗的最原始观念追溯起，并以时间和自我意识为中心来说明这个诗歌传统的理想素质和批评标准。

但是，我们只要一看中国语言文字和诗词的实质，马上就可以发现与上面的说法表面上有好些不协调之处。上文已简略地解释过某些诗人"无我"或"忘我"的理想。另外一个问题则是文言甚至白话文里时常省去我字，古典诗词里更少用人称代名词，也往往不说出主格为谁，尤其是自我的主格。这已造成西洋语文译汉诗的一个难题和陷阱。

其实这个现象，正符合抒情诗的特性。固然汉语文言有点像电报，力求简短，各种词类多不定位和定性，省去人称主词，也许只是为了简便；但中国诗既然几乎都是抒情诗，而抒情诗本是从诗人主观立场，即自我为出发点而写的，本系处处有自我，时时有自我，自我一词当然也就不需要了。譬如贾岛的诗说：

　　松下问童子，言师采药去，只在此山中，云深不知处。（《寻隐者不遇》）

这诗本来有点小说或戏剧性，但我们读时，却很自然地会想象这"问"的人就是诗人自己，因此便觉得诗人实在是在抒自己的观感，仍然是一种抒情诗，只是他的思想感情却是流露在言外罢了。这种省去自我代词的表现手法可说相当直接。

另外举几个也是众所熟悉的例子，如杜牧的《山行》：

远上寒山石径斜，白云生处有人家，
停车坐爱枫林晚，霜叶红于二月花。

同样也说到乘车和傍晚的如李商隐的《登乐游原》：

向晚意不适，驱车登古原，夕阳无限好，只是近黄昏。

从题目就可看出这坐着车子的人是诗人自己，却绝不用到说"我"。三十四年前我翻译过福劳斯特（Robert Frost）的《雪夜小驻林外》（*Stopping by Woods on a Snowy Evening*）一诗，觉得这和杜、李一般，也是傍晚驱车过郊野的诗，可是头一行就用了两个"我"字，其余各行也"我""他"常见：

Whose woods these are I think I know.
His house is in the village though;
He will not see me stopping here
To watch his woods fill up with snow.
我想我知道这是谁的树林。
虽然他的家是在那个乡村；
他不会看到我在这里停留
望着他那堆满冰雪的树林。

第四节末了的三行更是每行都有"我"字：

The woods are lovely, dark and deep.
But I have promises to keep,
And miles to go before I sleep,
And miles to go before I sleep.

这林子多么美丽而深暗。
但我该遵守几个诺言,
我睡眠之前有许多路要赶,
我睡眠之前有许多路要赶。

我在哈佛大学见过福劳斯特,他这诗自然很好,也很著名。这儿引用两段,目的只在突出中国诗多么习惯于以无"我"字而到处暗示有我。

当然,省去人称代名词后,有时在诗义里也不免出现混淆和困惑,例如杜甫的两句诗:"养拙江湖外,朝廷记忆疏。"上句没有"我"字自然可知主格是诗人自己,下句省去了"我"字,就引起过读者怀疑是朝廷忘记了我,还是我忘记了朝廷,这点我在一篇《论杜甫》的文章里已详细分析过(载香港《明报月刊》八十八期,1973年4月),这儿且不多说。一般说来,这种节省对诗妨碍较少,倒可增加多层意义。另外还有一个好处,就是使诗更直接与读者关联,使读者更易与诗人认同,取代作者的地位而进入诗的境界内,也就是增加了移情和"当下"的效果。像上面所引杜牧和李商隐的诗,往往令我们觉得,正是我自己在那个环境里,杜、李本人倒不显著了。抒情作品正须求读者来认同。尤其是诗人——如在诗中用别的"人物"(persona)来代表自己的思想感情时,省去自我代词,更可减少"时空"间接的隔膜。试看张九龄的《自君之出矣》:

自君之出矣,不复理残机,思君如满月,夜夜减清辉。

这里说话的人物是个女的,若用了"我"字,自应指她,可是也可能就是诗人自己,而诗的目的还是要求读者认同才好,这样省去"我"或其他第一人称代名词，似乎更可产生"直接"的效果。

总之，中国抒情诗省去第一人称代名词，正是由于常常有我做主格，因而可不必要；这样还可以增加诗的"当下"美。

（七）时态的混淆与"当下"美

另外一个更明显、并且也更复杂的问题，则是中国语文里，尤其是文言文里，没有时态的变形（inflection），古典诗词里更往往不表示时态。如果古代中国人对时间早就敏感，为什么在语言里，尤其在文字里不特地作明确标示？除了求文字简便这个理由外，我以为这和古人对时间敏感的特质仍然有关。

中国古代对自然界的时间固然已有相当认识，如对日月星辰，尤其是日影的观测，很早就注意到。甲骨文和金文的"时"字从日从止，石鼓文的"时"字从日从寺，都表示作日的指向。不过正如所有的其他人一般，他们所最关切的还是人生经验中的时间。这种时间除了延续、次序（order）、指向等质量或特征之外，也显示有死亡的必然和永恒（eternity）的存在。由于古代中国对经验时间的敏感，所以生死、长寿、不朽、永恒这些观念也相当发达。要达到不朽、永恒，本来只有两种可能，一种是使人生争取到无限的时间（infinite time），像《战国策》里说的"不死之药"之类，显然并不存在；但在超越个体之外，则可求与人类共不朽，像"立德、立功、立言"的"三不朽"，即是这一类，也许我们可以把它叫作"人文的不朽"（humanistic immortality），胡适之先生则称之为"社会的不朽"。另一种方式则是使人生通过"无时间"（timelessness）而得到永恒。宗教和神秘主义者，想要把生命超脱于化迁或输回这时间的魔掌之外。可是这些都是出世的，需要违背人生常情的努力，而且升天成佛，常人仍觉茫茫然。除此之外，在心理上还可能有一种方式，也是比较自然容易的方式，就是在意识里或下意识里，超出物理时间之外，凭回忆与希望或想象的本能，把过去、现在、将来混淆起来或中立起来，使过去和未来都变成一种永恒的"现在"。这种办法固然也并未能超越个人生命时限的限度——即记忆力消亡的限度，但可以供给个人易得的心理上的满足。依这种路向，便最好在作记录用的文字里不标时态或少标时态。动作的记录多用无限式或不定式（infinitive form），便可不受时间的限制。我认为中国语文里动词多不变态，也许一部分是受了这种心理上要求影响之故。所以这种语文特征，可能正是对时间已有敏感的结果。

上面这种解释不论是否能成立，至少我们仍能肯定，像中文动词本身不因时间而变态，的确容易产生永恒的"现在"之感。这样，也就更容易创作文学的永恒，尤其是诗的永恒，更有利于抒情诗的发挥。事实上，因中文有此特点，凡近代西洋文艺批评中的几个主要观念与技巧，如自柏格森、威廉·詹姆士等以来发展的所谓"机动的互渗"（dynamic interpenetration）、"自由联想"（free association）、"形（意）象逻辑"（logic of images）、"意识之流"（stream of consciousness）、"内心的独白"（interior monologue）、"蒙太奇"（montage），以至于如普鲁斯特（Marcel Proust，1871—1922）所说的"复多性中的统一"（unity within multiplicity）和绝对自我之直觉等，只要是牵涉到时间之超越的因素的，在中国诗词里都灵活使用过，而且显得十分自然方便。这种种安排都可增加诗的"当下"美，例子不难找到。不过这里只能大略分析一些比较与短促时间有关的问题。

我所说的"当下"美，本来包括对任何情景、任何主题的描述，不管时间情况如何。因为一切主题之呈现，都可能有"当下"与否之别。不过若分析一下对短促时间的描述，也许更可看到直接即刻呈现的重要性。这也许由于"当下"美之呈现，最浅显的办法本是描写此时此地立即发生或正在进行的动作。由于中文时态不变形，所以表此项时态的专用副词就显得重要而突出。文言中这种基本副词，如"正""方""今""鼎""才""适"等，并不太多，但如算上别的表短促时态的词汇，那就不少了，例如"恰""乍""骤""倏""突忽""蓦地""猝然""俄顷""刹那""此时""即时""一时""片时"等等，不一而足。诗词中用这些标签，通常还不能算太出色。如钱起《巨鱼纵大壑》诗：

方快吞舟意,尤殊在藻嬉。

李商隐《赋得桃李无言》：

夭桃花正发,秾李蕊方繁。

本来都是试帖诗或所谓"省题诗",要见题便难免牵合,《韵语阳秋》讥之为"与儿童无异",原也难怪。其他较好的,在《唐诗别裁》里就可找到,像孟浩然的:

夕阳度西岭,群壑倏已暝。（《宿来公山房期丁大不至》）
山光忽西落,池月渐东上。（《夏日南亭怀辛大》）
疾风吹征帆,倏尔向空没。千里去俄倾,三江坐超忽。（《送从弟邕下第后归会稽》）

李群玉《江楼独酌怀从叔》诗：

送此青枫愁,楚色忽满目。

李白《梦游天姥吟留别》：

千岩万转路不定,迷花倚石忽已暝。

杜甫《渼陂行》：

天地黤惨忽异色,波涛万顷堆琉璃。

又如他的《阆水歌》：

> 嘉陵江色何所似，石黛碧玉相因依，
> 正怜日破浪花出，更复春从沙际归。

柳宗元的《渔翁》更是一个很好的例子：

> 渔翁夜傍西岩宿，晓汲清湘然楚竹，烟消日出不见人，欸乃一声山水绿。回看天际下中流，岩上无心云相逐。

沈德潜在这诗后面注道：

> 东坡谓："删去末二语，余情不尽。"信然。

固然柳诗末二句自有他的用意，但如删去这种意见式的陈述，的确要好多了。"欸乃一声山水绿"用个"一"字忽然由声见色，写顿感之妙，恰到好处。删去末两句虽然会改动诗境，可是这样就增加了"当下"美和"不尽之意"。

谈到写"正是"的情景，不妨再看韦庄《女冠子》词二首，第一首说：

> 四月十七，正是去年今日，别君时。忍泪伴低面，含羞半敛眉。
> 不知魂已断，空有梦相随。除却天边月，没人知。

第二首说：

> 昨夜夜半，枕上分明梦见，语多时。依旧桃花面，频低柳叶眉。半羞还半喜，欲去又依依。觉来知是梦，不胜悲。

俞平伯先生在他的《唐宋词选释》里指出这两首"情事相同，当是一题两作"。并说第一首"单看上片，好像是一般的回忆，且确说某月某日，哪知却是梦景。径用'不知'点醒上文，句法挺秀"。因为从第二首"觉来知是梦"一看就更明白了。这个解释很对。这两词照惯例没有写出主格，做梦的到底是谁呢？真的说来是不知道。虽然说"桃花面""柳叶眉"该是指女的，"含羞"也该是指女的，但这个女的就是那做梦的人，还是被梦的人，在第一首里实在弄不清楚。从第二首"依旧桃花面"和"欲去又依依"，勉强可说主格也许是男的，从他的观点去看桃花面，显得依旧。可是这也不可必。若设想是女的在做梦，也完全可以。词中不说"我"，使男读者读时不必时时意识到是韦庄在做梦，读者自己恍如自在做梦；女读者的反应我本该调查过才能说话，不过单就语文本身来说，我看她也未尝不可能设身自己是做梦者。

再从时间而论，显然的，离别是在先一年四月十七日，做梦是今年四月十七日夜。第二首作者设想那主角（或即是作者自己）在十八日回忆或写作。但第一首既说"正是""今日"，又说到"天边月"，则这个设想的或实在的回忆或写作，大约就是十七日夜梦醒后不久了。这一首的上半片所有的动作词都标示着双重行动，"别"是去年的别，也是刚才梦中的别，"忍泪佯低"与"含羞半敛"亦然。虽然这两重动作都可同样用过去式动词来表达，但中文都是不定式。下半片的"不知"，指现在此梦中一段时间，"魂已断"则应指自一年以前别时迄今甚至以后，"没人知"也是如此。这里虽用了个"已"字来表完成式，但所有的动词自然仍是不定式。第二首当然也这样把一个复杂的时态问题简化成"无时间"了，也就显得是都发生在眼前"当下"了。

这第一首词，就写时间来说，也有点类似于崔护的《题都城南庄》：

> 去年今日此门中，人面桃花相映红。
> 人面不知何处去，桃花依旧笑春风。

两首都用较恒久的自然界的时间来和人生经验中短促的时间对比。一是用月亮，一是用桃花和春风。但韦庄用梦境重演了那幕别离的悲剧，正是以回忆来突破时间单程指向和不可回复性的手法。

要写"当下"美，当然也有个较简便的办法，那就是率性去描写一种猝然发生的刹那间的快动作。一个适当的例子便是宋朝初年柳开（946—999）的《塞上》：

> 鸣骹直上一千尺，天静无风声更干；
> 碧眼胡儿三百骑，尽提金勒向云看。

"鸣骹"就是响箭，我在上文谈到"志矢"时已间接提到。钱钟书教授在《宋诗选注》这诗的"骹"字下有一校注说：

> 原作"骱"，《诗话总龟》前集卷四"称赏"引《倦游录》作"骹"，卷十"雅什"门引《诗史》作"髇"，都是误字。"骹"音"敲"，就是响箭。

这儿定作"骹"字当然不错，可是从他的注文看来，好像他只是臆改，并无什么版本作证。我一时手头无柳集及其他选本可查，但不妨举一个间接证据。曹寅《楝亭诗钞》卷八《南辕杂诗》第六首：

> 乞活城西白草梢，平原一派响鸣骹，
> 金䩩玉勒无停迹，风卷寒沙上鸟巢。

自注云："过河间大风。少时曾游猎于此。"按此诗有"金䩩玉勒"和"风"字，正如柳诗有"金勒"和"风"字，又都是写鸣骹，可见曹雪芹的祖父此诗一定受过柳诗的影响，而他所见的本子也一定是用的"骹"字，或至少他已认定此字应作"骹"了。

柳开在这里描写箭飞射上去一响，三百骑兵突然勒马向云看，使这一刹那的动作活现了。钱注引李益"从军北征"："碛里征人三百万，一时回首月中看"作对比。柳开诗末句的确含有"一时"之意，但他却不说出，似乎更能直接而生动地呈现那刹那间的动作。

此外还有一种方式，就是在先行的条件句里使用一种短促发生的现象来衬托出主要动作该是突如其来的。如众所周知的"隔帘花影动，疑是玉人来"。玉人是已来了呢？还是快要来呢？不清楚，中文无时态，可能正表乍来的状态。"云破月来花弄影"是另一个例子，这儿云一破月就来，月一来花就弄影，一连串因果关系，名词动词是单数复数，过去现在或未来都不管，云破，月来，花弄影，三句都用名动式，像电影的快镜头，效果特好。又如李贺的名句："石破天惊逗秋雨。"也是类似的句法，"逗"字更带猝然之感。

前面已说过，以"当下"论诗并不限于诗歌只描述当下的情景，其要义乃在描述一切题材与时间状态时，最好都求做到当下直接出之，当下直接得之。这也不排除适当的对偶、修饰与用典。描述刹那间的情景，以至于如禅宗的顿悟与直觉，只不过是较明显的例子。另一种与当下直接有关而较显明的例子则是写进行中的动作或目前状态的作品。一般说来，凡用到"迟""慢"等字的句子都可标示这种动作或状态。如前面引过的梅尧臣所喜爱的，认为写景"如在目前"的句子：

柳塘春水漫，花坞夕阳迟。

另不用动词，一般人已把"漫"和"迟"当动词看待，春水漫漫流或弥漫，夕阳迟迟落，应该都标示一种正在进行中的动作。又如梁简文帝萧纲"风轻花落迟"这种句子也是描写花正在落。诗词中"落花""落红""落叶"等用得很多，多半是指已经落了的，像龚自珍的"落红不是无情物，化作春泥更护花"便是显明的例子。若是要描写正在落，而又不用迟、慢或类似的副词，那就只有造成某种情况作背景才能明白。如《朝野新声太平乐府》周仲彬《新水令·思忆》曲词："落红风里不闻声"便须用"风"和"声"来衬托花正在落。又如欧阳修《蝶恋花》的下半片：

> 雨横（去声）风狂三月暮，门掩黄昏，
> 无计留春住。泪眼问花花不语，乱红飞过秋千去。

此例本不相类，只因各句都在写时间的迅逝和其他相关的动作，故引来对比。"乱红飞过"更明显的是正在进行中的动作了。又如晏几道的《临江仙》：

> 落花人独立，微雨燕双飞。

这里的"落花"，若单看上句，实在很难判定是已落之花还是正在落的花；但细读下面的对句，再联想到比晏早二三十年的欧阳修《采桑子》中"双燕归来细雨中"的句子，那就可肯定这是指正在缤纷落的花了。至于"落叶"通常是指已落之叶，例子太多，可以不举。若王维《过乘如禅师萧居士嵩邱兰若》七律颔联：

> 食随鸣磬巢乌下，行踏空林落叶声。

一般辞书多已把这个"落叶"认作"凋落之叶"，但这"凋落"是指已经凋落了还是正在凋落，则仍然没有说明白，可是细读上句，"下"字乃鸟的动作，则下句"声"也就是叶才落地时发声了。叶一着地即发声，给予一种刹那的动的感觉。这句空灵之妙正在于此。至于像《九歌》里"洞庭波兮木叶下"这种句子显用名动式，自已不在上述讨论范围之内。

用条件句或对比句来衬托出一种刹那的动作或情状，有时似乎也可能在一种微妙而不明显的情形下制造。前文谈到过的陶潜的名句"采菊东篱下，悠然见南山"。我以为，其妙处正在于先写出"采菊东篱下""悠然"无意的时地氛围，抬头忽然目与南山相遇，这乃是一刹那间的感触。苏轼说不宜用"望"字，不论从版本史上说证据如何，从诗的美感原则说是很可接受的。依类似的理由，谢灵运"池塘生春草，园柳变鸣禽","变"和"生"这种动词都可隐含有开始和正在进行的动作之意,有了"春"字更增加一层初生和乍变的新鲜活泼感觉。换句话说,陶、谢这两句诗都能直呈倏忽的"当下"美。

前面我已分析过中国诗从最早的时代就有时间的敏感,东汉、魏、晋、南北朝、隋唐之间道、佛思想兴起,更促进了这个趋向。文学,尤其是诗歌方面,颇为显著。像《古诗十九首》、曹丕的《书论》、王羲之的《兰亭集序》等可说是很好的例证。敦煌变文的标题往往在句末用"时"字、"处"字,表示对此时此地的重视。王力教授在他的《汉语诗律学》中列有"凑韵"一节,认为唐代已有许多诗人勉强把某字凑成一个韵脚,在意义上实是多余的。他举了二十个例证,有三个是表方位的"中"字,八个是表时间的"时"字,九个是表时间的"初"字。这自然是一个非常有趣的现象,无论这些是否真是"凑韵",都显示这些诗人对时间、空间有敏感。不过我仔细读后,倒觉得没有一例是真正凑韵而无意义的。像下面"中"字例:

律变沧江外,年加白发中。(刘长卿《岁日作》)

这个"中"字无论就诗的语言或通常语来说,似乎都十分通顺而有必要。译成白话便是"年岁增加在白发里"。再举"初"字一例:

况忆同怀者,寒庭月上初。(张籍《寒食夜寄姚侍郎》)

王教授在这里比较小心,只说这个韵脚的"初"字"近似多余"。用"时"字作韵脚的有两个有趣的例子,王维和杜甫都曾用"处""时"作对,很有点像变文作风,虽然那里不是作对偶。这两联又都是非常著名的句子:

行到水穷处,坐看云起时。(王维《终南别业》)
林深留客处,荷静纳凉时。(杜甫《陪诸贵公》)

杜甫这里用的"处"和"时"原很自然，不必费解。只有王维这句"坐看云起时"倒有点不似平常语言了。平常只能说看云起来。时间能看吗？当然我们能看滴漏的铜壶、日晷和钟表上的时间，我们看时间本来都是把它空间化了。既然可以用日影的移动来计算，为什么不能用云的移动呢，虽然那是十分不规律的。也许这正是"以诗人之眼观物"吧。当然，这个"时"也未尝不可能解释成"坐看云起"这一时间，即诗人坐看这一行动的时间。依同理，"行到水穷处"便可指"行到水穷"这一境地，而不是水穷之处。这种解释固然可通，但把"处"字这样来读，多少有点不太自然。更考虑到诗人对时间的敏锐感，我以为仍不如解作：恰好行到水才穷尽之地，和看到云初起来那一刹那之时。上句说的是由动到静的顷刻，下句说的是由静到动的顷刻，所以也就极富于"当下"美。这个解释也许还合于唐朝诗人一般的看法。白居易（772—846）出生时，王维（699—759年或作701—761年）死了才十来年，白有两句诗也用"处""时"在句末相对：

寻云到起处，爱泉听滴时。（《秋游平泉赠韦处士、闲禅师》）

王维诗用水云，白居易则用云、泉，可见白有意仿效王诗，而他改用"起处"和"滴时"，可见他对王维那两句诗的了解也还是"水穷之处"和"云起之时"。

中国诗为了要"直致"，迅速表现到读者目前，有时往往省去动词。这样，一方面可供给更多的自由联想，再方面也可以减少所要暗示的动作与读者之间的时空距离。一个有名的例子就是黄庭坚的两句诗，因为是想念朋友的意思，所以必须引全诗前半，题目是《寄黄几复》：

我居北海君南海，寄雁传书谢不能。
桃李春风一杯酒，江湖夜雨十年灯。……

在"桃李春风"与"一杯酒"之间，"江湖夜雨"与"十年灯"之间，诗人当然有无数思想感情活动，写不胜写，留给读者去想象，自去填补，便更直接了。这种手法中国诗、词、散曲中都有用到，如元朝萨都拉也有"三杯桃李春风酒，一榻菰蒲夜雨船"。曹雪芹自制笔山，也刻上明末黄周星的诗句：

　　高山流水诗千首，明月清风酒一船。

元散曲中像马致远的《天净沙·秋思》：

　　枯藤老树昏鸦，小桥流水人家，
　　古道西风瘦马。夕阳西下，断肠人在天涯。

这种例子很多，我 1982 年在香港讲演过《中国诗与中国语言》，有较详细的分析，这里可不多说。

　　不过上面这些，到底都是些比较特殊的现象，更重要而成为普遍特色的还是我在前文说的，由于汉语不因时态而变形，使中国诗把过去和将来都表现得很现在，因而达到抒情诗最大的效果。这不单是可使诗人与读者的回忆和期望变得更真实，也便于把历史或神话与现实混淆，更易完成文学和诗歌永恒的功能，而这种对时间的处理，正如墨由霍夫（Hans Meyerhoff）在他的《文学中的时间》(*Time in Literature*，1960)所说的，乃是二十世纪文学家一个最主要的趋势。由于中国诗对这种处理过于普遍，这里只举几个平常的例子。王安石《示永庆院秀老》诗末了两句说：

　　嗟我与公皆老矣，拂天松柏见栽时。

这末句的"拂"字，可以看作动静词，即由动词变成了形容词；也可当成子句中的现在式动词。"见"字和"栽"字本来都可说是表多年以前那同样的过去，但"见"字也可能表诗人现时见此松柏如见其初栽之时。这样把"拂""见""栽"用在一处，所表时间有同与不同之处，而时态不变，给人以当下呈现的紧张感，所以我把它引在这里。

关于个人生活经验的，大家都注意了的例子有李商隐的《夜雨寄北》：

> 君问归期未有期。巴山夜雨涨秋池。
> 何当共剪西窗烛，却话巴山夜雨时。

这诗前两句的时态问题很难确定。首先一个疑问便是不知所寄者为何人，张尔田在《玉溪生年谱会笺》里说："'夜雨寄北',《万首绝句》作'夜雨寄内'。"但我查对洪迈的《万首唐人绝句》和王士禛辑的《唐人万首绝句选》，都是"寄北"而不是"寄内"，也许张用的版本不同，不论如何，仍不知那选本有何根据。张尔田又说："此大中二年（848）蜀游时寄内之诗也。"如此，则李妻以前并未与他同去过东川，第二句听雨便不是两人过去共同的经验，而应是现在时态了。朱鹤龄定此诗作于大中七年（853），而张氏认李妻王氏的确在大中五年就去世了。不论如何，倘收受这诗的人过去共有过巴山听雨的经验，这第二句就该是过去式。前人多半如此解释。所以希望将来西窗剪烛能再谈过去共同听雨的往事。其实首句究竟是过去到现在还是个虚拟语气，也不能肯定。这诗的时态只有后面两句可判断是期望的未来。不过首句如何解释对全诗意境没什么大影响。只有第二句却十分重要。我以为，这种模棱情况，实际上于诗无损，反可增加可能的多层次。并且使过去和期望的将来，也同时如在目前。

李白的诗想象丰富，有楚辞传统，时间跳跃性极大，非常善于运用神话和历史，给人崭新而永恒之感。如《清平调词》首章：

> 云想衣裳花想容，春风拂槛露华浓。
> 若非群玉山头见，会向瑶台月下逢。

这里前两句极力描写短促的青春美，云和花已令人有此感，而春风的"拂"和露华之"浓"更增加这种印象；但马上就用西王母和穆天子浪漫的神话故事把这瞬忽的美凝结，像是镌刻在大理石上。前两句的动词都应是现在式，第三句是想象中的过去，末句是想象中的未来。但中文却都用了绝对的现在。

陈子昂《登幽州台歌》用最节省的手法写出了历史的永恒与消失感，所用的却都是现在的动作。李白则能把历史渗入现在，使我们看古往今来如看五彩电影，动与形象都流露出来。他的《宣州谢朓楼饯别校书叔云》（一作《陪侍御叔华登楼歌》）是个很好的例子：

> 弃我去者，昨日之日不可留。乱我心者，今日之日多烦忧。长风万里送秋雁，对此可以酣高楼。蓬莱文章建安骨，中间小谢又清发。俱怀逸兴壮思飞，欲上青天览日月。抽刀断水水更流，举杯消愁愁更愁。人生在世不称意，明朝散发弄扁舟。

这里开始时把时间写得如此飞逝，中间夹入不朽的史事与文学，巧妙地用"俱怀逸兴壮思飞，欲上青天览日月"把过去、现在、将来联系起来。末了的"明朝散发弄扁舟"乃由于上面那所有的与时间的挣扎终于无效，故有超出尘世之想，也许是向"无时间"处求解脱吧。我觉得他这诗对时间的敏感十分强烈，诗的好处尤在使历史与文学诗歌的永恒面对这可怕的时间现实，仍然无望。这本来是宗教家和神秘主义者对社会事功英雄们和文学家照例的讥嘲，然而李白的诗却不是抽象的教训或讽刺，而直接体现了个人血泪的挣扎。当然我们仍应注意，这所有的动词都不标时态。

李白用历史来美化现在，又可从《关山月》等许多乐府诗中看到，用不着多举。现不妨一提杜甫，他非常善于运用历史，像《秋兴八首》和《咏怀古迹》里例子很多，也不必多说。只举一首小诗来看他对于动词时间性的善于运用。《少年行二首》之一：

> 莫笑田家老瓦盆，自从盛酒长儿孙。
> 倾银注玉惊人眼，共醉终同卧竹根。

"盛"字在这里表示过去式,"长"字便应是完成式。这句里所说量度时间的方式很有趣,把瓦盆之"老"写活了,也可说达到了"自然""直致""如在目前"的境界。

(原载于台北《联合文学》,1985年6月)

十四　新诗多元一元论
记和艾青谈诗的懂与不懂

这里我想根据七十年来中国新诗发展的概况，简略谈谈个人对新诗现状和前途的一些看法和期望。我不打算在这儿征引繁复的事实和高深的理论，只想讨论一些比较切近实际的问题。

现在不妨先从几年前我和艾青先生讨论的一个问题谈起。原来1980年我们参加爱荷华大学"中国周末"文学讨论会的时候，有人问他对诗的看法，他第一句就说："诗一定要让人看得懂。看不懂的诗绝不能算是好诗。"我当时就说："这是个不简单的命题，'懂'这个字就得弄懂，是否单指理性的明确认知？是否要全部懂呢？"但当时人多嘴杂，也就没有讨论下去了。

第二年暑期，我到大陆访问，承中国作家协会好意招待，使我能和好些位作家对谈，包括不少老一辈的诗人，当然免不了要谈到各人对新诗的看法。在艾青先生家里，又花了大半夜来讨论那个老问题。这些个别对谈，我经过对方同意，大都作有录音，准备将来作忠实的报道和分析。当时作协派了一位学法国文学的青年人陪伴我访问。他为人很热心，对西洋文学也算有些了解。不过在我们不知道的情形之下，他单凭一时记忆，就把我们那些分别的对话，写成像大家在一起座谈的记录，题作《各家诗人谈诗》，用整理者"亚丁"笔名，发表在《北方文学》1981年的十一号上。里面记录了我和冰心、朱光潜、冯至、艾青、朔望诸位先生对中国诗的一些片断意见，好像他们都在支持我，反对艾青。我当时对谈的人本不止此，他为什么只选了这些人，我也不知道。

他所记各人的谈话，我还没有时间来好好与录音对校过。各人的大意，好像还相差不远，当然也会有不准确的可能；对我所说的话，他就有误记之处。

例如他把我的开场白记作："我花了几十年的工夫来研究中国古诗与新诗的形式和发展的方向。"这真有点夸夸其谈了。其实我说的只是："最近几十年来，我花了不少时间研究中国古诗与新诗的形式和发展的方向。"他又说我说过："国内近年来出了一些抒情诗。郭小川、贺敬之写的还好，还有李季。艾青以前的诗我很喜欢，后来就不如以前的好了，不那么能够引起回味。"这些话我都没有说过。我只说过："大陆上曾有个很长的时期，大家都去写标语口号式赶任务的诗，很少有含蓄和令人回味的好处。当时我只见到李季和闻捷等少数人写了些近于抒情的诗，但又都是民歌式的四行体，读多了也就使人厌烦。艾青早期的诗清新可喜，有时意境也很深远，我很喜欢。后来有个时期也不免有些政治口号浅显的诗，我们无法欣赏。但像他的《海岬上》里的一些短诗和散文诗就很优美，也敢说真话。近来老一辈的诗人偶然还能写好诗的，他是最难得的一个。不过年轻一代人的诗风已比较老一辈的繁复瑰丽而突兀，那也是应该提倡的。"还有，"亚丁"把我说的海外的新诗情况也记录得太单纯了，好像海外的诗全是好的、新鲜的，那怎么会呢？他把我提到的用二十个字写成的"字字回文诗"没有说明性质和作用，就牵连到新诗的复杂形式上来，也是缠夹不清，使人头痛的事。总之，他把我们几个人的分别谈话，"摘编"（这是他前言里用的语句）成一篇像座谈会式的记录，又记错许多要点，对我们大家都太不严肃，太不公平了。

无怪乎艾青先生读了这篇文字大为动火，就在1981年12月20日的《光明日报》上发表了他那篇《迷幻药》大文（此文后来已收入《艾青谈诗》一书里），根据"亚丁"那篇不伦不类的怪记录把我们当时辩论的所谓"难懂的诗"，依照台湾一个反现代派"诗人"片面的说法，说成是"迷幻药"。文章末了还说："有人竟想到处推销这种迷幻药呢！"这样一来，我好像就变成了个推销员了。艾青、高瑛夫妇和我往来，始终很友好，他这文章对我总算很客气和公道。不久之后，吕剑先生在

《文学报》1982年1月28日那一期发表一封长信《一个回答——文艺通讯》，那火药气就不少了。他们有些气愤话，既然是针对一种以讹传讹而无据的记录，本来就可以不必计较了。不过他们义愤扼腕的真正对象，到底还在所谓"朦胧诗"，这仍然是个值得重视的论题。所以同年2月2日香港《明报》就登出了一篇"特约专稿"，一个署名梅之闻先生的《朦胧诗的懂与不懂问题：周策纵与艾青之争》。梅文的结论说，把海外的诗都当成"没有真实感情"，"在形式上徒然作词汇的剪贴拼凑，对西洋现代作品作东施效颦式模仿"，这样判断并不合理，"周策纵或'整理者'即使说国内诗人应向海外诗人学习，指的诗作应该不是这种'迷幻药'，因此说，'有人竟想到处推销'云云，显然过甚其词。这种拒人于千里之外的做法，对国内新诗的发展有什么好处呢？难道海外只有'迷幻药'而没有'浓缩程度高'且'有味'的诗作么？艾青的见解未免太偏颇了"。

其实据我的看法，艾青先生对朦胧诗原先也并不偏颇。而梅先生这样替我开脱，也好像只担任了西洋所谓"魔鬼底辩护士"（advocatus diaboli）的角色。我真的在推销一种"迷幻药"，说我有罪就真的有罪。为什么呢？

这还得追溯到我和艾青先生争辩的真正问题。像上面说过的，我对他那句"诗一定要让人能看得懂。"这个广泛命题，最初只是怀疑到它的指认和周延方面，因为这个问题过去已争论了许久，就是在台湾，从20世纪50年代起也就有人写了不少的文章讨论，到今天一直还在争论，并不是一个简单可肯定或否定的问题。这个命题也不是艾青先生最先提出来的，那个所谓中国"新诗老祖宗"胡适之先生早在五六十年以前就说过："其实看不懂而必须批注的诗，都不是好诗，只是笨谜而已。我们今日用话的语言作诗，若还叫人看不懂，岂不应该责备我们自己的技术太笨吗？我并不说，明白清楚就是好诗；我只要说，凡是好诗没有不是明白清楚的。至少'胡适之体'的第一条戒律是要人看得懂。"（见胡适1936年2月作《谈谈"胡适之体"的诗》一文，并看他1924年给他侄儿胡思永遗诗写的序文。）胡先生所谓懂，如果是指理知上的完全了解，我们认为他说的根本站不住（这个问题我在给唐德刚教授一封长信里也讨论过，附录在他的《胡适杂忆》里）。古今中外多数好诗往往是不明白清楚的，如对莎士比亚十四行诗注释的争论虽已汗牛充栋，但我们已明白懂得诗人说的是什么吗？李贺和李商隐的诗，周邦彦和吴文英的词，我们已全懂了吗？杜甫诗要弄到"千家注杜"，单把《秋兴八首》的批注编在一起已成了一册厚厚的书，那就不是好诗了吗？陶潜、李白、白居易的许多好诗仍然要批注，而解释又往往分歧，可见没有人能说他已完全了解了。若拿近代西洋的诗人来说，波德莱尔和雷尔克的诗有多少人能懂？叶慈和艾略特都是得过诺贝尔奖的诗人，也是影响英、美现代诗坛最大的两个诗人，他们的主要诗篇几乎都需要批注，而且注了有时仍然不明白清楚，叶慈的《航向拜占庭》和《拜占庭》，艾略特的《荒原》这些名篇便是很好的例子。若照胡适、艾青先生"诗必能懂"的说法，而所谓懂如又是理知的完全了解，那他们就得把古今中外所有的主要诗人都否认掉才行。

　　我在艾青先生家里辩论这个问题时，曾提出一个简单测验的方法，请他们夫妇找出任何一首他们认为都懂了的诗来，然后互不商讨，分别各自写出对这诗的细密解释。我相信他们的解释就会有不同之处。如果这样，那就是说，总有一人或甚至两人对这诗都没有完全了解或全懂了。既然越是好的诗就越有无尽之意，那就几乎是越不能全懂了。若全懂了，还有什么无尽之意呢？中国从古以来论诗的人就知道了这个困境，所以董仲舒就干脆地说："诗无达诂。"他只说《诗经》不可全懂或正解，而不说《尚书》《论语》等等，可见他早已知道诗别是一家，与论说记叙散文不同，故不能有达诂通解。两千多年来中国诗论家似乎都接受了他这个判断，而且常把这句中的"诗"用作普遍的诗这一范畴。

　　诗人当然想要暴露自己，但他也想要隐藏自己。所以一览无余的诗不是好诗。英国的琼森博士说得好："诗的要素是发明。"所以好诗都是创新，这就先天包含有难懂的可能性。诗无定义，古今中外替诗下定义者都不能得到普遍接受，这也使诗往往只能为部分人所欣赏。诗人所要表达的有时是最微妙的境界，读者或努力追随作者创作的心路历程，或纯用自己再创的功能去阅读，于是所表达与所接受的便呈缤纷异彩。不但如此，诗的沟通方式，主要的本不在认知，而在感知与情动。因此，以懂与不懂来判诗，也许正是不懂诗本性的作法。

这样说来，我们是不是就拒绝承认诗有时有晦涩的毛病呢？当然不。诗若既不能使人知，又不能感人与动人，那才是失败的。然而这也只能说，它若不能使一切人知，不能感动一切人，那才是完全失败的。若有少数人受感动能欣赏，那就算失败或不好吗？世界上最好的诗往往是只有少数人能欣赏的诗。若只采多数决，那"阳春白雪"就永远会屈居于"下里巴人"之下了。艾青先生说："曲终人不见，江上数峰青"和"采菊东篱下，悠然见南山"，"这样的诗，可以意会，不可以言传。但是，这样的诗，只能供给文化程度比较高的人欣赏，广大的人民群众很难理解"。这完全是正确的，可是我们仍然要承认这是两联挺好的诗，宁愿要求广大人民群众努力提高自己的文学水平来欣赏它，不能因为大众不了解反而来埋没或糟蹋它。我想艾青先生也会同意这样做的。

艾青先生并不反对"朦胧诗"，他说："'朦胧诗'可以存在。世界上有许多朦胧的事物，只要写得好，写得美，当然可以写。"他只反对"把朦胧诗捧得太高，说成是新发展的方向；说朦胧是诗的规律等等"。的确，我们的看法在这方面是颇有差别的，我老老实实认为"不太清楚明白"是诗的主要性质，清清楚楚，明明白白就往往不是好诗。可是我素来主张诗贵有多层意境，最好的诗本应是初看很明白，而越想越繁复不明白的诗，也就是以最平常的语言给最平常的情景造出最不平常的境界的诗。换句话说，也就是越谈越浓，越浅越深的诗。陶潜、王维的诗，往往有这种好处。上面提到的"采菊东篱下，悠然见南山"便是好例，它的字句极平常，事情也很平常，可是意指、境界却非常朦胧不清楚，只能凭读者各人去想象，所以意味无穷。又如王维的"行到水穷处，坐看云起时"，也符合这标准。不过我们仍然要知道，即使是平常语言，一写成了诗就是诗的语言了，在那特殊的诗里也就有了更多的特殊意义，何况中国语文最富于多义性。所以归根结底，诗不是清醒剂，诗是迷幻药，当然也可以说诗是求清醒的迷幻药。假如你要清醒剂，为什么不去写一篇明白清楚的论说文呢？古人早就知道这一点，所以柏拉图也深信那从小亚细亚传到古代希腊的流行说法：诗人是疯狂的，是由神灵依附的，他（她）所说的话已不是自己的话，而是神灵的话了。德尔菲的女祭司正要吃了迷幻药才能说出那诗样的卜辞呢。汉代的《诗纬》也说诗是天神之助而成。扬雄也认为，司马相如那种诗人之赋乃"神化"所致，"非从人间来"。杜甫也说"诗应有神助"，"下笔如有神"。中外的"灵感"（inspiration）一词，原始意义都是神灵感受。表面上好像很迷信，骨子里指的实是诗人不用日常逻辑说话。关于这一点，我多年前在巴黎和墨西哥市的"国际东方学者会议"上就讲述过，这儿也用不着多说了。薛宝钗说得好："诗从胡说来。"让我们来向宝姐姐学习吧！

艾青先生说："诗的好坏不能以懂与不懂作为标准，容易懂的不一定是好诗，不容易懂的不一定是坏诗。诗要写得有所创新，有所突破，写得含蓄就不容易懂。"这话说得对极了，这也是我常常说的。然而他在另一方面又坚持"诗必须让人能看懂"。如果依他前一说，"懂与不懂"不是判断诗的好坏的标准，那么"能看懂"怎么还能成为一个标准呢？我想他也许认为"难懂""不懂"和"不能懂"有程度上的重大差别，但是在实际上区分起来也不无困难；而且如前所论，世上原自有只能"感"，不能"懂"的好诗。"锦瑟"诗已有多少人作过"郑笺"了，还是不能懂，却也不能否认那是首美丽动人的好诗。

其实我和艾青先生当时争论的问题重心还不在此。照他所说，乃是我所提出的"难懂的诗也应该发表"。可是我这句话原是从他当时说的"难懂的诗不应该发表"这句话引起的。我说："你是中国诗歌协会的主席，以你的声望，这么一说，多少编辑先生就不敢登你认为难懂的诗了，这可能阻碍埋没许多可能有希望的无名年轻的诗人。我当然不是要来提倡太难懂或不能懂的诗。难懂不难懂，各人判断不同，我们应该让难懂的诗也能够有机会发表才对。"他当时就在桌上顺手拿出一本才出版的《上海文学》杂志，指出一首诗给我看，说这种不能懂的诗怎么给发表了。其实我看了几次也并不是说完全不懂，只是说一时不能完全懂，但仍觉得有些好处，还是可以发表。并且编辑和别的读者可能又另有看法，不必要有个共同的统一判断。我当然并不要提倡诗只写给下一代人看懂，我只指出，古今中外自有许多好诗（包括别的作品）在当代不被了解欣赏，到了后代才被发现，因此，每一个当代人也该有几分谦虚，不要坚信自己就是最后的裁判者。屈原那种"世无人而莫我知兮"的感觉，有时也是时代造成的，所以司马迁才有"藏之名山，传之其人"之想。"文革"和"四人帮"时代，难道就没有真实的诗人、作家暗暗存有"让下一代人才能懂"的想法么？

我这篇小文的题目里提到"多元"，可是在文章里几乎没有触及过。但我所说的，后面都贯穿一个多元的观点。基本上，我找不到一个能为大家接受的诗的定义，甚至诗的目的和功用。古希腊人说，诗就是"制作出来的东西"，诗人是制造者。古代中国人说"诗言志"，"诗者，志之所之也"。后来古今中外，企图给诗下定义者都不成功。什么才是诗？没有人说得清，所以作为名诗人、批评家和字典编纂者的琼森只好说："比较容易的办法是来说什么不是诗。"福劳斯特也曾说过："诗是什么呢，诗就是一首诗经过翻译后失去了的那部分。"这种情况已经够可能使诗发展到多元和朦胧的性质了。

而现代世界文明，又万流交汇，社会发展纷趋，诗人所感受和反应的尤难于一致。近百年来，各个文化界域里向传统的挑战越来越繁密了，诗人是时代和民族的触角和雷达，激切敏感，所以特别能反映出这种复多的状态。百年来西方的诗潮澎湃，波荡得愈来愈多而激烈，支流也愈来愈繁杂。自浪漫主义、现实主义、新古典主义、象征主义、意象主义、现代主义、达达主义、超现实主义、以至于后现代主义，层出不穷，花样翻新，每一个流派都认定自己的诗才是最真最好的诗，自己的作法才是最好最正确的法门，别人的都不是。真所谓"当此时也，人人自谓握灵蛇之珠，家家自谓抱荆山之玉"。这不是太混乱了吗？然而这个世界也正是如此。好不好呢？至少可以看到万花竞艳。中国新诗自"五四"时代以来，也正如艾青先生说的，已吸收过各种潮流，那就让大家拓展这么办吧。时间是个最好的裁判者，它在沙砾里会淘拣出金子来，也会在万千支流里理出主流来。

然而复多的诗人召唤之中，似乎也有一个共同的吁求：一种最是诗的诗，一种最理想的诗。所以多元的诗，多元的诗义，诗潮和诗风，背后还不免潜伏着这一元的目标：最诗的诗。

1981年我在北京访问时，确曾要求过与年轻一代的诗人们多接触。后来《诗刊》的负责人和两位年轻诗人也曾来和我座谈过。我那时就根据多元和一元的观点，提出一个希望，希望大陆上能有同仁诗刊的繁荣出现。我今天仍然要提出这个愿望。

(原载于台北《文星》第106期，1987年4月)

十五　论胡适的诗
论诗小札之一

德刚按：
　　一九七七年是胡适发表《文学改良刍议》的六十周年；也可说是中国"新文学"和"新诗"的"花甲大庆"！
　　经过六十年的发展，"白话文运动"今日可以说是"天下大定"。在文学创作上，白话已完全替代了文言。"桐城谬种"的时代是一去不复返了。
　　但是"新诗"呢？我们就不敢那样肯定地说了。"新诗"虽然也有逐渐代替"旧诗"的趋势，但是她本身也是多愁多病，照样禁不起风吹雨打。
　　六十年前胡适已开始"尝试"作新诗了；六十年后这个"尝试"阶段显然并没有结束。相反的，当年"胡适之体"的新诗一出，阅读的人数往往在百万千万以上。可是今日的"新诗"似乎只有诗人们自己在沙龙之内，彼此欣赏，互相赞叹了。
　　照这样发展下去，则今后的诗人可能就逐渐变成"五四"时代的逊清遗老。他们拖着辫子，在紫禁城内三跪九叩，互叹忠贞，互拟谥法，自得其乐；皇城外面的世界，就和他们无关了。这种现象总归是不太健康的。
　　今年夏天笔者受刘绍唐先生之托，正拟把胡适之先生当年口述的遗稿稍加整理之时，忽然收到老朋友周策纵先生自得克萨斯州寄来的信和诗。

策纵是今日海外研究"五四运动"最有成就的学者；也是适之先生的忘年之交。二十多年来我们有关胡适的讨论和通信也是屡断屡续的。这虽然是我们少数朋友间的私议，但是像周先生那样有深入研究的学者，虽是茶余酒后的闲谈；亦每有深入独到的见解。所以我连复两封信央请他对"胡适的诗"发表点"有系统的意见"。如此将有助于未来诗人在创作上寻找新方向。

承老友不弃，在溽暑之际他复了我一封长信，也是一篇独具只眼的文学批评。因将原信寄请绍唐兄披露，以便公之同好。如因此而引起海内外更多和更深入的讨论，那就是我们对新文学的花甲大庆最好的寿礼了。

德刚：

两信都已收到，甚慰。近来因旅途转徙多劳，作书颇迟。胡适之先生传稿由你写出，我尝以为至当，盼早成，得先睹为快。你问我对胡诗的看法，这说来话长，现在你行色匆匆，我又忙于他事，只好简略谈谈。

大约在1956年，我和适之先生在哈佛曾有过一些长谈，除了讨论到中国社会政治知识分子思潮等问题之外，也特别谈起过他的新诗。问他为什么不把《尝试集》所没有收入的诗，以及后来的作品，收集在一起，作一诗全集。我说明以后的诗固然不会有那一集的影响了，但总还有历史意义，而且可以综合见到他个人对新诗的主张和努力。他很赞同我这看法，可是他似乎把一些稿件都放在某些地方，也许是放在别人处，却记不清了。这很可看出他晚年主要注意力已不在于此，这本来也是我们早已知道了的。

我常觉得，胡适的尝试新诗，在见解主张上，除了受英国湖畔诗人的看法及美国意象派主张的启发外，当然受中国传统诗词及同时代作者主张的影响也很大。在诗一方面，如元、白与袁枚，他在日记里早已提到过。在词一方面，如前人所作浅近的小令，尤其如苏、辛词等，都是他的榜样，从他后来和顾颉刚先生合编那本"词选"，就可探出一点消息。此外我看他尤其受了一些通俗小说中浅近诗词的启发。试看他 20 世纪 30 年代写《无心肝的月亮》时，在诗前还引了明人小说中两句无名的诗："我本将心托明月，谁知明月照沟渠！"也就可想而知了。中国旧式白话小说中引的或作的诗词，多半比较浅显通俗，因为茶余酒后，说书人朗诵起来，听众才容易明白。胡适喜欢看小说，这种影响原是很自然的。而且他很欣赏好的打油诗，甚至有些歪诗，我看这也对他不无影响。他早期新诗的试作，往往脱不了浅显绝句、歌行、小令、苏、辛所喜用的中调，以至于打油诗等气氛，不为无故也。

至于同时代作者的影响，我曾在《"五四"运动史》里提到过比他较早及同时的白话报运动。在《海外论坛》《定型新诗体的提议》里提到过梁启超用曲牌白话译英诗。在《论王国维〈人间词〉》的第三二节里指出王氏对文学的许多先驱见解。这里不再多说了。

我以为胡适的诗较好的一面是文字流利，清浅而时露智慧。最好的几首往往有逸趣或韵致。一部分佳作能于浅显平常的语言里表达言外一些悠远的意味。这是继承了中国过去小诗小词一些较优秀的传统。梁启超说他特别喜欢的还是胡的小词，可说很有道理。《尝试集》中旧体小诗如《蝴蝶》《中秋》《江上》《寒江》《小诗》《纪梦》《秋柳》，小词如《生查子》《如梦令》，较长的如《百字令》《临江仙》《水龙吟》及数首《沁园春》，都可算好的一类；新诗如《一念》《鸽子》《人力车夫》《老鸦》《三溪路上大雪里一个红叶》《一颗星儿》《威权》《乐观》《努力》《示威》《蔚蓝的天上》《一笑》等，也大致合于上面所说好的标准。胡适的某些好诗，可用江淹的"明月白露，光阴往来"一语作评，也可用他自己的两行诗

　　蔚蓝的天上，这里那里浮着两三片白云。

作评。因为我手头只有第三版的《尝试集》，没有第四版本，所以这儿也不打算作一一细论。

胡适诗虽然有上述的一些好处，但他还不能到达传统那一类好的短诗里幽深微妙无尽意味的境界。第一、他立志要写"明白清楚的诗"，这走入了诗的魔道，可能和那些写极端不能懂的诗之作者同样妨碍了好诗的发展。要用浅近明白的语言写诗，本是不错，但优秀诗人必能使这浅近明白的语言变成"诗的语言"，含有无限别的意义，才能得好诗，所以虽是明白清楚的语言，却不一定是明白清楚的诗，而且最好的往往是最不明白清楚的诗。"采菊东篱下，悠然见南山"，看似最明白清楚的语言，但诗人意指与诗趣何在，却最不明清楚。适之未能强调这一点，以致他的小诗小词虽然也能偶然臻此境，而终于未能成大器，所以我说他的诗是"蔚蓝的天上，这里那里浮着两三片白云"。白云变幻，蓝天深黝，本不可测，但适之只重其蓝与白，故其成就也往往只是"这里那里浮着"罢了。

其次，胡适没有宗教信仰的虔诚，从好处说，他不迷信，虽然也有他的固执处；但从另一方面说，他也没有个人对大宇宙"深挚"的神秘感和默契。因此，他的诗不够幽深，在中国传统中不能到达陶潜、王维的境界，也不能到苏东坡的境界，因为胡又远离老庄的幽玄和释家的悲悯与他们的忘我。他可能只得到一些禅宗的机锋，而他对科学的信心又拉住他向另一方向跑。在西洋传统中，他也无法完全了解像华兹华斯、柯立芝、歌德或福劳斯特的对形而上的虔诚感。这最可从他和徐志摩两人分别译歌德的那首短诗 Harfenspieler 看出来，他译的，韵比徐叶的好，文法较合理，但只不如徐的能引起我们一些虔诚的情绪。胡自己的诗也常不免缺少深度。

第三点，胡适诗最大的缺点——这与他个性也有关——是欠缺热情或挚情。中国"诗缘情而绮靡"的主流与他渊源不深。他的诗与屈原、杜甫相去颇远；也和西洋浪漫主义诗人不相及。只有早期的一二旧式诗词，如《黄克强先生哀辞》等，及用骚体译拜伦（斐伦）的《哀希腊》，是一二例外。大约因他学生时代终不能不受同时代中国青年一些爱国和革命热情的影响，而且拜伦原诗本极热烈而有思古之幽情，与胡的历史癖也相合。以后他就和这种浪漫热情的诗离得越远了。他自己早已把

《哀希腊》译诗列在"死文学"的《去国集》里。我在他的"新诗"里几乎找不到一首真正热情挚情的诗来。

他在年轻时也早就了解他自己的个性太冷静、太"世故"了,这在他《留学日记》里也已提到过。所以他的诗、文,都有点冷清感,与梁任公常带感情的笔端大不相同。任公给他女儿的信尤其热情奔溢。适之则"实在不要儿子,儿子自己来了",显得颇无情。他在1927年2月5日在美洲梦见亡女,写了"素斐"一诗,虽自称"醒来悲痛",但诗写得太做作,太轻浮,太不能动人感情了,前两节还算自然流露,后两节很快就显得做作。这后两节说:

> 病院里,那天晚上,
> 我刚说出"大夫"两个字,
> 你那一声怪叫,
> 至今还在我耳朵边直刺。
> ※
> 今天梦里的病容,
> 那晚上的一声怪叫,
> 素斐,不要让我忘了,
> 永永留作人间苦痛的记号。
> (见《尝试后集》八二页)

他把女儿临死前的呼声写作"一声怪叫",很不近人情,而末了两行那样吩咐也是太轻松了。丁文江和徐志摩都可算是他最要好的朋友,他哭悼他们的诗,也都没有热情流露感人之处。后集里他哭丁在君的两首七绝,还不如所附录的丁寄别他的两首表露了深切的友情。悼志摩一诗用他自己的猫名"狮子"作题,好像是想要以浅语表深情,但末节写着猫既已在"打呼",还吩咐它"你好好的睡吧,——你也失掉了一个好朋友"。其实与那"两滴眼泪"都是太做作而不自然,而且不够深沉厚重。

从不够挚情这一点而论,我觉得胡适的诗真是"无心肝的月亮"。

我们或者会"可怜他跳不出他的轨道"。但适之却要说:"看他无牵无挂的多么好。"道家和释家本来也都有这种出世绝情之教,但他们好的作品仍蕴有深情,庄子"送君者皆自崖而返,君自此往矣",固不消说一往情深,佛于众生,亦蕴悲感。胡适却自认只要:"更不伤春,更不悲秋,以此誓诗。任花开也好,花飞也好,月圆固好,日落何悲。"他只望做到荀子的"制天命而用之","更安用为苍天歌哭,作彼奴为?"这种单纯的自然科学精神,也许是当时中国人最迫切需要的,可是如此写诗,好不好就大成问题了。他虽了解诗须凭借经验,但对刘勰说的"物色相召,人谁获安"和钟嵘说的"气之动物,物之感人,故摇荡性情,形诸舞咏",似乎未能充分体认。所以他写诗,多是在发宣言,有所为而作,有意见要发表,就是有一 message。而不是由情感冲激而成,也就不能以情移人。

当然胡先生也有他的情诗,这方面你一定知之深而会言之生动,不用我多说。这里只顺便提到一点,就是上面引到的他那首《无心肝的月亮》,这诗作于1936年5月19日,当然也可被人们解说成有关国家社会大事的讽喻诗。我看他自己把它和同年作的《扔了?》一诗紧编在一处,还是一类看待吧。你不妨去考究一番。他诗前引的那两行明人小说中无名的诗,"我本将心托明月,谁知明月照沟渠!"就我所知出于凌蒙初的《初刻拍案惊奇》卷三十六"东廊僧怠招魔,黑衣盗奸生杀"一回里。原是用来描写女子企图私奔,但月夜来接她去的是别人,结果把她杀死了。原诗第一句我所有的"覆尚友堂本"作"本待将心托明月",首二字"本待"胡引作"我本",不知是另有所本还是误记或有意更改。"我本"较切。总之,就《无心肝的月亮》与《扔了?》两诗看来,所写的主角,对感情压抑得很厉害。胡适一生的爱情生活,约束于他自己所说的"分定",他能做到"由分生情意",我觉得我们应钦佩他,理智道义不为纯粹的情欲所左右。这当然也是他诗中所写的爱情多已遭理性约束的一个根由。他说的:"岂不爱自由?此意无人晓;情愿不自由,也是自由了。"这固然是他对自己约束自由恋爱的一种解说,我看他内心还有时难免一些"烦恼竟难逃"的。我尝觉得这末了两句,"情愿不自由，也是自由了"，也正可用来描写近代中国人民的苦难和自解，然而这种自解恐怕也仍然掩盖不了内心的烦恼和痛苦，有一天总会引起"敢有歌吟动地哀"吧。

话说回来，胡适的新诗，由于上述缺失，清新者有之，朦胧耐人寻味者则无；轻巧者有之，深沉厚重者则无；智慧可喜者有之，切肤动人挚情者亦无。同时诗人如陈三立等江西诗派之艰涩孤诣，康梁诗中迸发哀时救世之愿，谭嗣同舍身慷慨之怀，王国维悲天悯人之感，苏曼殊缱绻绝望之情，胡适的白话诗里都付缺如。即与当时及稍后各新诗人相比，亦往往异趣，像学泰戈尔一派哲理小诗者多有宗教感，抒情浪漫派又靡丽缠绵，革命呼号派则务为激情奔放，豆腐干式修辞诗人又引进更多模式与藻饰，而走象征现代主义一路者则崇尚朦胧惝恍，凡此皆与适之不类也。

上面这三点固然是他的缺失，可是若从反面来看，"胡适之体的诗"，也许就自有它的独特之处了。近来评论新诗的往往把他的作品看得一文不值，大概也过于一笔抹杀。至于他自己和捧他的人们，说他是你信中提到的"新诗老祖宗"恐怕也有点囫囵吞枣，后台里喝彩吧。

胡适主张作诗"说话要明白清楚"，"用材料要有剪裁"，"意境要平实"，这虽是他中年以后所说，但仔细检讨他前前后后的作品，大致还离此不远。而缺点也就由此而生。过于水清则无鱼，过于剪裁则无自然流露之趣，过于平实则浅淡，不能刻骨铭心，感人深切。

在语言文字方面，胡适的新诗虽流利平实，却变化不多。试就一小处论，他最大一个毛病或痼疾，就是用"了"字结句的停身韵太多了。现在只从手头所有的1922年三版《尝试集》和1964年影印的《诗歌手迹》，略加统计。《尝试集》中不押韵的，句末有"了"字的诗行结尾如下：

"睡了"；"被人偷去了"；"死了"；"更高兴了"，"高兴了"；"好呀，来了"；"关不住了"（诗题）；"挖空了"；"既来了"；"就是平路了"；"站不住了"；"后来怎样了"。（"他的书来了"一句在"虞美人"旧词中，暂不计入。）

押韵的更多：

"也是自由了"；
"把门关了"，"和我为难了"；
"有点醉了"，"心打碎了"；
"磨断了"，"要造反了"；
"停止了"，"死了"；
"自己来了"，"挂不起来了"；
"斫倒了"，"哈哈！好了"；
"也烂完了"，"很平安了"；
"雪消了"，"风吹跑了"；
"裂开了"，"又来了"；
"都是大树了"，"人到那里去了"；
"倦了"，"软了"；
"天已黑了"，"行不得了"，"喊声也减了"；
"将到了"，"烦躁了"；
"放光了"，"清凉了"；
"怪轻松了"，"就不同了"；
"十点钟了"，"有点风了"。

以上三版《尝试集》二十六个诗题中已有四十七行"了"！四版似乎还多了些诗，尚有"病拖住了""快要去了""已过去了"等，这里未算进去。《尝试后集》里不押韵的有：

"下山来了"；"忘不了"（了字用法略异）；"应该忘了"；"抵得我千万般苦恼了"；"没有人了"；"花瓣儿纷纷谢了"；"让我忘了"；"扔了？"（诗题）；"云遮了"；"找着了"。

押韵的有：

"向最高峰上去了","没有压迫人的风和雨了";

"就是海了","只剩一个空洞洞的世界了";

"跑了","笑了";

"惊觉了","重到了";

"上山来了","两三回了"（我想他这儿是各字皆叶韵）;

"把他忘了","又发狂了";

"看不见了","多么远了";

"四散飘扬了","天的那一方了"。

以上二十九题共有二十六行（一行是题目）。"后集未收诗稿"中，1923年所写的一首《别赋》一共只二十八行，就有十五行用"了"字足句，其中十四行是押韵的：

"满足了","哭了";

"定了","病了";

"肿成核桃了","嘲笑了";

"走了","够受了";

"坐不住了","回去了";

"睡了","便不觉得别离的苦味了";

"征服了相思了","是自由人了","不再做情痴了"。

此外各诗押韵和不押韵而用"了"字作结的还有：

"歇了","病了";

"完了","散了","留在人间了";

"坍了","烂了","永永在人间了";

"遮了","灭了";

"静了","干净了","全醒了"。

未收诗稿十三题中共有二十八例（虽然一例是诗题，但末例《八月四夜》一诗，"夜已深了，人都静了"一行，我只算进"静了"，其实"深了"也是同一句法）。总计新体诗（旧体诗词不算）共六十八题，有"了"结的诗行共一百零一条好汉，平均几乎每诗快到两行，不为不多"了"。我且学"红学大师"尝试歪诗《好了歌》一首为证：

> 胡适诗写好了，
> 人忙天又黑了，
> 周公数了"了"了，
> 总算一了百了。

第一句"好了"不仅出于《红楼梦》，也见于上引胡诗《乐观》中"哈哈！好了！"第二句你自然知道出于胡给梅光迪的打油诗："人忙天又热，老胡弄笔墨。文章须革命，你我都有责。""天已黑了"又见上引胡的《努力》一诗。"一了百了"在这里也可当动宾语读。蔡元培先生"和知堂老人新年自寿诗"说："不让沙弥袈了袈。"自注云：《癸巳存稿》三，"精其神"一条引"经了筵""阵了亡"等语，谓此自一种文理。则"一了百"也算有例可循。这首新《好了歌》，似亦不失为一地道的"胡适之体的诗"，请以千金为贿，入尊诗话可乎？胡先生素来宽容，当不见怪。他老一生所作打油诗最有风趣，惜未能得上海灵学会请他和曹雪芹公同时降坛，品题和韵，"欲呼才鬼一中之"也。

因你问起对胡适诗的看法，又想起二十多年前我有一新"发现"，除偶在课堂上告学生外，从来未对人言，我认为毛的《沁园春》咏雪一词，实曾受过胡的《沁园春》（新俄万岁）咏俄京革命事一词的相当影响，蛛丝马迹，不可没也。胡词既见于他的《留学日记》，又登载在《新青年》月刊三卷四号（民国六年六月一日），1920年3月又收入《尝试集》中。据后者原词云：

客子何思？冻雪层（《新青年》作"春"）冰，北国名都。想

（月刊作"有"，日记原作"想"，后改作"看"。"想"字较好）乌衣蓝帽，轩昂年少，指挥杀贼，万众欢呼。去独夫"沙"，张自由帜，此意于（日记作"如"）今果不虚。论代价，有百年文字，多少头颅。　冰天十万囚徒，一万里飞来大赦书。本为自由来，今同他去；与民贼战，毕竟谁轮！拍手高歌，"新俄万岁！"狂态君休笑老胡。从今后，看这般快事，后起谁欤？

这词作于 1917 年 4 月 17 日夜，所咏实是十月革命前的三月革命。毛氏当时，以至于《尝试集》出版时，还是《新青年》和陈、胡的忠实读者与崇拜者（这是他亲口对史诺说过的），何况这词是热烈歌颂新俄革命的呢，所以他必受此词感动很深，故十九年或十五六年后即用同一词调。其主题雪，及头三句"北国风光，千里冰封，万里雪飘"，即涉胡"冻雪层冰，北国名都"句转变而来，字迹显然。毛词"千里""万里"，也可能受了胡"一万里飞来"词句的暗示。胡有"冰天十万"语，毛则说"冰封"和与"天公"比高。毛之"红装素裹，分外妖娆"，正由胡的"乌衣蓝帽，轩昂年少"脱胎而来。乌衣蓝帽是当时俄京参加三月革命的大学生的服色，毛句本亦暗表制服旗帜的颜色。至于"无数英雄竞折腰"，也类于"万众欢呼"和"拍手高歌"。胡的"毕竟谁输"有较量高下胜负之意，毛便说"欲与天公试比高"，且翻"狂态君休笑老胡"之意，而要惜笑秦皇汉武、唐宗宋祖和成吉思汗，仍有比高下的意思。而且"惜秦皇汉武"的句法，也和"去独夫沙"的句法相近。他如"看红装素裹"的"看"字，也和胡氏"看这般快事"一样，用在五字句开头。最巧的还是末了三句，胡说："从今后，看这般快事，后起谁欤？"而毛也说："俱往矣，数风流人物，还看今朝。"都是把今或后与过去相比。"从今后"化作了"俱往矣"与"今朝"，而且两人在此又都用"看"字。只是毛改疑问为肯定语气，也正表示出二人的性质差异。当然，我并不是说毛有意模仿胡词。两人所咏的事本不相同，意境也大有差别，而当三十年代时，毛已高视一切，更绝对不会学胡了。可是下意识里，恐正无法摆脱少年时代所受的一些影响。这也是我所说的，胡氏年轻时一些旧体诗词,比较热情之一例。但仔细读来,觉得他还是在发宣言、写檄文。风格略近辛稼轩,不及苏东坡的高隽。他一再鼓吹自由,没强调个人英雄主义,还算差胜一筹。沉重一面,却仍然不足。我上面这一看法,可能得不到多少赞同,也只好"姑妄言之,姑妄听之"罢了,别无其他褒贬附会之意。

上面这一片胡言,谈来谈去,已不简略,但言不尽意之处,越谈越多。还望你指出我偏失不对的地方。你如觉有可采择之处,自所乐闻,不虚为知者道也。匆匆草此,顺祝

旅祺不一

策纵 1977年8月5日,于陌地生之弃园。
(原载于唐德刚著《胡适杂忆》)

十六　The Early History of the Chinese Word *Shih* (Poetry)

The Earliest Occurrences of the Word in the Classics

IT is curious that we have not yet identified the Chinese graph 诗 *shih* in its ancient form, i. e., as it was written prior to the Ch'in dynasty (221-206 B. C.), when the Chinese script was radically reformed. The earliest form of the graph known to us is in the so-called "small seal style" (*hsiao chuan*), but the testimony for this form is no earlier than the first century during the Later Han dynasty. Thus the graphic and semantic history of this important word remains obscure. This has troubled many scholars.

Up to now we have discovered about 4,000 different graphs in the earliest known form of the Chinese script, viz. the oracle and other inscriptions on tortoise shells and cattle or deer bones belonging to the late Shang period, from the fourteenth to the twelfth century B. C. About 1,000 of these graphs have been identified with later graphs or otherwise deciphered with more or less certainty. We have also been able to isolate about 3,000 different graphs from the bronze inscriptions of the Shang and Chou dynasties. Of these we have identified about 1,900. By combining these figures, eliminating duplicates, and adding a number of graphs from other early epigraphic sources, we have a total of almost

4,500 different graphs in these archaic forms.[1] This number far exceeds the average number of graphs in pre-Ch'in works. For example, the *Book of Poetry* contains about 2,600 different graphs. The *Lun-yü* has only about 1,400, the *Mo-tzu* less than 2,400, the *Mencius* less than 1,800, the *Hsün-tzu* about 2,640, and the *Chuang-tzu* about 2,300. In all of these works, the graph *shih* occurs in the meaning of "a poem" or "poetry", and in many of them it is a key word which occurs frequently. In spite of this, it is believed that this character does not appear in the oracle and bronze inscriptions or in any other surviving epigraphic materials of pre-Ch'in times, such as, for instance, stone

---

[1] My estimates are based on a number of different studies. In 1934, Hsü Wen-ching (徐文镜) included 3,035 entries in his dictionary of ancient epigraphic forms which had been identified with more or less certainty. See his *Ku chou hui-pien* (《古籀汇编》),《凡例》, no. 20. Ch'en Meng-chia (陈梦家) estimates the total number of the oracle graphs at 3,000-3,500, among which the identified do not exceed 1,000. See his *Yin-hsü pu-tz'u tsung shu* (《殷墟卜辞综述》) (Peking: K'o-hsüeh ch'u-pan-she, 1956), 2:63. Tung Tso-pin (董作宾) thinks the total number of the oracle graphs do not exceed 3,000. He says that Li Hsiao-ting (李孝定) lists 1,377 identified in his MS, *Chia-ku wen-tzu chi shih* (《甲骨文字集释》). See Tung, *chia-ku hsüeh liu-shih nien* (《甲骨学六十年》) (Taipei: I-wen, 1965), 1:11. But when Li published his book later on (台北:"中央研究院"史语所专刊之五十, 1965), he listed 1,062 identified and 75 variants; he also listed 567 graphs which he thought did not appear in the *Shuo wen*, and 136 unidentified. Chin Hsiang-heng (金祥恒) in his *Hsü chia-ku wen pien* (《续甲骨文编》) (Taipei, preface dated 1959) lists more than 2,500 entries, of which 1,022 are identified. The revised and enlarged version of Sun Hai-po's (孙海波) *Chia-ku wen pien* (《甲骨文编》) (Peking: 中国科学院考古研究所, 1965) lists 4,672 graphs, of which 941 are identified, 782 recognizable only by the root, and 2,947 unidentified. Some of the entries should be considered variants. Jung Keng (容庚) gives 1,894 identified and 1,199 unidentified bronze inscription graphs of pre-Ch'in times in his *Chin-wen pien* (《金文编》) (Peking: K'o-hsüeh, 1959); 951 identified and 33 unidentified or doubtful ones of the Ch'in-Han period in his *Chin-wen hsü-pien* (《金文续编》) (shanghai: commercial Press, 1935). He also lists 1,241 graphs from stone inscriptions of Han and pre-Han times (some unidentified) in his *Shih k'e chuan-wen pien* (《石刻篆文编》) (Pekinng, 1957). Chin Hsiang-heng lists 1,080 pre-Ch'in pottery inscription graphs, of which 408 are identified and found in the *Shuo wen*, 90 are not in, and 582 unidentified. See his *T'ao-wen pien* (《陶文编》) (Taipei: I-wen, 1964),《编辑凡例》, 1b.

monuments, seals, sealing clay, bamboo, or silk. This is even more strange when one considers that other words of similar nature like *ke* (歌, song), *wu* (舞, dance), *yüeh* (乐, music), and *shu* (书, record) have all been found in those materials.

Some of the passages in the classics in which the word *shih* appears (putting aside for the present those words written after Confucius' time) belong to a quite early period. The word appears twice in the *Book of History*. In the "Yao tien" (尧典), when Emperor Shun ordered his minister K'uei (夔) to take charge of music and to teach his sons, he decreed:

> Poetry expresses intention (inclination, determination, or will) in words, songs prolong the sounds of words for chanting, the notes accompany the chanting, and the pitch-pipes harmonize the notes. Make the eight kinds of musical sounds in accord and let them not interfere with each other, so that spirits and men may be brought into harmony. ①

诗言志，歌永言，声依永，律和声。八音克谐，无相夺伦，神人以和。

The "Yao tien" was preserved in the Han Modern Text version of the *History*, the authenticity of which has been generally accepted. It has been traditionally attributed to the times of the Yü (*ca.* twenty-third to twenty-second centuries B. C.) and the Hsia (*ca.* twenty-second to eighteenth centuries B. C.) periods. this dating is certainly false. In the oopinion of modern scholars the narrative portions of this

---

① All translations are my own. Cf. Legge, trans. *The Chinese Classics*, vol. 3: *The Shoo King* (Hong Kong, 1865, 1960), pp. 47-49; Bernhard Karlgren, trans. *The Book of Documewnts* (Stockholm, 1950), pp. 6-7. The first sentence was cited in *Shih chi*, "Wu-ti pen-chi" as 诗言意.

十六　The Early History of the Chinese Word *Shih*（Poetry）　209

document belong to a much later date; some even suggest the period after Confucius' death. But in the case of quotations such as the one cited above, a relatively early date would, of course, still be possible. At any rate, the *Tso-chuan*, the *Mencius*, and the poem "The Heavenly Questions" attributed to Ch'ü Yüan all cite this document. ①

In another section of the *History*, "Chin t'eng" (金縢, "The Metal-bound Casket"), also in the Modern Text version, it is said that after his quelling of the rebellion in east China (in about 1102 B. C.). ② "The Duke (of Chou) then wrote a poem and presented it to King (Ch'eng), and it was entitled 'Ch'ih-hsiao' (The Eared Owl)."③ ("公乃为诗以贻王，名之曰'鸱鸮'。") The poem exists in the prevailing version of the *Book of Poetry*. ④Recent scholarship tends to accept "The Metal-bound Casket" as written in the eleventh or eighth century B. C. ⑤

The *Book of Poetry* with *shih* as its title certainly existed before Confucius' time. The word *shih* also appears three times within the book itself. The last lines of "Sung kao" (崧高, no. 259), in the "Ta-ya" (《大雅》) section, read:

Chi-fu makes this song, 　　　　　　　　　　　吉甫作诵，

---

① Ch'ü Wan-li (屈万里) in his *Shang-shu shih-i* (《尚书释义》) (Taipei, 1956), pp. 1-4, dates this document between Confucius' death in 479 B. C. and the time of Mencius (*ca.* 372-*ca.* 289 B. C.). The reasons for this dating seem to be inadequate.

② The ancient Chinese calendar prior to Eastern Chou has not yet been convincingly reconstructed. For convenience I have tentatively adopted the view that the Chou dynasty succeeded Shang in 1111 B. C. Others prefer 1122 or 1175.

③ Cf. legge, vol. 3, p. 359; Karlgren, *Documents*, p. 36.

④ No. 155, in "Pin Feng".

⑤ Wang Kuo-wei (王国维) believes that it was written shortly after the event, i. e., about eleventh century B. C. (see his *Ku shih hsin cheng* [《古史新证》]). Ch'ü Wan-li dates it in about the eighth century B. C., *shih-i*, 67.

> Its verse is very great, 　　其诗孔硕，
> Its air is extremely fine, 　　其风肆好，
> It is presented to the Prince of Shen. ① 　　以赠申伯。

This poem has been dated beyond doubt in the reign of King Hsüan (827-782 B. C.), i. e., before the end of Western Chou. The poet's name has been identified as Hsi Chia（兮甲）, and his courtesy name (*tzu*) as Po-chi-fu（伯吉父）.②

In the last stanza of another poem "Hsiang-po"（《巷伯》, no. 200）, in the "Hsiao-ya"（《小雅》）section, there are these lines:

> The *ssu-jen* (attendant) Meng-tzu 　　寺人孟子
> Makes this poem, 　　作为此诗，
> All you hundreds of lords 　　凡百君子
> Carefully listen to it!③ 　　敬而听之！

The preface to this poem in the Mao edition（《毛诗小序》）says that it was written to criticize the last ruler of Western Chou, King Yu (r. 781-771 B. C.). Pan Ku (A. D. 32-92) put the poet Meng-tzu in the period of King Li (r. 878-842 B. C.).④

In another poem, "Chüan O"（《卷阿》, no. 252）of the "Ta-ya" section, the last two lines read:

---

① Cf. legge, trans. *The Chinese Classics*, vol. 4: *The She King*, p. 540; Arthur Waley, trans. *the Book of Songs* (London, 1937, 1954), p. 135; Karlgren, trans. *The Book of Odes* (1950), p. 228.

② The "Preface" of the *Mao Shih* and other sources say the poem is written by Yin Chi-fu （尹吉甫）. Wang Kuo-wei established, and most scholars accept, that this is the Hsi Chia in the inscription on the bronze vessel, *Hsi Chia p'an*. See his《兮甲盘跋》in *Kuan-t'ang pieh-chi* （《观堂别集》）, vol. 2, pp. 8a-10a; also Kuo Mo-jo（郭沫若）, *Liang Chou chin wen-tz'u ta-hsi t'u-lu k'ao-shih*（《两周金文辞大系图录考释》）(Tokyo, 1935; rev. ed. Peking, 1958), "Plates", p. 134, "k'ao-shih," pp. 143b-144b.

③ Cf. Legge, vol. 4, p. 349; Waley, p. 316; Karlgren, *Odes*, p. 152.

④ *Han shu*, "Ku chin jen piao"（《古今人表》）(Po-na ed), 20:16a; Ma Jui-ch'en（马瑞辰）*Mao Shih chuan chien t'ung shih*（《毛诗传笺通释》）(SPPY ed.), 20:44b-45a.

十六　The Early History of the Chinese Word *Shih* (Poetry)　211

> I present these verses, which are very few,　　矢诗不多，
> They are merely enough to be sung. ①　　　　　维以遂歌。

According to the Mao preface to this peom, it was composed by the Duke of Shao (召公) and presented to King Ch'eng (r. 1104-1068 B.C.). The *Chin-pen chu-shu chi-nien* (《今本竹书纪年》) even records an excursion by the king to Chüan O in the thirty-third year of his reign, i. e. 1072 B.C. ②This account is of course unreliable. But most scholars, from Chu Hsi to Ma Jui-ch'en, accept the view of the "Preface"③, though some have expressed doubts. ④Many contemporary Chinese scholars, mainly under Fu Ssu-nien's influence, date the poem in the period of King Li or King Hsüan, i. e., the ninth or eighth centuries B.C. ⑤ I believe, however, that their suggestions are groundless and that there are reasons for attributing it to the eleventh century B.C. ⑥

There are other works such as the *Kuan-tzu* (《管子》), the *I-li* (《仪礼》), and the *Chou li* (《周礼》), parts of which may belong to pre-Confucian times, which contain the word *shih*. These I will discuss

---

① Cf. Legge, vol. 4, p. 495; Waley, p. 184; Karlgren, *Odes*, p. 210.

② Lei Hsüeh-ch'i (雷学淇), *Chu-shu chi-nien i-cheng* (《竹书纪年义证》) (author's preface dated 1810), 19:144b; Wang Kuo-wei, *Chin-pen chu-shu chi-nien su-cheng* (《今本竹书纪年疏证》) (author's preface dated 1917), 2:8a; Wang believes that the passage in the *Chin-pen* is spurious, being copied from the *Mao* "Preface".

③ 朱熹, *Shih chi chuan* (《诗集传》) (Peking: Wen-hsüeh ku chi, 1955 reprint of a Sung ed.), 17:18b; Ma Jui-ch'en, *T'ung shih*, 25:27b.

④ E. g., Yao Chi-heng (姚际恒, 1647-1715?), *Shih-ching t'ung-lun* (《诗经通论》), chüan 14.

⑤ Fu Ssu-nien (傅斯年), *Fu Meng-chen hsien-sheng chi* (《傅孟真先生集》), 中编乙, 《诗经讲义稿》(written in 1928), pp. 35-50; Ch'en Shih-hsiang (陈世骧), 《中国诗字之原始观念试论》, Academia Sinica, *LSYYYCSCK* "中央研究院", 《历史语言研究所集刊》, no. 4 (Taipei, June 1961), pp. 900-901; see also his "In Search of the Beginnings of Chinese Literary Criticism", in Walter J. Fischel, ed., *Semitic and Oriental Studies* (University of California Press, 1951), pp. 45-63.

⑥ On this problem I have an article in Chinese "*Shuo Chüan O*" (《说卷阿》) (in MS).

later on. It suffices, for the time being, to say that this word was in use in the sense "poem" or "poetry" at the latest before the eighth century B. C. and possibly during or before the eleventh century B. C.

Previous Interpretations and Definitions

From the Chou dynasty on, most authors who discuss the meaning of *shih* base themselves on the formula cited above from the *Book of History*: "*Shih yen chih*" (Poetry expresses intention in words), or at least appeal to a similar idea. ①This definition became a dominant principle of Chinese poetic criticism and literary theory in general throughout the following centuries.

In the year 554 B. C., according to the *Tso chuan*, Chao Meng (赵孟) of Chin said, "*Shih i yen chih*" (《诗以言志》, Poetry is for expressing intention). ②The *Kuo yü* has a story to the effect that when King Chuang of Ch'u (楚庄王, r. 613-591 B. C.) appointed a teacher for his crown prince, a certain minister, Shen-Shu Shih (申叔时), advised that the teacher might "teach him (the prince) poetry with a view to broadening his mind and illustrating ancient virtuous examples, so that his intention would be clearly defined." ("教之诗而为之导广显德以耀明其志。")③ This further implies that poetry can also influence the readers's intentions or inclinations. Similar interpretations may also

---

① See Chu Tzu-ch'ing (朱自清), *Shih yen chih pien* (《诗言志辨》) (Shanghai: K'ai-ming, 1945; Peking: Ku-chi, 1957); also Achilles Fang, "Some Reflections on the Difficulty of Translation", in Arthur F. Wright, ed., *Studies In Chinese Thought* (1953), pp. 263-285, *reprinted in* Reuben A. Brower, ed., *On Translation* (Harvard University Press, 1959); see particularly pp. 119, 133.

② *Tso chuan* (《左传》), Hsiang-kung (襄公二十七年). In the same year Po Chou Li (伯州犁) said: "志以发言, 言以出信, 信以立志, 参以定之。"

③ *Kuo yü* (《国语》) (A. D. 1800 wood-block ed. based on A. D. 1033 ed.), 《楚语上》, 17:1b.

十六　The Early History of the Chinese Word *Shih* (Poetry)　213

be found in early Confucian writings. Mencius says:

> Therefore, one who explains the (*Book of*) *Poetry* must not rely on its embellishment so as to do violence to the language, nor on the language so as to do violence to the intention (of the poet). If he uses his mind to trace the meaning to the intention (of the poet), he will be successful.
> 故说诗者，不以文害辞，不以辞害志；以意逆志，是为得之。①

Although Mencius does not actually define *shih* in terms of *chih* (intention) in this passage, the juxtaposition of the two terms shows his understanding of the traditional definition of *shih*.

Another leading Confucian philosopher, Hsün-tzu, who paid more attention to the *Book of Poetry*, and probably exerted more influence upon its interpretation in later centuries than any other ancient philosopher, is elaborating the same definition when he says: "The sage is the

---

① The *Mencius*,《万章上》, 5A, 4. Almost all English tranlsations of this passage interpret *wen* as "term" or "word" and *tz'u* as "sentence" or "phrase" (see Legge, vol. 4, p. 359; James R. Ware, Mentor paperback, 1960, p. 117). They probably follow chu Hsi's commentary: "文，字也；辞，语也。"(《四书集注》) W. A. C. H. Dobson translates the first part of the passage as: "those who interpret the *Book of Songs* should not do violence to the poet's intention, by singling out one line" (Mencius, University of Toronto Press, 1964, p. 97). He seems to have left out one line. I believe rather that *wen* means something like "rhetoric" as Chao Ch'i's (赵岐) commentary suggests. Mencius himself in a sentence immediately following the above passage identifies *tz'u* with *yen*: 如以辞而已矣, "云汉"之诗曰："周余黎民，靡有孑遗。"信斯言也，是周无遗民也。 This strongly supports the view that *wen* means "embellishment" or "rhetoric." Cf. the passage in the *Tso chuan*, Hsiang Kung 25th year: "Confucius said, 'The record has this: "Language is to complement one's intention, and embellishment to complement the language." Without language, who can know one's intention? If one expresses himself in language without embellishment, he will not go very far.'" (仲尼曰："志有之：'言以足志，文以足言。'不言，谁知其志？言之无文，行而不远。")(《左传》，襄公二十五年，548 B. C.) Here *yen* is similar to Mencius' *tz'u*.

controls to the *tao*.... What is expressed in the (*Book of*) *poetry* is his intention." ("圣人也者，道之管也。……诗言是其志也。")①

Hsün-tzu's relating *chih* with the sage and the *tao* is significant enough, but the significance of his description of the *Book of Poetry* in another passage seems to have never been fully understood: "The (*Book of*) *Poetry* is the impression (or repository) of correct sounds." ("诗者，中声之所止也。")② Here his use of *chih* (止) may not be irrelevant if the origin of shih is clarified, a task I am going to undertake.

When Hsün-tzu used the word *shih*, he, like many other authors of the late Chou period, more often meant the book. Since no other existing writings of that time were called *shih*, the term then actually could be regarded as generic.

The Taoist work, the *Chuang-tzu*, in summarizing the ancient Chinese learning, gives a statement similar to that in the *Tso chuan* but changes 言 into 道: "The (*Book of*) *Poetry* is to tell intentions; the (*Book of*) *History*, events; the *Rites*, behavior; the *Music*, harmony; the (*Book of*) *Changes*, yin and yang; and the (*Annals of*) *Spring and Autumn*, title and obligations (name and boundaries)." ("诗以道志，书以道事，礼以道行，乐以道和，易以道阴阳，春秋以道名分。")③

Moreover, the "Great Preface" of the Mao edition of *the Book of*

---

① *Hsün-tzu*, chap. 8, "Ju hsiao" (《儒效》)。
② *Ibid.*, chap. 1, "Ch'üan hsüeh" (《劝学》)。
③ 《庄子》"T'ien-hsia" (《天下》). In the *Kuo yü* there is a passage which says that in 522 B.C. the Entertainer Chou-chiu (伶州鸠) told King Ching of Chou (周景王): "声以和乐，律以平声，金石以动之，丝竹以行之，诗以道之，歌以咏之，匏以宣之，瓦以赞之，革木以节之。" The commentator Wei Chao (韦昭) of the third century, while recognizing 之 in all cases to be a pronoun referring to 声 (the sound), after the sentence 诗以道之 comments: 道己志也。书曰：诗言志, and after 歌以咏之 comments: 咏诗也。书曰：歌永言，声依永。Considering the 诗以道志 in the *Chuang-tzu*, the passage from the "Yüeh chi" and the "天之" in the *Mo-tzu* cited below, we may allow the possibility that the 之 in 诗以道之 was intended in the sense of 志.

十六 The Early History of the Chinese Word *Shih* (Poetry)

Poetry not only defines *shih* in terms of *chih* (志), but also used the word *chih* (之, go) in the following definitions:

> Poetry is where the (poet's) intention goes. Existing in the mind it is intention; expressed in words it is poetry. When one's emotions move within, they are expressed in words; when words are inadequate, one may use exclamations to express them; when exclamations are inadequate, one may express them in song by prolonging the sounds; when singing is inadequate, one may unconsciously express them in dance by gesturing with one's hands and beating with one's feet.
>
> 诗者，志之所之也。在心为志，发言为诗。情动于中而形于言；言之不足，故嗟叹之；嗟叹之不足，故永歌之；永歌之不足，不知手之舞之，足之蹈之也。①

As the authorship and dating of this preface are in dispute, we may suspend judgment on whether it was written during the fifth century B.C., as believed by the scholars of the Han dynasty, at the end of the third century B.C., as suggested by Chu Tzu-ch'ing,② or by Wei Hung (卫宏) in the first century A.D. as believed by other modern scholars.

Similar interpretations can be found in another classic, the *Li chi* (《礼记》), the authorship and date of which are also very uncertain. For the sake of expediency we may tentatively follow Pan Ku in supposing that most of its chapters were written by Confucian scholars after the

---

① *Mao Shih* "Ta shü" (《毛诗大序》). The term 不足 (inadequate) may be compared with 足 (to complement, or to express adequately) in the *Tso chuan* cited in n. 21 above.

② See Chang Hsin-ch'eng (张心澄), *Wei shu t'ung k'ao* (《伪书通考》) (Shanghai: Commercial Press, 1939; rev. and enl. ed. 1957), pp. 271-309; Chu Tzu-ch'ing, *Shih yen chih pien*, 3:19-20; Ch'ü Wan-li, *Shih ching shih i* (《诗经释义》), "Introduction", pp. 20-21.

time of Confucius' disciples.① The chapter "K'ung-tzu hsien-chü" (孔子闲居) may lie in this category. In that chapter there is this passage:

> Confucius said: "Where the intention reaches, there poetry reaches; where poetry reaches, there propriety reaches; where propriety reaches, music (joy) reaches; and where music (joy) reaches, grief reaches. Grief and joy give birth to each other. These, therefore, are correct (or normal). Intention (*chih*) and passion-vitality (*ch'i*) pervade the universe. This is what I call the 'five reaches'."
>
> 孔子曰："志之所至，诗亦至焉；诗之所至，礼亦至焉；礼之所至，乐亦至焉；乐之所至，哀亦至焉。哀乐相生，是故正。……志气塞乎天地。此之谓'五至'。"②

In another chapter of the same book, the "Yüeh chi" (《乐记》), there is a statement about poetry which is also close to that in the "Great Preface" of the *Mao Shih*. We are not sure whether this is the version which Pan Ku says was composed during the time of Emperor Wu (r. 140-87 B.C.).③ The source materials used, however, are believed to be from the records of the late Chou period:

> Virtue is the beginning of man's nature. Music is the flower of

---

① Chang Hsin-ch'eng, pp. 389-403.

② 《阮刻十三经注疏》，《礼记》，chap. 29, *chüan* 51. K'ung Ying-ta (孔颖达, A.D. 574-648) interprets 乐 in all of the cases as "joy". According to the traditional way of reading 是故正 is not punctuated as a complete sentence but is connected with the words following, i.e.：是故正明目而视之，不可得而见也；倾耳而听之，不可得而闻也。I think 明目 instead of 正明目 makes better parallelism with 倾耳。 "Yüeh cheng" (乐正) is a frequently used term in the classics.

③ *Han shu*, "I wen chih", 30:7a.

十六 The Early History of the Chinese Word *Shih* (Poetry) 217

virtue. Metal, stone, silk, and bamboo are the instruments of music. It is poetry which expresses his intention, songs which carry his voice, and dance which animates his appearance. These three originate in the mind, and therefore the instruments follow them.

德者，性之端也。乐者，德之华也。金石丝竹，乐之器也。诗言其志也，歌咏其声也，舞动其容也。三者本于心，然后乐器从之。①

All the citations above merely maintain that *shih* is to express *chih* (志). There is at least, however, one example in which the two terms are virtually identified. According to the *Tso-chuan*, at a diplomatic gathering in 526 B.C., Han Ch'i (韩起) of Chin asked the officials of Cheng each to recite something so that he "might rely on it to know the chih (intention) of Cheng" (亦以知郑志). Then each of the six officials chanted in turn a verse from the "Cheng feng" (《郑风》) section in the *Book of Poetry*. When they had finished, Han remarked that what the gentlemen "chanted does not fall outside of the chih of Cheng." ("赋不出郑志。")② Thus Han used the word *chih* in the first case in the meaning of "intention" and in the second case of "recorded poem".

From the above examples it is clear that during the pre-Ch'in period, i.e., before the third century B.C., the meaning of *shih* was closely related to 志 which meant, on the one hand "intention" and, on the other, "a recorded poem" or simply "a record". In the latter sense, the two words *shih* and *chih* are almost interchangeable. The

---

① *Li chi*, chap. 19, chüan 38.
② 《左传》，昭公十六年。Cf. Legge, *The Ch'un Ts'ew, with the Tso Chuen*, Book X, year XVI, p. 664.

above examples, taken together, also suggest a relationship between the meaning of 诗 and the meanings of 之 and 止.

A number of authors of the early Han period elaborated on these definitions in one way or another. Chia I (贾谊, 201-169 B.C. or 200-168 B.C.) writes:

> The (*Book of*) *Poetry* records the pattern of virtue and makes clear its point, so that man may follow it to perfect himself. That is why I say: The (*Book of*) *Poetry* is the record of this (*virtue*).
>
> 诗者,志德之理而明其指,令人缘之以自成也。故曰:诗者,此之志者也。①

Tung Chung-shu (董仲舒, 176-104 B.C.), in discussion of the six kinds of teachings, says:

> The men of virtue know that those in power were unable through evil to make men submit, so they chose the Six Arts to help and cultivate them. The (*Book of*) *Poetry* and the (*Book of*) *History* are to set their intentions (purposes) in order; the *Rites* and *Music* are to purify their cultivation; and the (*Book of*) *Changes* and the (*Annals of*) *Spring and Autumn* are to enlighten their intellect. These six learnings are all great, but each excels in its own way. The *Poetry* expresses the intentions, so excels in substance; the *Rites* is to restrain, so excels in embellishment....
>
> 君子知在位者之不能以恶服人也,是故简六艺以赡养之。诗、书序其志,礼、乐纯其养,易、春秋明其知。六学皆大,而各有所

---

① *Hsin shu* (《新书》,明:程荣校本),《道德说》, *chüan* 8, p. 13a.

十六　The Early History of the Chinese Word *Shih* (Poetry)　219

长。诗道志，故长于质。礼节制，故长于文。……①

As we can see, even such moralistic interpretations of *shih* (poetry) still preserve its association with the word *chih* ("intention" or "record") passed down from ancient times.

This meaning of *shih*, however, was made much more explicit by the lexicographers of the Han dynasty. Hsü Shen (许慎, *ca.* 30-*ca.* 124) listed *shih* as an entry in his *Shuo wen chieh tzu* (《说文解字》) which was written in A. D. 96-100: "*Shih* (诗) is *chih* (志, intention or a recorded poem?). It is made with *yen* (言, words), and the phonetic *ssu* (寺). 𧥳 is a simplified ancient form of 诗." ("䪵, 志也。从言, 寺声。𧥳, 古文诗省。")② Hsü's entries are written in the "small *chuan*" form, and his explanations were originally in the "clerical" (*li*) form popular in his time. Furthermore, since Hsü's book has been transmitted to us through many hands and was not printed until A. D. 986, the text is quite corrupt. ③But the form of the character *shih* in this entry is attested by existing epigraphs dating from A. D. 123, i. e., Hsü's time:④ 䪵䪵

The definition, as it stands above, follows the text of all early or later *Shuo wen* editions, including those dating from the late tenth cen-

---

① *Ch'un-ch'iu fan-lu* (《春秋繁露》), 凌曙注, 《皇清经解续编》, *chüan* 856, 玉杯第二, 2:21.

② 3A 三上, 言部. See Ting Fu-pao (丁福保), comp. *Shuo wen chieh tzu ku-lin* (《说文解字诂林》), p. 968a-b.

③ In this year Hsü Ch'ieh's brother Hsü Hsüan (徐铉, 917-992 or 916-991) presented to the throne the book he and others had edited under the order of the Emperor. It was published and since then has become the sole source of all later editions, except for some variants preserved in Hsü Ch'ieh's book mentioned below and a few citations appearing in other works.

④ The two graphs appear respectively in 《少室石阙铭》 and 《开母庙石阙铭》. Both the stone tablets were made in the second year of Yen-kuang during the reign of Emperor An of the Han dynasty (汉安帝延光二年, A. D. 123), and uncovered in Tengfeng county of Honan Province (河南登封). See Jung Keng, *Shih k'e chuan-wen pien*, *chüan* 3, p. 7a.

tury. But in a citation from this passage in the *Ku chin yün hui* (《古今韵会》) by Huang Kung-shao (黄公绍) of the thirteenth century, there appears one more phrase, "intention expressed in words" (志发于言), between 志也 and 从言. It has been suggested by Yao Wen-t'ien (1758-1827) and Yen K'o-chun (1762-1843) that these four characters must originally have been a commentary by Hsü Ch'ieh (920-974 or 975) mistakenly introduced into Hsü Shen's text.① But this theory is not borne out by the present text of Hsü Ch'ieh's work, the *Shuo wen chieh tzu hsi-chuan* (《说文解字系传》) which lacks these four characters. Thus their origin remains unknown. It has been argued by Yang Shu-ta and accepted by other contemporary scholars that they must have stood in the original text, principally on the ground that they reflect the well-known deflnition in the "Great Preface" to the *Mao Shih* quoted above, i. e., "Existing in the mind it is intention; expressed in words it is poetry."② But this argument is hardly convincing in view of the fact that the "Preface" was so well known later.

The most important doubt raised by the *Shuo wen* definition concerns the sense in which Hsü Shen meant *chih* to be taken; that is, whether he meant it as unexpressed "intention" or in the sense of "a recorded poem" (or "a record"). Unfortunately, this question cannot be solved by the *Shuo wen* itself because *chih* does not occur there as an independent entry. Although *chih* is also used to define *i* (意), this does not help us very much to decide the present case because the meaning of

---

① 姚文田，严可均。*Shuo wen chiao-i* (《说文校议》, 姚氏咫进斋刻本), cited in *Ku-lin*, p. 968a.

② 杨树达，"Shih shih"(《释诗》), written on Sept. 16, 1935, in his *Chi-wei chü hsiao-hsüeh chin shih lun-ts'ung* (《积微居小学金石论丛》)(enl. ed.; Peking: K'o-hsüeh ch'u-pan she, 1955), pp. 25-26. Yang's theory is accepted by Chu Tzu-ch'ing (see n. 58, below) and Ch'en shih-hsiang (see n. 16, above).

十六　The Early History of the Chinese Word *Shih*（Poetry）

i is not clear either. As Tuan Yü-ts'ai points out, there both *i* and *chih* may mean 识, which Hsü Shen defines as 常. This last word probably means "a banner", hence "a marker", "a record", "to record" or "to remember". ① The presence of 志发于言 in the definition of *shih* would narrow *chih* itself to the sense of *"unexpressed* intention". Thus these four characters which mean, in effect, "expressed intention", must represent an alternative definition. But in such cases Hsü Shen's normal usage is to prefix a phrase 一曰（or 或曰，or 一说）or to add a final 也, or both, to the second definition. Without either of these markers, the four characters can only be read as an explanation of 志也, in which case they contradict the definition itself. ②

There is, however, one possibility, and that is, he may be using, as Han Ch'I did in the *Tso chuan*, the first *chih* in 志也，志发于言 as "a record" (or "a recorded poem") and the second in the sense of "unexpressed intention". Therefore the definition can be translated as "*shih* is a record (or a recorded poem), i.e., intention expressed in words". But in this case, it would have been enough to say 志发于言也

---

① 段玉裁，*Shuo wen chieh tzu chu*（《说文解字注》）（经韵楼藏版，1808；reprinted I-wen，1958）。心部：意字，10A；506-507；言部：识字，3A：92；巾部：常字，7B：362。识 reads 记 or 志, see《汉书·匈奴传上》颜师古注；《广雅》，《释诂二》；郭嵩焘，《史记札记》：关于《屈原传》："博闻强志。"及《三王世家》："博闻强记。" See also Chang Ping-lin（章炳麟），Wen shih（《文始》，浙江图书馆景印手稿本，1913），8：5a-b。

② For definitions followed by a supplementary explanation in the *Shuo wen*, see for example："天：颠也，至高无上。"（一上，一部）"蒲：水草也，可以作席。"（一下，草部）"音：声也，生于心有节于 外谓之音。"（三上，音部）For alternative definitions see "帝：谛也，王天下之号也。"（一上，上部）In all editions including *Ku chin yün hui*'s quotations, the second 也 appears in this kind of definition. Only Hsü Ch'ieh's version does not have 也, which is considered a mistake. See T'ien Wu-chao（田吴照），*Shuo wen erh Hsü chien i*（《说文二徐笺异》，1909），in *Ku-lin*，1：21b. But most alternative definitions take the following form："识：常也，一曰知也。"（三上，言部）For the last category see Ma Hsü-lun, *Shuo wen chieh tzu yen-chiu fa*（《说文解字研究法》），pp. 110b-112a。

without the redundant 志也. In sum, it is unlikely that Hsü Shen was giving two different definitions (as Yang Shu-ta suggests) by saying 志也，志发于言；nor could he say this without self-contradiction or redundancy if he intended to give *shih* a single definition. Consequently, the four words in question may be best thought of as an interpolation. The single *chih* in the definition probably either means "a recorded poem" if the current usage of Hsü Shen's time is taken into consideration, or is used in the double sense, "intention" and "a recorded poem", if he chooses to follow the earlier practice of the *Tso chuan*.

This simple definition of *shih* as *chih* (a recorded poem, or a record) is given by another prominent scholar of the Eastern Han, Kao Yu (高诱), in his commentary to the *Lü-shih ch'un-ch'iu* (《吕氏春秋》). The *Lü-shih ch'un-ch'iu*, edited by Lü Pu-wei (吕不韦, d. 235 B.C.), tells of a very interesting event in antiquity. When King Chieh (r. *ca*. 1802-*ca*. 1752 B.C.) of the Hsia dynasty became tyrannous, T'ang, the ruler of Shang (*ca*. 1751-*ca*. 1739 B.C.), shot his confidant Yi Yin with an arrow as a cover for his design to send him to Hsia to do intelligence work. Three years later Yi Yin returned to report to T'ang, saying that Chieh was bewitched by beautiful women: "he does not regard the multitude and in their hearts the multitude can bear him no more." ("不恤其众，众志不堪。") He then goes on to say that the people circulate rhymed sayings that the Heaven will end Hsia's mandate. Upon hearing this T'ang said, "You are telling me that the great Hsia is going to be finished as the folk poems say". ("若告我旷夏尽如诗。") Here again *chih* and *shih* are related indirectly.[①] But Kao Yu,

---

① Hsü Wei-yü (许维遹), *Lü-shih ch'un chi-shih* (《吕氏春秋集释》) (1935, reprinted Taipei: Shih-chieh, 1962), "慎大览第三", 15:2a-3a. I have not interpreted the *chih* in 众志不堪 as 记 (to record), because the sentence is followed by 上下相疾民心积怨。皆曰："上天弗恤，夏命其卒。" Otherwise the writing would be out of sequence.

十六　The Early History of the Chinese Word *Shih* (Poetry)

who wrote a commentary for the book after 212, made a note at this point. He says: "*Shih is chih*." ("诗，志也。") It is very possible that Kao Yu was simply following Hsü Shen's definition. If so, he must have understood *chih* in the sense of "a recorded poem" or "expressed intention"[①].

Apart from the word 志, another important and perplexing point concerns the variant form of *shih* which Hsü gives at the end of his definition. This form is composed of (modern form: 之) as a major root and 㞢, which is supposed to be an unusual ancient form of 言.[②] It is not possible to discuss this problem in detail in this article, but we will have to come back to the question of 㞢.

At about the same time as Kao Yu, Liu Hsi (刘熙) in his dictionary, the *Shih ming* (《释名》), says: "*Shih is chih* 之 (to go), i.e., where the *chih* 志 (intention) goes." ("诗，之也，志之所之也。")

---

① *Ibid.* Yü Yüeh (俞樾, 1821-1907) considers Kao Yu's note too far-fetched and argues that the *shih* in the text actually means rhymed folksongs or proverbs. I think Yü Yüeh misunderstands the meaning of *chih* in Kao's definition. That Kao Yu is very familiar with Hsü Shen's works is quite clear from the fact that he follows Hsü Shen to write a commentary to the *Huai-nan-tzu*.

② This odd form of *yen* appears quite often in the *yen* category of the *Shuo wen*. Shen T'ao (沈涛) of the Ch'ing dynasty says that the *Han chien* (《汗简》) by Kuo Chung-shu (郭忠恕) of the Sung dynasty cites the word 诗 from the shuo wen as 訨 instead of 䛑, so he wonders whether the latter is a corrupt form. See Shen's *shuo wen ku pen k'ao* (《说文古本考》, 1884). Ch'ien Tien (钱坫, 1741-1806) thinks that, since the ancient form of the radical 言 resembles that of 心, the word 䛑 is probably a corrupt form of 志. See his *Shuo wen chieh tzu chiao-ch'üan* (《说文解字斠诠》), in *Ku-lin*, 3A:968b. See also Ma Hsü-lun *Shuo wen chieh tzu liu shu su cheng* (《说文解字六书疏证》) (Peking: K'o-hsüeh ch'u-pan she, 1957), *chüan* 5, pp. 37-39. Ma accepts Ch'ien's view, but also suggests, without adequate evidence, that Hsü Shen might have defined 诗 as 诸也. Karlgren gives the pronunciations of 志 during early Chou, A.D. 600, and modern times: t̂₁əg/tsi-chï (*Grammata Serica Recensa*, no. 962e, p. 254). In Japanese 之, 诗, and 志 are all pronounced *shi*; but other words with similar corresponding sounds are often pronounced the same too.

Following this he lists a few other terms, *hsing* （兴）, *fu* （赋）, *pi* （比）, *ya* （雅）, and *sung* （颂）, and concludes that "these are variant terms (for *shih*) which are named according to the author's intention." （"随作者之志而别名之也。"）① Though Liu is following the "Great Preface" of the *Mao Shih* almost literally, his definition of *shih* in terms of *chih* (to go) should be noticed.

As the *chuan* form of this word *chih* 之 is 㞢 or 㞢, we can easily see that both 诗 and 志 (*chuan* form: 㞢) have it as a root. Furthermore, from our knowledge of the oracle inscriptions, it has been well established that 之 and 止 are of the same origin.

With the help of Ch'ing scholarship and the advantage of the new epigraphic data that have come to light in this century, modern scholars have traced the origin of *shih* with more precision than was previously possible. Yang Shu-ta, commenting on the definition of *shih* in the *Shuo wen*, said in 1935:

> The graph *chih* （志） is made with *hsin* （心） and the phonetic *chih* 㞢. The graph *ssu* （寺） also has its phonetic 㞢. The ancient pronunciations of 㞢, 志, and 寺 are the same. The ancient form (of 诗) is made with 言 and 㞢; actually 言 is 言志. (In the *Motzu* the term "the Heaven's intention" 天志 is written as 天之). The *chuan* form of 诗 is made with 言 and 寺; actually 言寺 is also 言志.... Since "*Shih* 诗 is for expressing （言） *chih* （志）" is a prevailing belief in ancient times, those who created the written language made the graph with 言 and 志. As for the fact that some-

---

① *Shih ming*, *chüan* 3, chap. 20, 《释典艺第二十》. For general information about this book see Nicholas Cleaveland Bodman, *A Linguistic Study of the Shih ming* (Harvard University Press, 1954). Cf. *Ch'un-ch'iu shuo t'i-tz'u* （《春秋说题辞》）: "诗之为言志也。" cited by K'ung Ying-ta.

十六 The Early History of the Chinese Word *Shih*（Poetry）

times 㞢 and sometimes 寺 are used instead of 志, it is because the pronunications of the former two were similar to that of the latter and so they were borrowed for it.

志字从心，㞢声。寺字亦从㞢声。㞢、志、寺古音无二。（诗）古文从言、㞢，言㞢即言志也。（墨子"天之"即"天志"）篆文诗从言、寺，言寺亦言志也。……盖诗以言志为古人通义，故造文字者之制字也，即以言志为文。其以㞢为志，或以寺为志，音同假借耳。①

Wen I-to, writing in 1939, asserted that *shih*（诗）and *chih*（志）were originally the same word, which developed three meanings in various times, i. e., to remember 记忆, to record 记录, and what is cherished in the mind (emotion) 怀抱.② To prove that *chih* means "to remember", Wen reasons that the two elements of the graph mean "stay (stop) in mind"（停止在心上）. So he cites the *Hsün-tzu*: "*Chih* is to store"（"志也者，臧［藏］也。"）③ and regards it as meaning "to store (keep) in mind". By extension the word has the meaning "to remember". For example, in the *Li chi*, Duke Ai of Lu implored Confucius to remember the duke's inability to understand: "You keep it in mind."（"子志之心也。"）④ And the *Kuo Yü* cites the decree of Duke Wu of Wei

---

① "Shih shih", see n. 38, above. Yang's opinion in many aspects is similar to those of Ch'ing scholars such as Sung Pao（宋保）, *Hsieh-sheng pu i*（《谐声补逸》）and Tai ko-heng（戴果恒），"Shih shih"（《释诗》）. In addition to the example *t'ien chih* mentioned by Yang, we may find also in the *Mo-tzu* that 志功 is sometimes written in the form 之功。

② 闻一多 "Ke yu shih"（《歌与诗》），in *Wen I-to ch'uan chi*（《闻一多全集》）(Shanghai: K'ai-ming, 1948), vol. 1, p. 185.

③ 《荀子》, chap. 21, "Chieh pi"（《解蔽》）.

④ 《礼记》, *chuan* 15, chap. 27, "Ai-kung wen"（《哀公问》）. Karlgren translates it as "May you make it registered in my heart"（"Loan Characters in Pre-Han Texts", *BMFEA*, 35 [1963], 48）. I think "my" is the wrong word.

(r. 812-758 B. C.), made when he was already ninety-five years old, as follows: "When you hear any comments on me, you must recite and remember (record?) them and present them to me in order to admonish and guide me." ("闻一二之言，必诵志而纳之，以训导我。")① Here Wen I-to interprets *chih* as "to remember", but from the context, it might mean "to record" as well.②

The use of 志 as "a record" (记) certainly can be proved by citing a number of passages of the late Chou period and commentaries of the Han dynasty. The relating of *shih* with "to record" or "a record" is clearly shown in Chia I's writing, as has been cited above. To support this, Wen further quotes from the *Kuan-tzu*: "The (*Book of*) *Poetry* is for recording things." ("诗所以记物也。")③

As for *shih* in the meaning of "emotion", Wen thinks that this is what the ancient writers meant by *i* (意) when they employed it to define *shih*, e. g. "诗以达意。"④ "诗所以言人之意志也。"⑤ "诗，意也。"⑥ According to Wen, all the *i*'s in these passages equal Lu Chi's (261-303) *ch'ing*: "Poetry follows emotion and tends to be elegant and

---

① 《国语》，*chüan* 17, "Ch'u yü, A" (《楚语上》), p. 9a.

② Wei Chao in his commentary to *Kuo yü* says in this case: "志，记也。"

③ 《管子》，*chüan* 22, chap. 75, "Shan ch'üan shu" 《山权数》. See Tai Wang (戴望), *Kuan-tzu chiao-cheng* (《管子校正》) (reprinted Taipei: Shih-chieh, 1958), p. 366.

④ A saying by Tung Chung-shu as cited in the "Biography of Ssu-Ma Ch'ien" (32) in the *Han shu*.

⑤ Cheng Hsüan's commentary on 诗言志 in the "Yao tien" of the *Book of History*.

⑥ Chang I (张揖, fl. 227-232), *Kuang Ya* (《广雅》), "Shih yen" (《释言》). The original text reads 诗，志：意也. Wang Nien-sun (王念孙) says, "The pronunciations of 诗 and 志 are close, so that many books define 诗 as 志, but none of them defines it as 意." 案诗，志声相近，故诸书皆训诗为志。无训为意者。He consequently changes the text into 诗，意：志也。See his *Kuang Ya su cheng* (《广雅疏证》) (author's preface dated 1796, *SPPY* ed.), *chüan* 5A, p. 8a. There seems to be no reason to change the text (see n. 2, above).

十六　The Early History of the Chinese Word *Shih* (Poetry)　227

exquistite." ("诗缘情而绮靡。")① As all these quotations belong to the Han dynasty or later (see also n. 2, above), I shall support Wen's case with one from the *Kuo yü*: "The (*Book of*) *Poetry* is for uniting minds, and songs are for singing the poems." ("诗所以合意也，歌所以咏诗也。")② A similar example occurs in the *Hsin yü* by Lu Chia (陆贾) of the early Han dynasty. ③

Another contemporary writer, Chu Tzu-ch'ing, after consulting and accepting the views of Yang Shu-ta and Wen I-to, summarizes his own view as follows:

> The graph *shih* (poetry) does not appear in the shell and bone inscriptions, the bronze inscriptions, nor in the *Book of Changes* .... This graph has probably existed only since the Chou dynasty .... The graph *chih* (志) and the graph *shih* were not distinguished originally, but by that time there was probably a need to distinguish between the two, so by adding the radical *yen* to *chih* a new graph was made; the meaning of this radical *yen* is precisely what the *Shuo wen* implies when it says "(It is) *chih* expressed in *yen*".
>
> "诗"这个字不见于甲骨文金文，易经中也没有。……这个字大概是周代才有的。……"志"字原来就是"诗"字，到这时两个

---

①　陆机，"Wen fu" (《文赋》). Achilles Fang translates this sentence as: "*Shih* (lyric poetry) traces emotions daintily." See his translation "Rhyme-prose on Literature: The *Wen-fu* of Lu Chi," *HJAS*, 14 (1951), reprinted in John L. Bishop, ed., *Studies in Chinese Literature* (Harvard University Press, 1965), pp. 12, 32.

②　*Chüan* 5, "Lu yü, B" (《鲁语下》), p. 10a.

③　Lu says, "When it is latent it is *tao*, when it is expressed it is literature and poetry. In the mind it is *chih*, spoken out it is words". Then he goes on to say that if this is done well, "then the emotion will be benefited and personality cultivated". "隐之则为道，布之则为文诗。在心为志，出口为辞……而情得以利而性得以治。"《新语》, chap. 6, "Shen wei" (《慎微》) 第六. (Or punctuate after 文)

字大概有分开的必要了，所以加上"言"字偏旁，另成一字。这"言"字偏旁正是说文所谓"志发于言"的意思。①

To sum up, it may be said that, except for some less common interpretations which will be discussed later, traditional and contemporary views of the history of the word *shih* generally agree in suggesting that 诗 and 志 were originally graphic variants of the same word and that 之 was the ancestor of both. But these views are based mainly on the semantic values, implicit or explicit, of *shih* found in the classics with inadequate epigraphic evidence. Although we have been able to identify the word 之 in the earliest inscriptions, the intermediate form corresponding to 寺 has been traced only to the bronze and stone inscriptions of the Chou period. Without identification of this main element of 诗 in its earliest form we are at a loss to explain the evolution of 之 into 诗, and the original meaning of the latter remains unclear. These are problems very difficult to solve. All I shall attempt in the following sections is to establish the missing link and discuss some of its implications.

Identification of 寺（邿、诗）in the Oracle Inscriptions

There is a graph in the oracle inscriptions which has not been identified. It is written in the form 㞢 or 㞢. Almost all students of the oracle inscriptions know that it is the name of a state located north of Shang but think that there is no such word in the *Shuo wen* or other written records. So it is always copied in its original form in their discussions. In 1914, Lo Chen-yü（罗振玉）first listed it as a name of a place but without transcription and identification in his study of the oracle vocabulary and history of Shang.② In this he has been followed by all other

---

① Chu Tzu-ch'ing, *Shih yen chih pien*, 1:10. The last statement is based on Yang Shu-ta's theory (see n. 38, above).

② Lo Chen-yü, *Yin-hsü shu-ch'i k'ao-shih*（《殷墟书契考释》, 1914, 1927）, pp. 54, 303.

十六　The Early History of the Chinese Word *Shih*（Poetry）　　229

scholars in this field and by historians of Chinese antiquity. ①

　　The graph in question appears on two large oracle bones, photographs of which were first published in 1914 by Lo Chen-yü and reprinted in several other collections (see Figs. 1 and 2). ② In addition, there are two or three small shell fragments with the graph (see Figs. 3 and 4). ③ From the style of

---

　①　These include Wang Hsiang（王襄）, *Fu-shih Yin ch'i cheng wen K'ao-shih*（《簠室殷契征文考释》, 1925）.《征伐篇》, p. 5b; Kuo Mo-jo, *Pu-tz'u t'ung-tsuan*（《卜辞通纂》）(Tokyo, 1933),《考释》, pp. 91, 112; Chu Fang-pu（朱芳圃）, *Chia-ku hsüeh Shang shih pien*（《甲骨学》:《商史编》）(Shanghai: Chung-hua, 1935), 5:10a-b; Tung Tso-pin *Yin li p'u*（《殷历谱》）(Academia Sinica, 1945), 下编, 卷九, 日谱一, 武丁日谱, pp. 5b, 40a-b, 41b; T'ang Lan（唐兰）, *Yin-hsü wen-tzu chi*（《殷墟文字记》, 1934）, p. 23a; Ch'en Meng-chia, *Yin-hsü pu-tz'u tsung shu*, pp. 270, 272; Kaizuka Shigeki（贝冢茂树）, *Kyōto daigaku zimbun kagaku kenkyūsho zō kōkotsu mo-ji*（《京都大学人文科学研究所藏甲骨文字》）(Kyoto University, 1960), "Text", p. 209; Shirakawa Shizuka（白川静）, *In: kōko-tsu-bun shū* 殷.（《甲骨文集》）(Tokyo, 1963), Text, p. 9. All the above use the form 𣁋 without identification. Tseng I-kung（曾毅公）lists it in the category of unidentified words in his index to place names appearing in oracle inscriptions, *Chia-ku ti ming t'ung-chien*（《甲骨地名通检》, 1939）, "待考", p. 9. So do the lexicographers Sun Hai-po, *Chia-ku wen pien* (Peiping: Yenching University, 1934), "附录", p. 75a (1965 revised version, 3:18); Chin Hsiang-heng, *Hsü Chia-ku wen pien*, 3:21b and "说文所无之字", p. 15b; and Li Hsiao-ting, *Chia-ku wen-tzu chi shih*, 3:0947. See also Li Hsüeh-ch'in（李学勤）, *Yin-tai ti-li chien lun*（《殷代地理简论》）(Peking: K'e-hsüeh ch'u-pan she, 1959), 1:22-23, 3:61-64, 95. Kuo Mo-jo discusses the place in a similar manner in his "*P'ing Ku shih pien*"（《评古史辨》）(1930) in *Ku shih pien*, vol. 7, pp. 366-367. See also Wu Tse（吴泽）(Chung-kuo) *Ku-tai shih*（《古代史》）(Shanghai: T'ang-li, 1953), pp. 35, 57.

　②　Fig. 1 is from Lo Chen-yü, *Yin-hsü shu-ch'i ching-hua*（《殷墟书契菁华》, 1914), no. 5. This is also reproduced in Kuo Mo-jo, *Pu-tz'u t'ung-tsuan*, no. 513. Fig. 2 is from Lo's same book, no. 6. It also appears in Shirakawa Shizuka, *In: kōkotsu bun shū*, p. 19. This is also reprinted in Kuo's book, no. 431. All the above items are printed from photographs, except Shirakawa's which is a photoprint from a rubbing.

　③　Fig. 3 is from Lo Chen-yü, *Yin-hsü shu-ch'i hsü-pien*（《殷墟书契续编》, 1933）, chüan 5, p. 8, no. 1. This has been published earlier in Wang Hsiang, *Fu-shih Yin ch'i cheng-wen* (1925), chüan 9, no. 41. Fig. 4 is from Kaizuka Shigeki, *Kyōto* (1960), "Plates", 0306 (Plate 8). Tseng I-kung (*T'ung-chien*, p. 9) and Chin Hsiang-heng (*Hsü*, 3:21b) mistakenly list both the graphs from Wang Hsiang's and Lo Chen-yü's works as separate inscriptions. Tseng also lists a 𣁋 from 明义士 (James Mellon Menzies, of Canada), *Yin-hsü pu-tz'u*（《殷墟卜辞》）(Shanghai, 1917), p. 77. Chin lists a similar graph from Lo Fu-i（罗福颐）, *Ch'uan ku p'ieh-lu ti-erh chi*（《传古别录第二集》, 1928), 2:9. I have not been able to check whether these two are duplicates. Menzies' book is printed from hand-copied versions. All the others mentioned in this note are printed from rubbings.

writing and other evidence we can be sure that all these inscriptions belong to the time of King Wu-ting (武丁, r. *ca.* 1339-*ca.* 1281 B.C.) of the Shang dynasty, i.e., probably the earliest of the periods from which oracle inscriptions have been discovered.

This graph 㞢 or 㞢 can be identified with certainty with the later graph 寺. For convenience of discussion I have transcribed the two large inscriptions and the two fragments into modern Chinese script with punctuation added and have translated them into English. It will be noticed that the original incritpions are read from the left and down.

Inscription A (*Figure 1-only the lower central portion transcribed*)

Four days later,[①] on the day *Keng-shen* (i.e., the thirteenth day of the sixth month in the twenty-ninth year of King Wu-ting in the lunar calendar, or May 27, 1311 B.C. in the solar calendar[②]) there was also

---

[①] According to the usage in shell and bone inscriptions, when a phrase mentioning a "certain number of days" precedes a date, it indicates the number of days that have passed since an immediately previously mentioned date. In calculating this interval of time both dates are counted. This way of counting the number of days is still popular among many Chinese people.

[②] The solar date equivalent to the lunar date recorded in the Shang dynasty is tentatively based on Tung Tso-pin's *Yin li p'u*, 下编卷九, 日谱一, 武丁日谱, pp. 2a-43b, esp. pp. 4a-9a. The reconstruction of the calendar of the Shang period is certainly disputable. It is fortunate that from the oracle inscriptions we have found three dated lunar eclipses during King Wu-ting's period, and one of them very likely falls in the same year in which T'u-fang's attack on Ssu took place. Tung's dating seems to be supported by a study by Homer Dubs, in "A Canon of Lunar Eclipses for Anyang and China, -1400 to -1000", *HJAS*, 10:2 (1947), 162-178; but Ch'en Meng-hia suggests that this should be in 1229 B.C. see his *Tsung-shu*, 6:215. For Tung's reasoning see his *Yin li p'u*, 下编卷三, 交食谱, pp. 1a-35b; and his article 《殷代月食考》" in *Tung Tso-pin hsüeh-shu lun-chu* (《董作宾学术论著》), vol. 2 (Taipei: Shih-chieh, 1962), pp. 847-867.

十六　The Early History of the Chinese Word *Shih* (Poetry)　　231

an alarm of war[①]coming from the north; Tzu-chien[②] reported saying, "On the last *Chia-ch'en* (i. e., the twenty-sixth day of the fifth month, or May 10) Fang attacked Ssu[③] and captured fifteen men. Five days later, on the day *Wu-shen* (i. e., the first day of the sixth month, or May 15), Fang attacked again and captured sixteen men". In the sixth month (the King) was in (Ch'un).

　　四日庚申，亦之（有）来敔（僖）自北；子娥（僭）告曰："昔甲辰，方征于寺，俘人十之（又、有）五人。五日戊申，方亦征，俘人十之（又、有）六人。"六月，在（臺）。

Fig. 1. Oracle inscription on bone, from the Shang dynasty, termed Inscription A in the text (see also n. 61).

---

①　I choose to translate 敔 as "alarm of war" for the following reasons: The *Shuo wen* defines 僖 as 立; the *Yü p'ien* (《玉篇》) gives 僖 for 僖 and says that it is now written as 树; the *Kuang yün* (《广韵》) identifies 僖 with 尌; the *Shuo wen* also defines 尌 as 立 with the explanation: 寸，持之也，读若驻. So the graph 僖 may mean a man or woman holding a drum on guard; the drum is for warning. The fact that drums were used by guards for raising alarms is recorded in *Mo-tzu* (《杂守篇》) and the wooden slip documents of the Han dynasty (see Lao Kan [劳干], *Chu-yen Han chien k'ao-shih* [《居延汉简考释》], 1960, "K'ao-cheng", p. 36). The word 僖 is comparable to 戒 (to guard against, to warn), which the *Shuo wen* defines as: 警也，从廾戈. 持戈以戒不虞. Kuo Mo-jo identifies 敔 as 薑, which the *Shuo-wen* defines as a night guard with a drum (夜戒守鼓也). This is also very close to the meaning of 僖. See Kuo, *T'ung-tsuan*, 考释, p. 88.

②　Kuo Mo-jo transcribes the graph as 豸 which is quite different in form (*T'ung-tsuan*, 《考释》, p. 112). Tung Tso-pin transcribes it as 娥 without identification. I think this must be the earlier form of 僭 which is listed in the *Shuo wen* 人部.

③　I have romanized all the graphs according to their modern pronunciations, since the exact manner in which they were pronounced during the Shang period is virtually unknown. Phonologists' efforts to reconstruct the sound system of even the Chou dynasty have not produced conclusive results.

Inscription B (*Figure 2-only the lower left portion transcribed*)

The King divined, asking, "There is killing. ①Is there an alarm of war coming? Pray descend (to show me)!"② Nine days later, on the

---

① The graph 犭 has been mistakenly identified by Lo Chen-yü and Wang Kuo-wei as 求. Kuo Mo-jo accepts Sun I-jang's identification as 豨, and thinks that it is loaned as 祟 (evil spirits, calamities). Sun's identification may be acceptable, but the meaning is probably different. The *Shuo wen* defines 豨 as a kind of porcupine and gives its ancient form as 豨. Under the entry 杀 (to kill) it gives an ancient form 豩. This last is probably derived from the name of the animal 豨 or it may denote a similar one. At any rate, 犭 seems to be closer to 豩 (杀) than 豨 both in form and in meaning. It could sometimes have the meaning 祟. See Yang Shu-ta, *Pu-tz'u ch'iu i* (《卜辞求义》)(Shanghai, 1954), p. 17a-b.

② The graph 三 here has been before identified as 三 (three), 彤 (the name of a sacrifice), 彤 (the sailing of a boat), or 川 (a stream). Later Yü Hsing-wu (于省吾) identifies it as 气 (earlier form of 乞 and 氣). Independently I reached a conclusion similar to Yü's. But he reads the graph in this case as 迄 (reach to, until) and thus punctuates the sentence as 气至九日辛卯 (until nine days later on *Hsin-mao*) (see his *Shuang chien i Yin ch'i p'ien-chih* [《双剑誃殷契骈枝》, 1940], "*Shih ch'i*" [《释气》], pp. 55-58). This has been followed by others such as Yang Shu-ta, *Pu-tz'u ch'iu i*, pp. 45b-46a; Shirakawa, *In: kōkotsu-bun shū*, Text, p. 9, and Ch'en Meng-chia, *Tsung-shu*, 2:71. (Tung Tso-pin reads 乞 in the sense 继, i.e. "continue". See his 《汉城大学所藏大胛骨刻辞考释》, 史语所集刊, no. 28, May 1957. Because 迄 itself means 至 and would be better not to be followed by 至 《尔雅·释诂》:"迄:至也." 《诗·大雅》, 245, 《生民》: "以迄于今." 《毛传》: "迄, 至也." 《尚书·召诰》 uses "越" as in "越三日戊申".), because other cases in the oracle inscriptions also show that 迄至 is not needed to express the idea "until" (see 四日庚申 and 五日戊申 in Inscription A and n. 63, above), and because this term is often preceded by a question in divination, 气 should be read in its usual meaning of "immplore" or "beg" which Yü recognizes in such cases as 气雨 and 气正 (征). This meaning of the word might have developed from its original sense of sacrificial "vapor" or "air" ascending to the divinities. Hence the word acquired the meaning of "implore". I suggest, therefore, that 气至 is a standard phrase at the end of a prayer similar to such phrases as 来各 (格) (pray descend!) or 来假来飨 (they [the ancestors] come and enjoy the offerings) (《诗·商颂》, 302, 《烈祖》). Waley translates the latter as: "They come, they accept." Karlgren's translation is "We come forward, we come and present our offerings". In another poem (no. 245) the *Mao Commentary* defines 歆 as 飨. K'ung Ying-ta note: "歆 means that the spirits and gods eat the vapor (air)." 鬼神食气谓之歆. The *Shuo wen* also says: 歆, 神食气也. Cf. the graph 䏨 (the smell of a sacrificial animal). The *Tso chuan* mentions the term 乞灵 under the year 471 B.C. (哀公二十四年). The *Li chi* mentions the practice of 乞言 in sacrificial ceremonies ("文王世子").

十六 The Early History of the Chinese Word *Shih* (Poetry)   233

day *Hsin-mao* (i.e., the fourteenth day of the seventh month in the twenty-ninth year of Wu-ting, or June 27, 1311 B.C.), truly there was an alarm of war coming from the north; Ch'i-no[①] of Ssu reported, saying: "T'u-fang invaded our territory and captured ten men."

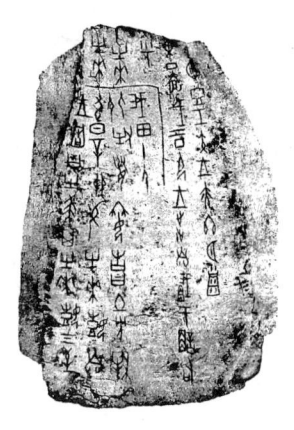

王固曰："之（有）希，其之（有）来敊（倿）？乞至！"九日辛卯，允之（有）来敊（倿）自北；寺妻姘（娜）告曰："土方侵我田十人。"

Fig. 2. Oracle inscription on bone, from the Shang dynasty, termed Inscription B in the text (see also n. 61).

Inscription C (*Figure 3-only the left portion transcribed*)

...Ssu. ...also attacked. Captured.... In the sixth month....

......寺......
......亦征俘......
六月......

---

① Kuo Mo-jo transcribes this name as 敏笑; Tung Tso-pin and others, 妻姘 without further identification. I think 妻 is the earlier form of 郜. The *Spring and Autumn Annals* says that on May 20, 611 B.C., there was a conference in 郜丘. (《春秋经》：文公十六年六月戊辰，"盟于郜丘"。) The *Tso chuan* mentions the same. The place was in the state of Ch'i (齐), and located in the present Tung-o (东阿) county of Shantung (see Wang Hsien-ch'ien [王先谦], *Han shu pu chu* [《汉书补注》], 《地理志》第八上, 东郡, 28A: 78a). The tribe later might have moved southward to present Honan. In the Warring States period the state of Wei (魏) had a 新郜. The military tally 新郜 (㪙) 兵符 belongs to about 230-221 B.C. The Han emperors honored the Yin (Shang) remnants in the place and changed its name into 宋 (see Wang, *Pu chu*, 汝南郡, 28A: 6b-7a; also *Shuo wen*, 6B). For the other graph 姘, see *Ku-lin*, 12B: 5575b-5577a.

Fig. 3. Inscription on shell fragment, from the Shang dynasty, termed Inscription C in the text (see also n. 62).

Inscription D (***Figure*** 4)

...asked the oracle, We...go not...from Ssu in the fourth month.

……贞我……

……行匆

……从寺四月

The dates mentioned in these inscriptions are so close and the hand so similar that we can be certain that they refer to the same event. Because in A it is recorded that "Fang attacked Ssu" and in B that "Ch'i-no of Ssu reported, saying, 'T'u-fang invaded our territory'", it is safe to identify the "Fang" in A with the "T'u-fang" in B. Moreover, it is said in A that "Four days later, on the day *Keng-shen*, there was also an alarm of war from the north"; therefore, there must have been a previous alarm on the day *Ting-ssu*, i. e., the tenth day of the sixth month, or May 24, 1311 B. C. It may even be possible that the *Ting-ssu* alarm resulted from the invasion of the day *Chia-ch'en* and the *Keng-shen* alarm from the invasion of the day *Wu-shen*.[①] From the context we may also infer that Ssu was a dependent state or tribe of the Shang.

The invasion of Ssu by the state T'u started in the third month probably of the twenty-ninth year of King Wu-ting of Shang. Next spring, the king sent Chih Chia (沚戛), a commander, and others to attack T'u-fang. The war ended in the winter of the thirty-second year with the surrender of T'u. During these four years Shang also waged

---

[①] Kuo Mo-jo, *T'ung-tsuan*, "*K'ao-shih*", p. 112.

十六　The Early History of the Chinese Word *Shih*（Poetry）　235

wars with two other hostile states on its northwestern border. Although the exact chronology of Wu-ting's reign by the Western calendar is, as has been mentioned in note 64 above, still uncertain, the sequence of the events concerning T'u-fang's attack on Ssu during the first year of the war may reasonably be reconstructed as follows (I have omitted the references to the wars with the other two states and some minor events):①

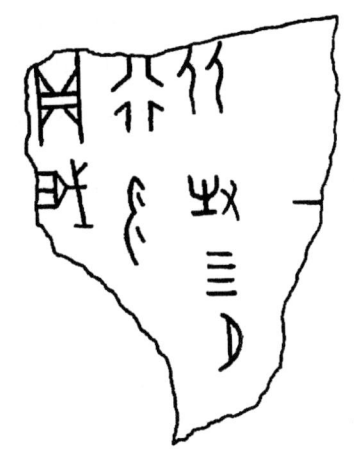

Fig. 4. Inscription on shell fragment, from the Shang dynasty, termed Inscription D in the text (see also n. 62).

Third month (day unknown):

　　(A diviner) asked the oracle, "The King to make an inspection in Ch'un?" "Small fortune."

　　(A diviner) asked the oracle, "Should the King not inspect the cattle?" In the third month.

Third month, 18th day (Ting-yu). *March 5*:

　　Truly there was an alarm of war coming from the west; Chih Chia reported, saying, "T'u-fang attacked our eastern frontier and ruined two regions".

　　(Two diviners made separate divinations asking the same question:) "This year draft five thousand men to attack T'u-fang. Will we receive grace and protection?"

---

　　① The outline is adapted from a table by Tung Tso-pin, *Yin li p'u*, 下编卷九, 日谱一, 武丁日谱, pp. 4a-9a, and *Chung-kuo nien li tsung-p'u*（《中国年历总谱》）(Hong Kong, 1960), p. 91. I have made some minor revisions which are indicated in the notes. I have also omitted all the notes on sources which can be found in Tung's *Yin li p'u* except for those inscriptions reprinted above.

Fourth month, 5th day (Kuei-ch'ou) . *Ma'rch 21*:

(The diviner) Cheng asked the oracle, "No misfortunes in the next ten days?" The King divined, "There is killing, there is a dream."

Fifth month, 26th day (Chia-ch'en). *May 10*:

A great windstorm... In the fifth month the King was in Ch'un. (T'u) Fang attacked Ssu, captured fifteen men. (A)①

Sixth month, 1st day (Wu-shen). *May 15*:

(T'u) Fang again attacked (Ssu), captured sixteen men. (A)②
This item is also left out under this date.

Sixth month, 8th day (Yeh-mao) . *May 22*:

There is a warning; the people of Shan-ting performed a military ceremony (?) in Lu.

Sixth month, 10th day (Ting-ssu) . *May 24*:

(There was an alarm of war coming from the north.) (implied by A)③

Sixth month, 13th day (Keng-shen) . *May 27*:

There was also an alarm of war coming from the north; Tzu-chien reported, saying, "On the *chia-ch'en* Fang attacked Ssu and captured fifteen men. Five days later, on the day *wu-shen*, Fang attacked again and captured sixteen men." (A)

In the sixth month the King was in Ch'un. (A)

Sixth month, 17th day (Chia-tzu) . *May 31*:

Truly there was (an alarm of war?) coming from the east.
...Ssu...also invaded, captured...in the sixth month... (?) (C)

---

① Tung leaves out this reference under this date.
② This item is also left out under this date.
③ Tung does not list this item.

十六　The Early History of the Chinese Word *Shih* (Poetry)

Seventh month, 2nd day (Chi-mao). *June 15:*

　　Divined and asked the oracle: "Order Chih-chia to march?" The seventh month.

Seventh month, 6th day (Kuei-wei). *June 19:*

　　(A diviner) asked the oracle, "The next ten days no misfortunes?"[①]

　　The King divined, asking, "There is killing. Is there an alarm of war coming? Pray descend (to show me)." (B)

Seventh month, 14th day (Hsin-mao). *June 27:*

　　Truly there was an alarm of war coming from the north; Ch'i-no of Ssu reported, saying, "T'u-fang invaded our territory and captured ten men." (B)

Ninth month, 25th day (Hsin-ch'ou). *September 5:*

　　An evening sacrifice. [②]

Ninth month, 26th day (Jen-yin). *September 6:*

　　The King was also in silence for the whole evening.

Twelfth month, 4th day (Chi-yu). *November 12:*

　　(A diviner) asked the oracle, "This year the King to attack T'u-fang?"

Twelfth month, 15th day (Keng-shen). *November 23:*

　　A lunar eclipse.

Thirteenth month, 17th day (Hsin-mao). *December 24:*

　　(Diviner) Yung asked the oracle, "In this thirteenth month Chih

---

　　① Tung's note number 六二 (referring to the inscription on p. 21b) must be wrong; it should be 三九 (on p. 21b), i.e., from Shang Ch'eng-tso (商承祚), *Yin ch'i i ts'un* (《殷契佚存》, 1933), no. 386.

　　② For this and the following item I have adopted Tung's own revised version as listed in his 《汉城大学所藏大胛骨刻辞考释》(p. 832). He has assigned them previously under the Seventh Month in *Yin li p'u.*

Chia will arrive?"

There are both linguistic and historical grounds for identifying 㞢 in the above inscriptions as 寺. Linguistically, it is a well-known fact that, when the ancient form of writing was transcribed into the clerical form during the third century B.C., the position of a secondary element in a graph was sometimes changed optionally. In fact, the position of such an element in the ancient form itself was often variable. Thus, for instance, the oracle form of the graph 専 *chuan* (to roll, a roll) can be ●, ●, ●, or ●. The oracle inscription has an unidentified graph ●. Although it unfortunately exists alone in a fragment with its context entirely lost, I think the graph must be a variant of 㞢 and an immediate ancestor of 寺①. The above example, *chuan*, also shows us that the element ㇏ (modern form: 又 or 手, a hand) may be transcribed into 寸 (small chuan form: ㇏ or ㇏, an elbow). Other similar examples abound. Consider, for instance, the graph 得 (*te*, obtain) which appears in the following early forms: ●, ●, ●, ●, or ●.② Actually, in the bronze inscriptions of the Chou dynasty, 寺 was written more of-

---

① For *chuan* see Tung Tso-pin, *Yin-hsü wen-tzu i-pien* (《殷墟文字》乙编, 109、811; Tung, *Chia-pien* (甲编) (1948), 2863; and Sun Hai-po, *Ch'eng-chai Yin-hsü wen-tzu* (《诚斋殷墟文字》, 1940), 483, respectively. For ● see Sun Hai-po, *Chia-ku wen lu* (《甲骨文录》),《河南通志》,《文物志》之一, 1937; I-wen reprint, 1958), no. 814.

② The first is an oracle inscription from Tung, *I-pien*, 3776. The second and the third are bronze inscriptions from 《虢弔钟》, Lo Chen-yü, *San-tai chi-chin wen ts'un* (《三代吉金文存》, 1937), 1:57, and 《舀鼎》, *San-tai*, 4:45. The fourth is from a stone inscription made in 221 B.C.《秦始皇帝二十六年泰山刻石》, in Jung Keng, *Shih k'e chuan wen p'ien*, 2:30. The last is from an ancient seal inscription 《牛得鈇》, Ting Fo-yen (丁佛言), *Shuo wen ku-chou pu pu* (《说文古籀补补》). Ancient seal inscriptions should not be confused with the so-called "seal" (*chuan*, 篆) style, which is not snecessarily used on seals and is not necessarily epigraphic.

十六　The Early History of the Chinese Word *Shih* (Poetry)

ten with 又 than with 寸. The following are some examples.①

(a) 𓀀 (b) 𓀁 (c) 𓀂 (d) 𓀃 (e) 𓀄 (f) 𓀅

Ancient pottery inscriptions give the graph as 𓀀, 𓀁, 𓀂, or 𓀃.② In the *Stone Monuments Inscriptions* this appears in the form 𓀄.③

In addition, on a piece of silk, written in the area of the state of Ch'u, during the Warring States period (403-221 B.C.) the graph appears as 𓀅 ④

In view of these considerations it seems certain that 㞢 should be identified with 寺.

From the historical evidence of epigraphic and transmitted records we know that during the Chou period there existed a small state named Ssu (寺). Up to the present at least eleven bronze vessels with such a name in their inscriptions have been discovered.⑤

---

① These are respectively from (a)《沃伯寺殷》, *San-tai*, 8:13; (b)《婆戾殷》, same, 10:14; (c)《吴王光鉴》, 安徽省博物馆,《寿县蔡戾墓出土遗物》, 39; (d)《邿公牼钟》, *San-tai*, 1:49; (e)《郘季殷》, same, 8:21; (f)《鼄羌钟》, same, 1:32. All these are listed in Jung Keng, *Chin-wen pien*, 3:32a (163).

② The first two 古匋, in Hsü Wen-ching, *Ku chou hui pien*, 3B:34a; for the remaining two see Chin Hsiang-heng, *T'ao-wen pien*, 3:22a.

③ *Shih ku wen*（《石鼓文》），"遄车" and "田车."

④ Jao Tsung-i (饶宗颐),《长沙出土战国绘书新释》("A Study of the Ch'u Silk Manuscript: with a new reconstruction of the text") (Hong Kong, 1958); also Shang Ch'eng-tso,《战国楚帛书述略》, *Wen-wu*（《文物》）(Peking, September 1964), pp. 8-20 and illustrations.

⑤ Nos. 1, 4, 5, 6, and 7 can be found in Kuo Mo-jo, *Liang Chou chin wen tz'u ta hsi t'u-lu k'ao-shih*（《两周金文辞大系图录考释》）(Tokyo, 1935, rev. ed., Peking, 1958), Plates, pp. 222-224; most of them are reprinted from Lo Chen-yü, *San-tai chi chin wen ts'un*, Liu T'i-chih (刘体智), *Hsiao chiao chin ko chin-wen t'o-pen*（《小校经阁金文拓本》, 1935）, and Tsou An (邹安), *Chou chin wen ts'un*（《周金文存》, 1916). For the rest see Tseng I-kung, *Shan-tung chin-wen chi ts'un*（《山东金文集存》）(n.d.). For a list of proper names related to 邿 and their bronze sources see Wu Ch'i-ch'ang (吴其昌), *chin-wen shih-tsu p'u*（《金文氏族谱》, 1936), 第二篇, "姬姓": "邿氏" 1:29b-30a.

1. *Ssu Chi ku-kung kuei*　寺季故公毁
2. *Ssu chi li*　寺季鬲
3. *Ssu po li*　寺伯鬲 （4 similar cauldrons）
4. *Shih Po ting*　邿伯鼎
5. *Shih Po Ssu ting*　邿伯祀鼎
6. *Shih Tsao Ch'ien ting*　邿造遣鼎
7. *Shih Ch'ien kuei*　邿遣毁
8. *Shih Ch'ien p'an*　邿遣盘

In the above list, as we can see, the last five vessels give the name of the place as *Shih* （邿，𨚓）. This is a late form of 寺, because the right-hand ememnt 阝 （〈邑, a region, a state） was certainly added as a classifier in order to show that the graph stood for a place name. This was almost standard practice in late Chou. For example, early bronze inscription forms of the place names 郑, 鄭, 酆, 邶, 邓, 墉, 郊, 聊, 鄲, all occur without the right-hand element.① I regard this kind of added element as a pure semantic classifier, which as such ought to be distinguished from principles of graph construction like *hsieh sheng* （谐声） or *hsing sheng* （形声）.②

Although 寺 and 邿 are pronounced differently in Mandarin as *ssux* and *shih*,③ their pronunciations probably were similar or very close to each other in pre-Han times. Both the *Ch'ieh yün* （《切韵》） and the *Kuang yün* （《广韵》） list 寺 in the rhyme category 志, and 邿 in the 之 category. The *Kuang yün* gives the pronunciation of 寺 as 祥吏切, the *Ch'ieh yün* as 辝吏反; the initials of both these values are voiced dental

---

① See Jung Keng, *Chin-wen pien*, 6:23b-25b (354-358).

② See my pamphlet Shuo "*wu-i*" yü "*lai*": *chien lun* "*pi-yeh*" yü "*kuei-ch'ü-lai hsi*" （《说 "无以" 与 "来"：兼论 "必也" 与 "归去来兮"》）, mimeographed, (1965), p. 18.

③ I have added a letter to the romanization in order to indicate its tone for the Wade-Giles system: 1st tone: no mark; 2nd: q (i.e., ´); 3rd: v (ˇ); and 4th: x (ˋ).

十六 The Early History of the Chinese Word *Shih*（Poetry） 241

fricatives in the third division 邪母三等.① The two dictionaries, however, give the pronunciation of 郝 as 书之切, which implies a voiceless palatal fricative in the third division, i. e., 书母三等.② Bernhard Karlgren reconstructs the "archaic" and "ancient" pronunciations of 寺 and 郝 and lists them with their modern values as follows:③

寺 * dzi̯əg / zi- / sï

郝 * śi̯əg / śi / shï

The archaic and ancient values of 寺 are considered dentals, and those of 郝 palatals. As we know now, in the *hsieh-sheng* system dental fricatives in the third division and palatal fricatives in the same division may be related with dental stops. An example is that 似 * dzi̯əg / zi- / sï and 始 * śi̯əg / śi: / shï are related with 治 * ḍ'i̯əg / ḍ'i / ch'ï.④ We have here a very similar phonetic situation, i. e., 寺 and 郝 are related to 持

---

① See Liu Pan-nung（刘半农）, etc., eds. *Shih yün hui pien*（《十韵汇编》）(Peiping, 1936), pp. 17, 192; *T'ang hsieh-pen Wang Jen-hsü K'an-miu pu-ch'üeh ch'ieh-yün*（《唐写本王仁昫刊谬补缺切韵》, 1948).

② There is, however, one copied fragment of the *Ch'ieh yün* discovered in Tunhuang, i. e, 切三, which lists the word 郝 as 所之反 (*Shih yün hui pien*, p. 17). Karlgren reconstructs 所 as * ṣi o / ṣiwo: / so, i. e., a supradental in its archaic and ancient values. Since the *Ch'ieh-yün* version is incomplete, we do not know the exact value of the 所 used in the 切三. In the *Kuang yün*, 所 belongs to 生母 in the second or third divisions. But the rhyme category 之 in the medieval belogs to the third division; so the value represented by 所之 probably does not belong to the second division. If it does, then, as the 照 category in the second division and the 精 category were related in *hsieh-sheng* and *chia-chieh* in pre-Han times, 寺 and 郝 might be related in a similar manner. For this see Tung T'ung-ho（董同龢）, *Chung-kuo yü-yin shih*（《中国语音史》）(Taipei, 1954, 4th ed. 1961), 10:172. In many present southern dialects, the graph 郝 is read as *ssu*, like 所 and 寺, with a dental initial.

③ Karlgren, *Grammata Serica Recensa* (1975), pp. 253-254, nos. 961m, e'. Karlgren's theory that the ancient initial z was developed from the archaic dz has been rejected by Tung T'ung-ho; see Tung's *Yü yin shih*, 10:174.

④ Karlgren, *Grammata*, p. 257, nos. 976h, e', and z respectively.

d'i̯əg / ḋ'i/ ch'ï, though we do not consider, as has been said above, 郝 a word constructed according to the so-called *hsieh-sheng* principle. [1] Therefore, it is at least clear that 寺 and 郝 are phonologically so close that there is no problem in assuming that 郝 could be used in place of 寺 as a name of a state, even if we refrain from speculating that the pronunciation, or one of the pronunciations, of 寺 was exactly the same as that of 郝 during the late Shang or early Chou times when 郝 was first used.

Furthermore, the graph 寺（郝）on the vessels listed above has long been recognized as the state 郝 and is mentioned in the *Annals of Spring and Autumn* under the reign of Duke Hsiang of the State of Lu (鲁襄公)："The thirteenth Yare (560 B.C.): In spring, the Duke arrived from Chin. In summer, we took Shih." [2] （"十有三年：春，公至自晋。夏，取郝。"）

The *Tso chuan* says in this connection：

> In summer, Shih was in disorder and divided into three. A force (was sent from Lu) to rescue Shih, then took the opportunity to take it. When "to take" was used, it means that it was done with ease; it would be called "to subdue" if a large force was used, and "to enter" if the territory was not retained.

---

[1] *Ibid.*, p. 253, no. 961p; see also Tung T'ung-ho, *Shang-ku yin-yün piao kao* （《上古音韵表稿》，史语所集刊第十八本）(Shanghai, 1948), pp. 15, 30, and 125. Yang Shu-ta has suggested that the vowels of the words belonging to the 之 and 咍 rhyme categories were not distinguished in pre-Han times; thus 之 was "read" 台，以（目）read 台，寺 read 待，持 read 台，时 read 待，恃 read 待，侍 read 待，止 read 戴，and 诒，怡，饴，贻，治 were all read 台. He thinks that the *a* in the diphthong *ai* of the words in the 之 category was later dropped. See his "之部古韵证" in *Ku sheng-yün t'ao-lun chi* （《古声韵讨论集》，1933），also in 《积微居小学金石论丛》.

[2] Cf. Legge, *The chinese Classics*, vol. 5: *The Ch'un Ts'ew, with the Tso Chuen*, p. 457.

十六　The Early History of the Chinese Word *Shih* (Poetry) 243

夏，邿乱，分为三。师救邿，遂取之。凡书取，言易也；用大师焉曰灭；弗地曰入。

The *Ku-Liang chuan* in this case merely repeats the *Annals*, saying, "In summer, we took Shih." ("夏，取邿。")

It is, however, very interesting to notice that the *Kung-Yang chuan*, in referring to the same event, has 诗 for 邿：

> The thirteenth Year (of Duke Hsiang): In spring, the Duke arrived from Chin. In summer, (Lu) took Shih. What was Shih? It was a district of Chu-lou. Why then was it not recorded in connection with Chu-lou? It was to avoid the mention of an extreme action.
>
> 十有三年：春，公至自晋。夏，取诗。诗者何？邾娄之邑也。曷为不系乎邾娄？讳亟也。

This variation in writing is hardly a mistake. The *Han shu* in its "Treatise on Geography" lists K'ang-fu as one of the seven districts of the Tung-p'ing State and Pan Ku himself makes a note following the entry：

> Tung-p'ing State：... K'ang-fu（[In this district there is a] Shih-t'ing [Shih post station], the ancient site of the State of Shih).
>
> 东平国……亢父（诗亭，故诗国）。①

The *shuo wen chieh tzu*, under the graph 邿 *Shih*, reads：

Shih is a dependent state. It is located at the present shih-t'

---

① 《汉书》(*Po-na* ed.)，《地理志下》，*chüan* 28B, p. 14b.

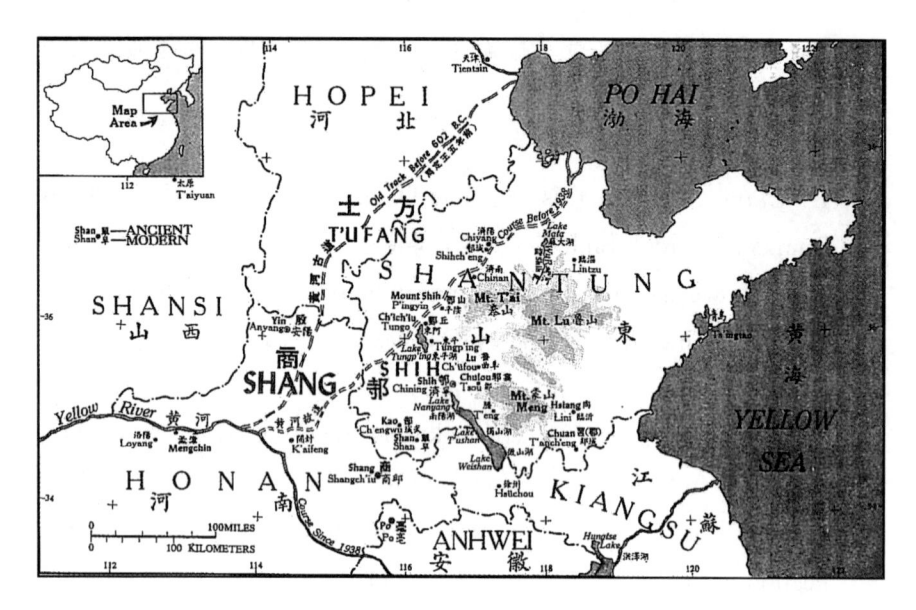

Shang, Shih, and T'u-fang, Map by the University of Wisconsin Cartographic Laboratory.

ing, in K'ang-fu of Tung-p'ing. It is made with 邑 as a root and with 寺 as a phonetic. The commentary to the (*Annals of*) *Spring and Autumn* says, "We took Shih."

郝，附庸国。在东平亢父郝亭。从邑，寺声。春秋传曰："取郝。"①

---

① 《说文解字》(*Ku-lin* ed.), 6B, "邑部", p. 2859a-b. I think Tuan Yü-ts'ai has no grounds for suggesting "按前志当作'诗亭，故郝国'，许书当作'东平亢父诗亭'，杜预左注亦当本作'诗亭'，皆写者乱之耳。郝，诗，古今字也。"(《说文注》, *ibid.*) Yang Shu-ta says that the *Kung-Yang* is in the Modern Text version, so it uses 诗, a graph of the Han times. 盖公羊为今文，故用汉时字也。But then how can we explain the fact that the *Ku-Liang*, also in the Modern Text, uses 郝? Yang says, "This is probably changed after the *Annals* of the *Tso chuan*." 盖从左氏经改 (积微居金文说, p. 40) He has no evidence to support this assumption. (I wonder whether the graph 传 in Hsü Shen's passage cited here means *Ku-Liang chuan*.) Ma Tsung-huo (马宗霍) takes a similar view to Yang's in *Shuo wen chieh tzu yin ch'un-ch'iu chuan k'ao* (《说文解字引春秋传考》) (Peking, 1958), 1:29a-b.

十六 The Early History of the Chinese Word *Shih* (Poetry)

Thus Pan Ku and Hsü Shen refer to the same place with different graphs. Later scholars also write it with these variants. For instance, Tu Yü (杜预, A. D. 222-284) annotated this passage in the *Annals* by adopting the spelling similar to that used by the *Annals*, the *Tso chuan*, the *Ku-liang*, and the *Shuo wen*:

> Shih is a small state. Now the K'ang-fu district of Jen-ch'eng (in A. D. 84a part of Tung-p'ing was separated from it and became 任城国) has a Shih-t'ing.
>
> 邿，小国也。任城亢父县有邿亭。①

Whereas on the other hand, Li Tao-yüan (郦道元, A. D. 483? -527), in his famous *Shui ching chu* (《水经注》), follows the version similar to the *Kung-yang* and the *Han shu*:

> In the K'ang-fu… district there is a Shih-t'ing and it is the location of Shih State of the Spring and Autumn period.
>
> 亢父……县有诗亭，春秋之诗国也。②

At any rate, we may assert with confidence that 邿 and 诗, which are pronounced the same in the *Ch'ieh yün* and the *kuang yün*, are both later variants of 寺.

There also seems to be no reason to doubt the Han view that K'ang-fu was the site of the ancient state of Shih (see map), even though the exact boundaries of that state can no longer be determined with certainty. K'ang-fu is referred to in the *Chan-kuo ts'e*, which records a conversation between Su Ch'in (苏秦, d. 317 B. C.) and King Hsüan

---

① 杜预:《春秋左氏经传集解》，襄公十三年经。(Shanghai: Shih-chieh, 十三经注疏 ed.), p. 1954.

② *Shui ching chu*, chüan 8,《济水篇》，荷水下注.

of Ch'i (r. 342-324 B.C.) in which the former says that K'ang-fu was a very important strategic pass where neither chariots nor horses could pass abreast, and which a hundred soldiers could defend against a thousand.① The *Shih chi*, which also has this story, mentions K'ang-fu again in connection with the collapse of the Ch'in dynasty. It says that in 208 B.C. Hsiang Liang（项梁）led troops to attack K'ang-fu from the south and defeated the Ch'in forces in the adjacent district of Tung-o（东阿）.② Chang Shou-chieh of the T'ang dynasty, in commenting on this passage, cites the *Kua ti chih*（《括地志》）, a geographical work by Hsiao Te-yen（萧德言, A.D. 558-654）and others: "The old city of K'ang-fu lies fifty-one li to the south of Jen-ch'eng of Yen-chou." ("亢父故城，在兖州任城县南五十一里。")③ A later work, the *I-t'ung chih*（《一统志》）gives this identification of K'ang-fu in modern terms, placing it "fifty *li* southeast of present Chi-ning Prefecture 济宁州."④ This has been accepted as the site of the ancient state of Shih by most modern scholars.

But, besides this Shih 郕, there was also a Shih 郕 in the state of Ch'i, mentioned in the *Tso chuan* under the year 555 B.C. Tu Yü's commentary at that point atate: "In the west of the present P'ing-yin there is a Mount Shih." ("平阴西有郕山。")⑤ This, as many commentators maintain, was probably a different place from the state of Shih.⑥ Yet, since P'ing-yin is so close to Tung-o, we may wonder whether the K'ang-fu attacked by Hsiang Liang lay there instead of at

---

① *Chan-kuo ts'e*,《齐策》.
② 《史记》, *chüan* 7,《项羽本记》(《会注考证》ed.), p. 12.
③ 张守节:《史记正义》(Chang's preface dated A.D. 736), *ibid*.
④ Cited in Wang Hsien-ch'ien. *Han shu pu chu*, 28B, 2:35a.
⑤ 杜预:《集解》, 襄公十八年, p. 1965.
⑥ Wang Hsien-ch'ien, *Han shu pu chu*, same.

十六　The Early History of the Chinese Word *Shih*（Poetry）　247

Chi-ning. This is very possible, since we have known that Tung-o was the location of Ch'i（郪）, the antecedent of which is mentioned in Inscription B (see n. 70, above). To further complicate the situation, there is, at the present time, a place called Shih-ch'eng 郕城 in Chi-yang county in Shantung, twenty-five *li* to the west of the county seat. The people there traditionally regard it as the location of the ancient state of Shih.

In this connection, we may bring into consideration the sites where the Ssu (Shih) bronze vessels were uncovered. The *Ssu Po li* (no. 3 of the above list) was found in the present T'eng（滕）county, the *Shih Ch'ien kuei* (no. 7), in Ch'ü-fou（曲阜）county, both very close to Chi-ning. In 1817. Feng Yün-p'eng secured a bronze tripod *Chou Ch'ien-shu ting*（周遣叔鼎）in Chi-ning. "Ch'ien-shu" is very probably the same person "Ch'ien" who appears on the Shih vessels (nos. 6-8).[1] The *Shih Tsao Ch'ien ting* (no. 6) itself was uncovered in present Tung-p'ing county, which lies between Chi-ning and P'ing-yin.[2] This evidence indicates that the area with the present Chi-ning as its center was the location of the Shih state in the Ch'un-ch'iu period.

This area might also have belonged to the state of Ssu in the time of King Wu-ting of the Shang dynasty, but, as the tribes of that period were often in danger of outside attack and needed to shift periodically to new land for agricultural and other reasons, it is quite possible that the Ssu of Shang times moved on a number of occasions and occupied over a period of time an area much larger than that of the Ssu (Shih) state during the Ch'un-ch'iu period. This movement would have been roughly from north to south because of pressure from T'u-fang, which appar-

---

[1] 冯云鹏, *Chin shih so*（《金石索》）,《金索》, pp. 33-34.
[2] Tseng I-kung, *Shan-tung chin-wen chi-ts'un*.

ently occupied a large area in the present Hopei, Shansi, and northern Shantung provinces. ① Therefore, the claim of modern Chi-yang to be an early site of Ssu (Shih) cannot be disregarded. ②

If the above assumption is true, a serious question arises. Since the oracle bones and shells consulted here wer all uncovered in An-yang, which lies to the west of the Shih area, why then do they imply that Ssu lay to the north? It is, or course, possible to say that T'u-fang was to the north of both Shang and Ssu. But when Ssu was attacked by T'u-fang, it could hardly be said, from the point of view of An-yang, that that alarm came from the north.

As is well known, the Shang moved their capital on a number of occasions. Different sources record eight changes of location between the earliest times and the conquest of the kingdom by King T'ang, while between his reign and that of King P'an-keng（盘庚）, there were five more changes. The exact positions of the sites and their present whereabouts are still a matter for conjecture. We only want to mention here three important places which at one time or another were, without question, used as capitals by the Shang. Two of them, Po（亳）and Shang（商）, are south of the Yellow River and to the southwest or south of the Shih state we just discussed. The other one, Yin (present

---

① Cf. tung tso-pin, *Yin li p'u*, 下编卷九, 日谱一, 武丁日谱, p. 40b. Ch'en Meng-chia thinks that·the Fang in Inscription A is not T'u-fang and that t'u-fang and Ssu lay in present southern Shansi (*Tsung shu*, 8:270-273).

② In early times the area of Ssu (Shih) might also have included the present Wu River（乌河）, which was called Shih River（时水）during the Chou dynasty. The river name 时 appears in the *Chou li*, *chuan* 33《夏官·职方氏》I also wonder whether this is the river mentioned in *Ch'u tz'u*《天问》, which says, "黑水玄趾，三危安在？" Some editions have 沚 or 址 for 趾. The oracle inscriptions have a place name which Yu Hsing-wu interprets as 下危 and regards as one of the 三危. See his *Shuang chien i Yin-ch'i pien chih*, "释下危", p. 22a-b. 下危 is mentioned very often in Wu-ting's oracles about the time when T'u-fang attacked Ssu.

十六　The Early History of the Chinese Word *Shih* (Poetry)　　249

An-yang), is north of the river. There is no question that the former two were used as capitals before T'ang's conquest; whether Yin was so used in that period is uncertain.

What concerns us here is the problem of where the Shang Kingdom, and in particular its capital, lay during the reign of P'an-keng's nephew, King Wu-ting. To answer this question, we have first to settle the question of the location of P'an-keng's capitals, i.e., his old and new capitals. The location of the former is still in dispute. The *Ku-pen chu-shu chi-nien* places it at Yen (奄), which according to some modern scholars, lies in the present Ch'ü-fou (曲阜) or at least in the Chou period state of Lu, i.e., in the south-western Shantung.① Two other sources, the "Preface" to the *Book of History* and the "Chronicle of Yin" of the *Shih chi*, give it another location which Wang Kuo-wei believes to be modern Wen (温) county in Honan, on the north bank of the Yellow River.② As for the place P'an-keng moved to, the *Ku-pen chu-shu chi-nien* and an early citation from the "Preface" to the *Book of History* give Yin or Yin-hsü (殷墟).③ The "Preface" in its received version, however, indicates that the new capital was Po-yin (亳殷). This could be a corruption of *chai* Yin (宅殷, made a dwelling at Yin), so it cannot be taken as evidence that P'an-keng moved to Po.④ But the "Chronicle of Yin" of the *Shih chi* says definitely this is the case:

---

① Chao T'ieh-han (赵铁寒),《说殷商亳及成汤以后之五迁》, *Ta-lu tsa-chih*(《大陆杂志》), 10:8 (Taipei, April 30, 1955), 259.

② Wang Kuo-wei, *Kuan-t'ang chi-lin*(《观堂集林》) "说耿", 12:5a-b.

③ Fan Hsiang-yung (范祥雍), *Ku-pen chu-shu chi-nien chi-chiao ting-pu*(《古本竹书纪年辑校订补》)(Shang hai, 1956), p. 20; Ch'en Meng-chia, *Shang shu t'ung-lun*(《尚书通论》)(Shanghai, 1957), pp. 193-197.

④ Wang Kuo-wei, *Kuan-t'ang*,《说殷》, 12:5b-7a.

> In King P'an-keng's time, the Yin dynasty has already made its capital in the north of the Yellow River. P'an-keng crossed the River to the south and lived at the old residence of King T'ang. ... So he crossed the River to the south and ruled from Po. ... (Later when) King Wu-i ascended the throne (about fifty years after Wu-ting's reign), the Yin dynasty again left Po and moved to the north of the River.
>
> 帝盘庚之时，殷已都河北。盘庚渡河南，复居成汤之故居。……乃遂涉河南治亳。……帝武乙立，殷复去亳，从河北。①

Contemporary scholars from Wang Kuo-wei on, arguing mainly from the fact that the oracle bones and shells and the ruins of palaces were uncovered at An-yang, which is believed at least to be a part of the ancient place Yin, dismiss the account of the *Shih chi* as a mistake. ②

But there are many other independent sources, such as *San-tai shih-piao* (《三代世表》), *Ti-wang shih-chi* (《帝王世纪》), *Shui ching chu*, and *Kua ti chih*, which all mention that either King Wu-ting or King Wu-i, or Wu-i's father King K'ang-ting (康丁) did move from south of the river to the north. Yet modern scholars reject them all, without adducting sufficient reasons. ③

They accept, on the other hand, two later pieces of historical testimony. One is Chang Shou-chieh's statement allegedly based on the *Ku-pen chu-shu chi-nien* to the effect that "From P'an-keng's move to

---

① 《殷本纪》(会注本), 3:19-24.

② Wang Kuo-wei, 《说殷》; Tung Tso-pin, 《卜辞中的亳与商》, *Ta-lu tsa-chih*, 6:1 (Jan. 15, 1953), 11; reprinted in *P'ing-lu wen ts'un* (《平庐文存》) (Taipei: I-wen, 1963), *chüan* 3, p. 288; Ch'en Meng-chia, *Tsung-shu*, 8:252.

③ See quotations in Ch'en Meng-chia's *Tsung-shu*, 8:252. Ch'en rejects them all as textual errors.

十六　The Early History of the Chinese Word *Shih*（Poetry）

Yin to the extermination of Chou, the last king, in seven (two) hundred and seventy-three years, the capital was not moved any more."（"自盘庚徙殷，至纣之灭，七［二］百七十三年，更不徙都。"）① The second is a quotation by P'ei Yin（裴骃，fifth century A.D.）from Cheng Hsüan（郑玄，A.D. 127-200）which says that, after P'an-keng moved to Yin, the dynasty changed its name Shang into Yin.②

The above conclusion that Yin was the capital of the dynasty during its later days is certainly well supported. I only want to point out here, however, that we still have no confirmation of Chang Shou-chieh's testimony that after P'an-keng the capital was never changed. The mere fact that oracle documents dating from the reigns of all twelve kings after P'an-keng have been found at An-yang does not exclude the possibility of the documents having been brought from elsewhere. Beneath the names of almost all the kings after P'an-keng, the *Ku-pen chu-shu chi-nien* records the comment "Resided in Yin"（居殷）, but curiously enough Wu-ting's name is not mentioned at all, or to be more precise, he is not referred to in any of the surviving quotations from that book. This is particularly strange in view of the fact that Wu-ting's reign was one of the longest among the Shang kings and that, as all other evidence attests, he was the most famous and active king after T'ang.

Moreover, some pre-Han records show that Wu-ting stayed in Po in the south. The *Kuo yü* quotes a conversation of Pai-kung Tzu-chang（白公子张）with King Ling（r. 540-529 B.C.）of Ch'u（楚灵王）: "Formerly, King Wu-ting was able to achieve such lofty virtue that he

---

① *Shih chi cheng-i*（《史记正义》）《殷本纪》（*Po-na* ed.）other editions give 二百七十五年 or 二百七十三年。See Fan, *Ku-pen chu-shu*, p. 21. In fact, the sentence is not in the *Chu-shu* style. Wang Kuo-wei merely suggests that this might be a summary by Chang based on the *Chu-shu*. 虽不似竹书原文，必櫽括本书为之。（《说殷》）He thought it might be Chang's comment. 国维案：此亦注文，或张守节隐括本书之语。（《古本竹书纪年辑校》，9a）。

② *Shih chi chi chieh*（《史记集解》），《殷本纪》（会注本），3:20-21.

could communicate with the gods. Then he entered the Yellow River area, and from the River he went to Po. There he remained silent for three years to meditate on the *tao*."("昔武丁能耸其德,至于神明。以入于河,自河徂亳。于是乎三年默以思道。")① The commentator Wei Chao(韦昭,A. D. 204? -273?) has a note under Po in the text saying, "From the area north to the River went to the capital Po."("从河内往亳都。")② We do not know if Wei had any basis for calling Po "the capital", but the *Kuo yü* at least makes it clear that Wu-ting moved from the north of the Yellow River to Po in the south and remained there for at least three years.

Wu-ting's three-year silence is mentioned in several other classics, often referred to as *liang-an* (亮阴). It is very likely that he had some difficulty of speech and this is sometimes related with his stay outside of the capital. ③

---

① 《国语·楚语上》,(A. D. 1800 reprinting from A. D. 1033 ed.), *chüan* 17, p. 10a.
② *Ibid.*
③ The term appears in the "Wu-i" (《无逸》) of the *Book of History* in the Modern Text, in which the Duke of Chou says, "其在高宗(武丁),时旧劳于外,爱暨小人。作其即位。乃或亮阴,三年不言。其惟不言,言乃雍。" The "Yüeh ming" 说命 of the allegedly forged Ancient Text version has similar records. The term also occurs in a number of variants in other classics：谅 阴 (《论语·宪问》, 14:40),谅暗 (《礼记·丧服四制》;《吕氏春秋·审应》),梁暗 (《尚书大传》),亮暗,谅阴。The interpretation of the event itself and of this expression has been in dispute for centuries. Early sources imply that Wu-ting's silence was due to his caution in speech. But the Con- fucians, including the Master himself and Mencius, believe it to be an ancient imperial mourning custom and a political institution. Contemporary Chinese scholars like Hu Shih, Fu Ssu-nien, and Ch'ien Mu have various interpretations. An interesting one is suggested by Kuo Mo-jo, viz., that Wu- ting's remaining dumb for so long might have been caused by a disease, aphasia. His interpretation of 阴 (or 暗) as 瘖 seems to me convincing. Wu-ting did at times, a study of the oracles reveals, have trouble with his speech. But Kuo finds it difficult to understand the graph 亮 or 谅 in the compounds, and makes a conjecture that it meant "definitely" (明确) or "truly" (真正). Karlgren defines 亮 in the sense "brightness" and interprets the term as "*liang* the light *yin* was obscured (the ruler withdrawing into seclusion)."

十六　The Early History of the Chinese Word *Shih*（Poetry）

There is further evidence from the very oracle documents which we have examined that Wu-ting was frequently in the south. The notation, "The king was in Ch'un", appears several times in the inscriptions. Although this place has not been identified precisely, Tung Tso-pin believes that it must have been located between present T'eng（滕）county and Hsü-chou（徐州）. The king often made hunting trips to this area.[①] During the first half of the Twenty-ninth Year of Wu-ting, when T'u-fang started to attack Shih, as the oracles show, the king stayed in Ch'un. Since Ch'un was much closer to Po and Shang than Yin, the king's frequent trips to that area might have started from either of the former two places. In any event, when he received the news of the invasion, both Shih and T'u-fang were almost precisely to his north.

Besides this, the time-honored belief that, after P'an-keng moved to Yin, the Shang dynasty changed its name permanently to Yin cannot be confirmed through any reliable evidence. Lo Chen-yü already doubted this long ago and believed that well after Wu- ting's time the dynasty was still called Shang.[②] It is well known that the word *Yin*（殷）does not appear in the or-

---

（接上页）I believe rather that, in this case, the graph should be 竬（small *chuan* form:）, which the *shuo wen* defines as "to have hardships in speech when one performs a duty." "事有不善言竬也." Hsü Hsüan and others have already pointed out that this character is the ancient form of 亮. See Kuo Mo-jo, *ch'ing-t'ung shih-tai*（《青铜时代》）, "驳《说儒》(written May 19-24, 1937), revised in *Mo-jo wen chi*（《沫若文集》）(Peking, 1962), vol. 16, pp. 129- 134; Hu Shih (胡适),《说儒》," written in July 1930, *Wen ts'un*, 4th Collection, pp. 18-21, 27-35, 95-103; Ch'ien Mu (钱穆),《驳胡适之说儒》*Tung-fang wen-hua*（《东方文化》）, 1: 1 (Hong Kong, 1954); Ts'en Chung-mien (岑仲勉),《三年之丧的问题》, in his *Liang Chou wen shih lun ts'ung*（《两周文史论丛》）(Shanghai: Com-mercial Press, 1958) pp. 300-312; Hu Hou-hsüan (胡厚宣),《殷人疾病考》, *Chia-ku hsüeh Shang shih lun-ts'ung*（《甲骨学商史论丛》, 1944); Karlgren, *Glosses on the Book of Documents* (1949), p. 107, also *Loan Characters in Pre-Han Texts*, 2 (1964), 86; *Shuo wen*, 8B, "克部" (*Ku-lin*), 3905a-3907a.

① *Yin li p'u*, 下编卷九, 武丁日谱, p. 37a-b.
② Lo Chen-yü,《殷墟书契考释序》(dated 1915).

acle inscriptions. Its ancient form 衣 in the oracle inscription stands only for the name of a sacrifice or for a place name. So far, we have not found it used as the name of the dynasty. In transmitted records attributed to the late Shang period in the *Book of History*, we find that after P'an-keng's time the people of the dynasty themselves referred to the dynasty sometimes as Shang and sometimes as Yin.① But more important, an oracle inscription made in Wu-ting's time says, "On the day *Kuei-mao* a divination is made; the diviner Cheng asks, 'This year will Shang have a good harvest?'" ("癸卯卜，争贞：'今岁商受年?'")② It is very likely that Shang here refers to the kingdom instead of the old capital. The fact that the late Shang people still actually called their kingdom Shang is also evident in the oracle inscription 尸其臣商。③

I might also mention another fact noticed by many. In the oracle inscriptions, when a king went to hunt, it usually says "went" (往) or "went

---

① Chao T'ieh-han (赵铁寒) in his 《说殷商亳及成汤以后之五迁》, *Ta-lu tsa-chih*, 10:8 (Taipei, April 30, 1955), 250-260, suggested that, in these cases, Shang was used when the affairs of the ancestors of the dynasty were being referred to and was imbued with connotations of nostalgia and ancestral piety, whereas Yin was used when current events were under discussion and was devoid of such connotations (also in his *Ku shih k'ao shu* [《古史考述》], Taipei, 1965). This theory can hardly hold if one considers the following examples: "Shang now will have a calamity" (商今其有灾), "Shang will probably decline and be exterminated" (商其沦丧), "Yin therefore became so much declining and decay" (殷遂丧越) (all from "微子"); "The Heaven has terminated its mandate to Yin" (天既讫我殷命), and "The immediate extermination of Yin" (殷之即丧) (both from "西伯戡黎"). See also Ch'en, *Tsung-shu*, 8:259, 262-264.

② Jung Keng, *Yin ch'i pu-tz'u* (《殷契卜辞》) (Peiping, 1933), no. 493; also Kuo Mo-jo, *Yin ch'i ts'ui-pien* (《殷契萃编》) (Tokyo, 1937), no. 907. There is also the sentence 受年商, in Hu Hou-hsüan, *Chan hou nan pei so chien chia-ku lu* (《战后南北所见甲骨录》) (Peiping, 1951) "师友", 2:47. Ch'en Meng-chia interprets it as 受年于商 (*Tsung-shu*, 3:129). But since we can also find 受年王 (乙编, 98), which seems to mean 王受年, the above example may be regarded as a structural variant of 商受年.

③ Hu Hou-hsüan, *Chan hou Ching Chin hsin huo chia-ku chi* (《战后京津新获甲骨集》), 1954), no. 1220. See also Ch'en, *Tsung-shu*, 8:257-258.

out"（出）, but when he went to Shang, it commonly says "the king entered Shang"（王入于商）, "returned to Shang"（归于商）, "did not return to Shang"（勿归于商）, "came to Shang"（至于商）, or "did not come to Shang"（不至于商）. All these examples belong to Wu-ting's time.

From all these records, it seems reasonable for us to say that Wu-ting moved his residence to the south, i. e. , to the old capital Shang or Po, at least temporarily, and that the oracle documents which refer to Shih and which were found at the Yin site, were actually inscribed in the south and later moved to the royal archive at Yin.

This conclusion not only explains well the direction from which the news of the T'u-fang attack on Shih came but also makes the length of time that this news took to reach the court somewhat more credible. As can be seen from the schedule of events given above, in one case it took fourteen days (May 10-24) for the news to arrive, and twelve days (May 15-27) in another. With these records Kuo Mo-jo has estimated that the southern limits of T'u-fang were 1,000 *li* north of An-yang; and Chu Fang-pu estimated 1,200-1,300 *li*. [1] These figures are based on an estimate of 80 or 100 *li* per day traveling speed. But in view of the probable difficulties that faced the traveler in Shang times it seems safer to estimate lower speeds. Tung Tso-pin believes that in ancient times troops could move only 30 *li* per day. It is possible of course that a messenger would travel faster. Now it is known that King Chou took at least two days to travel from Shang to Po, which are only 100 *li* apart. [2] At

---

[1] Kuo Mo-jo, *T'ung-tsuan*, "K'ao-shih", p. 112; Chu Fang-pu, *Chia-ku hsüeh Shang shih hien*, 5:10a-b.

[2] Tung Tso-pin,《卜辞中的亳与商》, *Ta-lu tsa-chih*, 6:1 (Jan. 15, 1953), 9; also *Yin li p'u*, 下编卷九, pp. 37, 62. Even during the Han dynasty, as the epigraphic records on wooden strips show, an official messenger's speed was usually set at 4. 5 or 6 *li* per hour. (The Han dynasty *li* is roughly a quarter of a mile and the modern *li*, one third of a mile.) *Chu-yen Han chien chia pien*（《居延汉简甲编》）, nos. 767, 916. Cf. Mo-tzu, 50.

this speed, 50 *li* per day, twelve days would represent a distance of about 600 *li*. This fits well with the assumption that the news was received in Shang or Po, assuming that the T'u-fang attack took place in the north of the Shih region, i.e., around modern P'ing-yin and Chi-yang. On the other hand, however, even from Chi-yang hardly more than eight days would have been needed to bring the news to An-yang.

For all the above reasons, therefore, I feel that the 㞢 of the Shang oracle inscriptions ought to be identified positively with the 邿 of the Chou sources, while recognizing, of course, that the exact boundaries of the state may have changed between Shang and Chou times.

The Origin of the Word 诗 and a Suggested Interpretation

We can now say than 㞢 is the ancestral form of 寺, 邿, and 诗. Since it was the name of a state or tribe in Wu-ting's time, it is very likely that it represented a common word in the language long before the fourteenth century B.C. Extant records, however, are inadequate to tell us what semantic value it might have had at such an early time.

According to epigraphic records of the Chou dynasty, the word 寺 did have various meanings besides its use as a proper name:

1. In the *Stone Monuments Inscription*, which possibly belongs to the eighth or seventh century B.C.,[①] two passages should be noticed:

Now my bow is already waiting (or held in position) I strike at

---

① Chen Chun (震钧) and Ma Hsü-lun attribute it to 秦文公三至四年 (763-762 B.C.); Ma Heng (马衡) to 秦穆公 (r. 659-620 B.C.) 时; Kou Mo-jo to 秦穆公八年当周平王元年 (770 B.C.). See Kuo *Shih ku wen yen-chiu* (《石鼓文研究》) (Peking, 1995), "弁言", pp. 4a-5b; "石鼓之年代" pp. 14b-18b;《再论石鼓之年代》, pp. 48a-62b. T'ang Lan attributes it to 422 B.C.; see No Chih-liang (那志良), *Shih ku t'ung-k'ao*《石鼓通考》(Taipei, 1958), pp. 38b-41b, 45a-67b.

十六　The Early History of the Chinese Word *Shih*（Poetry）　257

that bull. 弓兹㠯（巳）寺（待、持），避殹其特。①

I stretch the bow and wait for shooting. 秀弓寺（待）射。②

In both cases 寺（𡥀）seems to mean "be ready" or "to wait for" 待.

2. The *Chu Kung K'eng chung*（朱公牼钟），which was cast by the middle of the sixth century B.C., has: "The vessel which fits to his lot (social position) is thus held in position (or preserved)."（"分器是寺。"）③ Here 寺 definitely means 持 (to hold, to hold in position, or to support).

3. In the manuscript written on silk in the State of Ch'u during the Warring States period, which we have mentioned before, 寺 is used for the later word 时 (a season, or seasonal) as in 四寺 and 寺雨。④ This word 时, however, already appears in the shell and bone inscriptions in the form 𡥀, or 𡥀, and in the pottery inscriptions of pre-Ch'in times, 𡥀。⑤

4. On the 黽氏钟 the word 寺 appears to be used in the sense 恃 (depend on).⑥

---

① *Shih ku wen*, "避车" Kuo, pp. 70a-b. 28b-29a. 36b. Also No Chih-liang pp. 84b. 89b-90a. The graph 特 in the sense of a "bull" might have derived from the fact that 𡥀 was related to archery and hunting; see discussion and n. 187, below.

② *ibid.* "田车" Kuo. pp. 82a, 30a, 36b. Also No Chih-liang, pp. 116a, 123b-125a. In the pre-Ch'in pottery inscriptions there is the graph 𡥀 which is identified as 偫（see Chin Hsiang-heng, *T'ao-wen pien*, 8:59b）. The *Shuo wen* defines the latter as 待（待也，从人待）. See n. 194, below.

③ Kuo Mo-jo, *Liang chou*, "Tu-lu", pp. 213-215: "K'ao-shih", pp. 190-191. Chu Kung K'eng died on Feb. 2, 556 B.C. See *Tso chuan*, 襄公十七年春王二月庚午.

④ See n. 83, above.

⑤ From Hu Hou-hsüan, *Chan hou Ching Chin*, nos. 1548, 2483; for the last see Chin Hsiang-heng, *T'ao-wen pien*, 7:49a.

⑥ The inscription reads 入㝵（长）城先会于平阴武任寺力. Kuo Mo-jo interprets 寺 as 峙山 which is close to 平阴（*Liang Chou*, "T'u-lu", pp. 277a-278a " K'ao-shih", pp. 234a-239a). Liu Chieh（刘节）reads it 恃（《黽氏编钟考》,《北平图书馆馆刊》, vol. 5, no. 6, reprinted in *Ku shih k'ao ts'un*［《古史考存》］, Hong Kong, 1963, pp. 90-92）. Wu Ch'i-ch'ang reads it 之（《黽羌钟补考》,《北平图书馆馆刊》, vol. 5, no. 6, reprinted in *Ku shih K'ao ts'un*［《古史考存》］, Hong Kong, 1963, pp. 90-92). Wu Ch'i-ch'ang reads it 之（《黽羌钟补考》,《北平图书馆馆刊》, vol. 5. no. 6). Yang Shu-ta agrees with Wu（《积微居金文说》, pp. 161-162）.

5. On the 婺俟作叔姬寺男殷, the same word seems to have the meaning of 侍 (attend on). ①

Among the above five values of 寺, the second (to hold) and the last (to attend on) are probably earlier. The unaugmented graph occurs in the latter sense in many classics of the Chou dynasty. The term *Ssu-jen* (寺人), for instance, appears in the present texts of the "Ch'e lin" (车邻) in the *Book of Poetry*, ② of the *Tso chuan*, ③ and of the *Ku-Liang chuan*. ④ In all three cases, however, Lu Te-ming (556-627) in his *Ching-tien shih wen* (《经典释文》, A. D. 583) gives the variant 侍人 from other editions. It is interesting to note that the term 侍人 appearing elsewhere in the *Tso chuan* is supported by all the textual evidence. ⑤ In the *Mencius* there is allusion to a rumor that Confucius once stayed in the home of a 侍人 in the State of Ch'i. Liu Hsiang (77-6 B. C. or 79-8 B. C.) however, in citing this story in the *Shuo yüan* 说苑, edited by him in about 16 B. C., gives the term as 寺人. ⑥

The author of the poem "Hsiang-po" in the *Book of Poetry* which was quoted earlier referred to himself as 寺人孟子. Because the *Mao Shih Commentary* explains 寺 (侍) 人 in the "Ch'e lin" as *nei-hsiao-ch'en* (内小臣), and the *Chou li* lists the latter as *yen* (奄, castrated, or eunuch), and because Cheng Hsüan's commentary on the term in the "Hsiang-po" is garbled, many later scholars have interpreted 寺人

---

① Hsü Wen-ching, *Ku ch'ou hui-pien*, 3B:34a.
② 《秦风》, no. 126.
③ Hsi-kung (僖公) 二十四年 (636 B. C.); the *Tso chuan mentions five* 寺人：寺人披 (勃鞮, 伯楚) (僖五、二十四、二十五); 寺人孟张 (成十七); 寺人柳 (昭六、十); 寺人貂 (僖二、十七); and 寺人罗 (哀十五).
④ Hsiang-kung (襄公) 二十九年 (544 B. C.).
⑤ Ai-kung (哀公) 二十五年 (470 B. C.).
⑥ Chiao Hsün (焦循), *Meng-tzu cheng-i* (《孟子正义》), chüan 9,《万章上》, pp. 388-392; *Shuo yüan*,《至公篇》.

十六　The Early History of the Chinese Word *Shih* （Poetry）　　259

as "a eunuch". Other scholars, however, maintain that the term merely means "an attendant" or an official, whose duty as listed in the *Chou li*, was to supervise and assist within the palace but who was not a eunuch.

Bernhard Karlgren, in discussing the 寺（侍）人 in the "Ch'e lin" notices the two different interpretations. But, in commenting on the view of the *Mao Shih*, he says:

> *Chouli*: T'ien kuan records four functionaries (all eunuchs) of the interior: 内小臣，阍人，寺人，内竖 -here the nei hsiao ch'en is distinguished from (and of higher rank than) the si jen. *Chouli* is probably of the 3rd C. B. C., *Mao* is of the 2nd. Neither can be relied on for the details of the early Chou functionaries. Suffice it to say that the si jen （寺人） was some kind of eunuch functionary of the interior, an attendant. ①

With all this cautiousness Karlgren still chooses to translate the term as "the eunuch". ② As a matter of fact, the "T'ien kuan" of the *Chou li* itself does not specify that the four functionaries are "all eunuchs". The *Chou li* indicates all the eunuch functionaries in the book with *yen*, but 阍人，寺人，and 内竖 are not indicated. ③ Moreover, the Mao and Ch'eng commentaries are apparently corrupted and cannot

---

　①　*Glosses on the Book of Odes* （BMFEA, no. 14, 1942, reprinted 1964）, p. 210.
　②　*The Book of Odes* （1944, 1950）, p. 81.
　③　The total list of those indicated with *yen* consists of fourteen: 酒人，酱人，笾人，醢人，醯人，盐人，幂人，内小臣，司内服，缝人（以上 "天官"）；舂人，饎人，橐人，（以上 "地官"）；守祧（以上 "春官"）。

be taken as evidence that *ssu-jen* was a eunuch functionary.[①] But on another occasion, the *Chou li* does mention that "the castrated are designated to guard the interior" (宫者使守内),[②] although we are not sure whether this refers to *nei-hsiao-ch'en* or *ssu-jen*. In addition, according to other records of the Chou period *ssu-jen* was a punished and mutilated man. In the year 636 B.C. the *ssu-jen* P'i (寺人披) called himself "a punished subject" (刑臣) in the *Tso Chuan*.[③] and "a criminal" (罪戾之人) in the *Kuo yü*.[④] The *Ku-Liang chuan* also identifies a doorkeeper 閽 as a 寺人 who was "a punished man" (刑人).[⑤]

On the basis of all this evidence, what we can conclude is that 寺人 is identical with 侍人 in the sense of "an attendant", who was usually a punished and disfigured man. It is also possible, however, that he was castrated if his duty was to attend on women. The graph 寺 is the earlier

---

[①] For this see Ma Jui-ch'en, *Mao Shih chuan chien t'ung-shih*, chüan 20, pp. 44b-45a. Although the *Mao Commentary* says that the *ssu-jen* in the "Ch'e lin" is *nei-hsiao-ch'en*, the poem itself is written on the court life of a local feudal state instead of the central government of the kingdom, hence *nei-hsiao-ch'en*, as Ma notices, may be regarded as the *hsiao-ch'en* (小臣) of the local states mentioned in the *I-li* (chüan 6 《燕礼第六》). The latter title corresponded in the local governments to the *ta-p'u* (大仆) in the central government. See Ma, *T'ung-shih*, chüan 12, p. 2a-b.

[②] Chüan 9,《秋官》:"掌戮。"

[③] The 24th Year of Hsi-kung (僖公二十四年).

[④] Chüan 10, "Chin yü" (《晋语》) 四, pp. 267-269.

[⑤] Hsiang-kung (襄公) 二十九年 (544 B.C.). The *Ku-Liang* says: 閽, 门者也, 寺人也……。礼: 君不耻无耻, 不近刑人, 不狎敌, 不迩怨……。吴子近刑人也。The *Kung-Yang* says: 閽者何? 门人也, 刑人也……。君子不近刑人, 近刑人则亲死之道也。So if this is the case it is curious that a eunuch is usually close to the sovereign. 閽 and 寺 are also related in other classics; one of the commentaries to the *Book of Changes* says: 艮为阍寺 ("说卦"). The *Ching-tien shih-wen* notes here that some version gives 閽 for 寺. Scholars scuh as Tu Yü and Chu Hsi often consider *ssu-jen* (寺人) a 奄官. In some writings of the Chou and Han times 刑 could mean "castration". See *Tso chuan*, 襄公十九年: "妇人无刑。"

十六　The Early History of the Chinese Word *Shih* (Poetry)

form of 侍 and one of its early meanings must be "attend".① In the opinion of some Ch'ing scholars this meaning was derived from the fact that an attendant had to "hold" or serve by using his hands.② Through further extension it probably came to mean "depend on" 恃.

Early classics do not seem to have retained the form 寺 in the sense 持 (to hold) in the manner of the epigraphic documents. But writers in the late Han period at least give definitions to the word which are quite relevant to "hold" or "support".③ Moreover, and more interesting, in a few classics of the late Chou or early Han times the word 诗 is used in a similar sense. The *I-li*, in describing the procedure of a gentleman's sacrifice to his ancestor, says that, when the assistant who impersonates the dead in the ceremony holds out a platter of glutious millet and says a prayer to him "he with his left hand holding the wine cup, saluting twice and knocking his head, receives the platter; then he returns to position, *shih* and cherishes it in his bosom, wrapping it with his left sleeve…" ("主人左手执角，再拜稽首，受；复位，诗怀之，实于左袂。……")④ Here Cheng Hsüan's commentary on the word *shih* reads: "*Shih* is similar to 'hold'; (the sentence) means to hold and put (the platter) in the bosom." ("诗犹承也；谓奉纳之怀中。")⑤

---

① 寺 is mentioned with women in a poem of the *Book of Poetry* (no. 264, "瞻卬"): "时维妇寺", on which the *Mao chuan* comments: "寺，近也。" Cheng Hsüan's note in the *Chou li*, "T'ien kuan", says: "寺之言侍也。诗云：寺人孟子。" This shows that Cheng regards *ssu-jen* in the "Hsiang-po" as an "attendant".

② See for example Hsü Hao (徐灏), *Shuo wen chieh tzu chu chien* (《说文解字注笺》), in *Ku-lin*, p. 1309b. The graphic element "hand" in 寺, however, may not be regarded as the origin of the meaning of 侍; see my explanation below.

③ *Shih ming*, "释宫室": "寺，嗣也。治事者相嗣续于其内也。" *Feng-su t'ung i* (《风俗通义》); "寺，司也；诸官府所止皆曰寺。" Also the *Kuang Ya*: "寺，治也。" (cited in 一切经音义)

④ *I-li chu su* (《仪礼注疏》), chüan 45, "特牲馈食礼第十五",《十三经注疏》, p. 1185.

⑤ *Ibid.*

In another of the ritual classics, the *Li chi*, the celebration of the birth of a feudal king's crown prince is described with the word *shih* in a similar way. It says that three days after the birth, a diviner "*shih* and carries (the infant) on his back" (诗负之). [1] Cheng Hsüan also makes a comment here: 诗之言承也。[2]

I believe that the above two uses of *shih* are not merely equivalent to "hold" or "carry" in the ordinary sense, but also indicate such an action in a specific religious context. Later on 诗 is sometimes defined as "to hold" in general and at the same times has the meaning of "poetry". The *Shih wei han shen wu* (诗纬含神雾), a prognostic work of the Han dynasty which gives the *Book of Poetry* religious and mystic interpretations, says:

> *Shih* (poetry) is to hold. This means the teaching of honesty and generosity (by the *Book of Poetry*) enables one to hold (firm or in position) one's own heart, and the principle of satire and remonstration (of the same book) may support and hold (firm or stable) the state and the royal house.
>
> 诗者，持也。在于敦厚之教自持其心，讽刺之道，可以扶持邦家者也。[3]

This definition of *shih* is also used by the literary critic Liu Hsieh (A.D. 465? -520?) when he says:

---

[1] *Li chi cheng i* (《礼记正义》), *chüan* 28, "内则", p. 1469.
[2] Ibid.
[3] Cited in *Ku wei shu* (《古微书》) and *Yü han shan-fang chi i-shu* (《玉函山房辑佚书》).

十六　The Early History of the Chinese Word *Shih*（Poetry）

Shih（poetry）is to hold: it holds（firm or in position）man's emotion and nature. The central theme of the three hundred odd poems（in the *Book of Poetry*）is（as Confucius says）"without deviation". Hence the meaning of "hold" is to keep（the mind）in agreement（with the rightness）like fitting the two halves of a tally as credentials.

诗者，持也；持人情性。三百之蔽，义归无邪。持之为训，有符焉尔。①

Liu's use of the word *fu*（符，tally）may not be of special significance; but since it also means "a charm", "a spell", or "an auspicious omen", it coincides curiously with the religious meaning of the word *shih* which we have seen above, that is to say, in the sense of holding a sacred object in certain rites or ceremonies.

On the basis of these considerations, I am inclined to hypothesize that the graph 寺 was coined in the sense of "to hold something which indicates the direction or intention of an oracle or omen in certain religious ceremonies". The fact that the graph 寺 is related with religious ceremonies or sacrifices is shown in quite a few cases. A later word *chih*（畤），which means "a mound on which sacrifices to the heaven and

---

① *Wen-hsin tiao-lung*（《文心雕龙》），chuan 2,《明诗第六》，范文澜注 edition, p. 65; 刘永济校释（1962）edition, pp. 12-13. Cf. Vincent Shih, trans. *The Literary Mind and the Carving of Dragons*（New York, 1959），p. 32. K'ung Ying-ta in his commentary to Cheng Hsüan's *Shih p'u hsü*（《诗谱序》）gives three meanings of 诗：(1) to bear（receive），(2) intention, and (3) to hold; he explains that the poets "bear" the effects of their sovereign's government, write the poems to express their own "intentions" and to "maintain"（i. e. hold）man's proper behavior. 诗有三训：承也，志也，持也。作者承君政之善恶，述己志而作诗，为诗所以持人之行，使不失队，故一名而三训也。（*Mao Shih cheng i*，*Shih-san ching* ed., p. 262).

earth are carried out", is made with this graph.① There is also the possibility that the 时 in the *Stone Monuments Inscription* was used in this sense.② In another case，侍 is often employed in the classics to describe the act of serving in religious ceremonies. The *Hsün-tzu* says that in a certain sacrifice a hundred offering-carriers served in the west side-room. 五祀，执荐者百人侍西房。③ The *Li chi* mentions that in a funeral for a dead official-candidiate a clerk must help serve：士之丧，胥为侍。④ And the Law of the Han Dynasty specifies，"Those who have (just) seen menses shall not serve in offering sacrifices." （"见姅变不得侍祠。"）⑤

Further support for this hypothesis can be gained by analyzing the structure of the graph 寺 itself.

We have already seen that in the oracle inscriptions there is the graph 㞢. The left- hand element as a root or independent word is possibly written 止, 止, 止, or 止 in the bronze and stone inscriptions of the Chou dynasty. The last form was also used in the "small *chuan*" form

---

① Chu Chün-sheng points out that in the classics 畤 is sometimes loaned for 塒, 峙 (both mean "to store") or 沚 (var. 渚, "an islet") . In the *Tso chuan* the name of a place 平畤 appears several times. Since some editions give 畤 or 寺 for 時，Chu thinks 畤 is a mistake (*Ting-sheng*, 5：121；*Ku-lin*, pp. 6198b-99b). But Yen Chang-fu (严章福) of the Ch'ing dynasty believes that 畤 here is a variant of 邿 and the place referred to is the 邿亭, which has been mentioned above (see his *Ching-tien t'ung-yung k'ao* (《经典通用考》), cited in *Ku-lin*, 补遗, p. 940b). If Yen's view is accepted，it will provide one more link between 邿 (诗) and 畤, a word associated with sacrifice. In Kuo Mo-jo's opinion，in primitive times a storehouse also served as a place for sacrifice or worship.

② T'ang Lan, *Chung-kuo wen-tzu hsüeh* (《中国文字学》)(reprinted Hong Kong, 1963), 26：154. Kuo Mo-jo interprets 时 here in the sense of a "sty" 坶 (see his *Shih ku wen.*, p. 29).

③ 《正论第十八》。

④ 《丧服大记》《十三经注疏》ed., p. 1580.

⑤ Cited in *Shuo wen*, 12B, 女部姅；see Ma Tsung-huo, *Shuo wen chieh tzu yin ch'ün-shu k'ao* (《说文解字引群书考》)，2：31b-32a.

十六　The Early History of the Chinese Word *Shih*（Poetry） 265

during the late Chou and Ch'in times. This small *chuan* form is sometimes given as 止. By the end of the third century B.C. when the *li* (clerical) form was established, the word had been transformed into 之. This is the direct antecedent of the modern 之.

止 is a very common independent graph in the oracle inscriptions, where it seems to occur with a number of variants, of which the following have been suggested by Wu Ch'i-ch'ang (d. 1944):① ㄚ, ㄓ, ㄚ, ㄓ,（or ㄓ）. Of these, the first two may be simple graphic variants, but the last, consisting of a "foot" or "footprint" 止 and a base line which probably signifies the ground or a position, is recognized by some scholars today as a more primitive form of 止. Although 止 and 之 are used as distinct and separate characters in many cases in oracle inscriptions, there is also notable evidence in such inscriptions that they were sometimes interchangeable.② Perhaps due to the difficulties of carving on shells and bones, the graph 止, like many others in such inscriptions, is a linear simplification of the earlier pictograph which is still preserved in bronze inscriptions. The following examples provide a par-

---

① 吴其昌, *Yin-hsü shu-ch'i chieh-ku*（《殷墟书契解诂》）(peiping, 1934-1937, reprinted Taipei, 1960), pp. 4-6.

② Hu Kuang-wei（胡光炜）points out that in the oracle inscription no. 2918 of Menzies' *Yin-hsü pu tz'u* appears the sentence: 止于 ㄓ. See Hu's *Chia-ku wen-li*（《甲骨文例》）(Canton,. 1928), and Chu Fang-pu, *Wen-tzu pien*, 2:7. Kuo Mo-jo thinks 之 is 之 and differs from 止. I believe this is true in most cases. But Wu Ch'i-ch'ang believes the phrase "沿止于" should be regarded as similar to "沿于 ㄓ" See his *Chieh-ku*, p. 5. In pottery inscription 之 is often written 止 or 止; but in P'u Ju's 溥儒 *Ku t'ao t'a-pen*（《古陶搨本》）(no. 192), it appears as 止. The relationship between 之 and 止, it seems to me, is still not well established, almost like the relationship between 止 and ㄚ as discussed in the text below. It is not impossible that 止 is closer to ㄚ than to 之. Plants, life, and fertility could have been objects of worship in early times. It is also possible that 止 is simply a different graph having no etymological relation with the other two. I must acknowledge that my interpretation in the following passages is tentative.

tial view of the evolution of the graph：①

　　Bronze：🖐, 🖐, 🖐, 🖐, 🖐, 🖐

　　Stone：🖐

　　Small *chuan* form：🖐

　　Clerical form：🖐, 🖐

　　Modern：止（止）

From the fact that, in some compound graphs in the oracle inscriptions, as is shown in 先 and 往 below, the base line is optional, we may assume that 🖐 might be the original form of 🖐 (and 🖐). Distinguishing the two characters by adding the line probably involved a long process. This line, as both the bronze inscriptions and the transcribed records of the Chou dynasty show, had been established in an overwhelming number of cases as a necessary element for the character which was late transcribed as 之.② It is also possible that the modern

---

　　① The bronze graphs are from *Chih chih* (徙觯) (Shang dynasty), *Cheng kuei* (征毁) (in《上海博物馆藏青铜器》, 1964,《附册》, p. 3), 卣文 (in Jung Keng, *Chin-wen pien*, p. 887), *Fu I ting* (父乙鼎) (*ibid.*), *Ya hsing tsun* (亚形尊) (in Hsü Wen-ching, *Ku chou*, 2A:34b), and 尨毁 (*ibid.*). The stone graph is from 石鼓文, "田车", For the small *chuan* see *Shuo wen*. The first clerical form is from Ma Heng, *Han shih ching chi ts'un*,《汉石经集存》, 图版, p. 85; see also Ch'ü Wan-li, *Chou I ts'an-tzu chi-cheng* (《周易残字集证》), 2: 19a; the second is from Lao Kan, *Chu-yen Han chien*, Plate, no. 562-3A, on p. 47.

　　② Karlgren says that the graph 🖐 "is mostly used both in the bone and the bronze inscriptions as loan for the homophonous 之 in its various meanings." (no. 961). He also considers 🖐 a variant of 🖐 (no. 962). These points do not seem quite true. 🖐 (🖐) and 🖐 are distinguished in both types of inscriptions. (The *Tzu-chang chung* [子璋钟] has 之 as 🖐, but it is still distinguishable from 🖐.) The fact that 先 has both variants as its upper part in the oracles proves that this is possible in compounds. Also, his identification of the 🖐 in the 中 (南宫) 鼎 (no. 961d) and the 🖐 in the 小克鼎 (no. 961e) as 🖐 is doubtfu. It might be 之, because in both texts the graph appears in the phrase 之年. His reference to the oracle graph 🖐 (no. 961c) which he says appears in *Yin-hsü shu-ch'i ch'ien-pien* (《殷墟书契前编》), 7:19, 1, appears to be inaccurate, because there we can only find a 🖐, which should be transcribed as 讪. (This may be a mistake copied from Sun Hai-po, *Chia-ku wen pien*, 6:5b.) See Karlgren, *Grammata Serica Recensa*, pp. 253-254.

十六　The Early History of the Chinese Word *Shih*（Poetry） 267

止 was a descendant of 𡳿 and antecedent of 之, and that, as the descendant of 𡳿 without the base line, its historically correct modern form should be 止.① The two words 之 and 止 in both medieval and modern times possess similar phonetic values, differing only in tone, the former in the "even" and the latter in the "rising" tone. Whether this tonal difference existed in these two words during the early Chou and late Shang times is still unknow.②

Another alleged graphic variant of 𡳿 in the oracle inscriptions, 𡳿, has been denied as such by Ch'en Meng-chia and others in later studies, and is identified as a different word, i.e. modern 生（to beget, to grow, brith, life, etc.）③ This is probably correct.④ But the confusion of 𡳿 and 𡳿 seems to have taken place at a very early date, perhaps since the Shang dynasty. Evidence for this is provided by characters in whihc they occur as elements. Notice for example the variants in oracle inscriptions of the following two graphs:⑤

---

① Yü Hsing-wu points out that the 止 in the Sung dynasty and later editions of the *Book of Poetry* appeared as 止 in all earlier editions. Some of these, he suggests, should be 止 in the sense of "a foot" or "to stop"; others should be 止, i.e. 之. See his article 《诗经中'止'字的辨释》, *Chung-hua wen shih lun-tsung*（《中华文史论丛》）, vol.3（Shanghai, 1963）, pp.121-132.

② Karlgren reconstructs the pronunciations of 止 as *ȶi̯əg/tśi: /chǐ and those of 之 as *ȶi̯əg/tśi: /chī. See *Grammata*, pp.253-254. See also Tōdō（藤堂明保）, *Kanji gogen jiten*（《汉字语源辞典》）（Tokyo: Gakutōsha 学灯社, 1965）, pp.69-74.

③ *Tsung-shu*, 3:117-118.

④ Wu's reason for identifying the two graphs is that the sentence pattern of "求𡳿于高妣丙"（前编, 3:33, 3）and "𡳿于高妣□"（《续编》, 2:15, 2）is similar to that of "𡳿于高妣庚"（燕京, no.287）. But actually this similarity does not guarantee that 𡳿 and 𡳿 had the same meaning.

⑤ For *hsien* see *Yin-hsü wen-tzu chia pien*, nos.3338, 2874, and 7767, respectively. For *wangv* see ibid., 799; *Fu-shih Yin ch'i cheng wen*（《簠室殷契征文》）, 10:46; Chin Tsu-t'ung（金祖同）, *Yin ch'i i-chu*（《殷契遗珠》）（Shanghai, 1939）493; and *Yin ch'i ts'ui-pien*, 1169, respectively. For additional examples see 峀 in Hsü Wen-ching, *Ku chou*, 7B, 1b-2a; 紫 and 奠 in *Shuo wen* and inscriptions.

先 (*hsien*): 🦌, 🦌, 🦌

往 (*wangv*): 𢔇, 𢔇, 𢔇, 𢔇

Further evidence may be found by comparing the different forms of three graphs which represent words related to divinatin or sacrifice. The first example is a graph which has among others the following forms:①
𣪠, 𣪠, 𣪠. At least from the small *chuan* on, this graph has been transcribed into a form essentially resembling 叡 in the sense of divination. This means that the upper left part has been regarded as 出 (go out), of which the bronze form is 𣥎 and the oracle form, 𣥎. Two other examples are the following graphs which in their early stages sometimes had the same meaning:②

封 (*feng*, to sacrifice on a mound, a fief):

Oracle: 𡉚

Bronze: 𡉚

Ancient seal stamp: 𡉚, 𡉚

Ku-wen (ancient graph): 𡉚

Chou-wen: 𡉚

Small *chuan*: 𡉚

邦 (*pang*, a state):

Oracle: 𡉚

Bronze: 𡉚, 𡉚, 𡉚, 𡉚

Ancient seal stamp: 𡉚

Ku-wen: 𡉚

---

① *Ch'ien-pien*, 1:8, 5; 1:18, 3; *Chia-pien*, no. 2416, respectively.

② For *feng*, the oracle form is from *Chia-pien*, no. 2902; the bronze: *Shao-po Hu kuei* (召伯虎殷); the ancient seals: Ting Fo-yen, *Shuo wen ku chou pu pu*; the rest in *Shuo wen*, 13B. For *pang*, the oracle is from *Ch'ien-pien*, 4:17, 3; the bronze: *Shu Pang ting* (叔邦鼎), *Feng ting* (封鼎), *Yü ting* (盂鼎), *Mao-kung ting* (毛公鼎); the ancient seal: Ting Fo-yen, *Pu pu*; the rest in *Shuo wen*, 6B.

十六　The Early History of the Chinese Word *Shih*（Poetry）

Small *chuan*：𦫵

From these examples the confusion of 屮 and 㞢 is quite obvious. It is also interesting to notice this in several explanations in the *Shuo wen*. Hsü Shen regards the left-hand part of 封 as a combination of 之 and 土, which is the same as 㞢（往）. In spite of this, he defines 㞢 as "grass and trees grow wildly". He also mentions that both 邦 and the *chou-wen* form of 封 contain the element "grass". Moreover, in his definitions of 止，之，出，and 生，he considers them all as having their origin in a picture of a grass stalk or a plant. It is easy for us to understand that 生 (small *chuan*：𦫵) is made of a blade of grass above the earth. Hsü defines 之 as 出也. He also defines both 出 and 生 as 进也. Thus all these words mean "go forward". Grass and plants, as he explains, grow in such a manner. In this way he seems to have regarded the element 屮 in the graph 生 as close to 止, which he defines in the sense of a "foundation" or a "foot", i. e., the picture of a grass stalk or a plant with its lower part shown.①Although in the definition of 正 he says, "A human foot is also a 止"（足者亦止也）, he still seems to believe that the original meaning of 止 is the bottom of a grass stalk or a plant.

With this long history of confusion, it is very difficult to say with certainty that 屮 had no connection with the formation of 出 in the early days. But from the evidence of the oracle inscriptions and later records, it seems more likely that 𡳿 is the original element of 出. At any rate both 屮 and 𡳿 have been used as elements of words denoting some kind of sacrificial function.

These points will be clearer, if we consider the meanings represen-

---

① *Shuo wen*, 6B: "往：艸木妄生也, 从之在土上"; 2B: "止：下基也, 象艸木出有址, 故以止为足"; 6B: "之：出也, 象艸过屮, 枝茎益大, 有所之, 一者地也"; "出：进也, 象艸木益滋, 上出达也"; "生：进也, 象艸木生出土上."

ted by 㞢 and its variants in the shell and bone inscriptions. The first six of the meanings given below are generally known and are mainly based on studies by Sun I-jang（孙诒让，1848-1908）and Wu Ch'i-ch'ang.① The seventh is an addition of my own：

1. The name of a sacrifice, usually to an ancestor but sometimes to the gods, or to make such a sacrifice（similar to 祭）. 㞢 㞢

2. "To offer", usually an animal or animals, in（such?）a sacrifice（similar to 侑 or 用）. 㞢

3. "To go" or "to arrive at"（similar to 往 or 至）. 㞢

4. "To have" or "there is"（similar to 有）. 㞢

5. "And" as used in "ten and five"（i. e., fifteen）（similar to 又）. 㞢

6. "This" or "such"（similar to 此 or 是）. 㞢

7. "Blessing", "blessed" or "fortune"（similar to 祉）. 㞢

The seventh meaning is based on my interpretation of the frequently used term in the oracles：*Shou chih yu* 受㞢又. Following the interpretation of Wang Kuo-wei and Lo Chen-yü, recent scholars are almost unanimous in reading the term as 受此祐（receive this help, protection, or happiness）. Only Hu Kuang-wei and Kuo Mo-jo interpret 㞢 as 有（to have）.② There is also in the inscriptions the shorter term 受又. We also can find in the oracle inscriptions such terms as 受年，受又年，受禾年，and more interesting，受㞢年. This last phrase is obviously a parallel expression to the 受又年. As the latter means "to receive a

---

① Sun I-jang, *Ch'i-wen chu-li*（《契文举例》，1917）; Wu Ch'i-ch'ang, *Chieh-ku*, pp. 6-11.

② See Lo Chen-yü, *K'ao-shih*, pp. 300-301; Wu Ch'i-ch'ang, *Chieh-ku*, pp. 10, 252-255; Ch'en Meng-chia, *Tsung-shu*, 9：313-316; 17：568; Hu Kuang-wei, *Wen-li*; Kuo Mo-jo, *Ts'ui-pien*, "K'ao-shih", 138b; Chin Hsiang-heng, *Hsü Chia-ku wen pien*, chüan 4, appendix 1, 35b.

十六　The Early History of the Chinese Word *Shih*（Poetry）

helped (or prosperous) year", it seems better to interpret the former as "to receive a blessed (or happy) year". There may exist an oracle phrase 受业, in which 业 must mean "blessing" or the like; but the phrase seems to be fragmentary. Yet there is the case "王受又隹业," in which 隹 (维) may mean "and" (与) as is used in some classics. ①The character 止 in the classics, in my opinion, sometimes stands for 祉 (blessedness, happiness). In the "Ta ming" of the *Book of Poetry*, 止 in the lines "文王嘉止, 大邦有子" seems better interpreted in this sense. ② In the same book the line "*Chi tuo shou chih*" (既多受祉, Has received abundant blessing) appears twice. The *Mao Commentary* interprest 祉 here as 福. It might also mean "reward". ③ There is also the line "*Chi shou ti chih*" (既受帝祉, Has received God's blessing). Cheng Hsüan interprets the word as Mao does. In the

---

①　Lo, *K'ao shih*; Chin, *Hsü*, 46b. The 受业年 appears in *Yin-hsü wen-tzu i-pien*（《殷墟文字乙编》）, 3290 and others; Chin mixes it up with 受又年. See also Ch'en, *Tsung-shu*, 16; 525-529, 532-535, 540. There is a case "我逐豕, 业又。" (Kuo, *Ts'ui-pien*, no. 948). Here 业 could be interpreted as "to have" (see Ch'en, *Tsung-shu*, 3:130), but 祉祐 might also be considered two verbs or a compound verb. For 受业 see Wang Hsiang, *Fu-shih Yin-ch'i cheng wen*, 游 1:3; Lo Chen-yü, *Hsü-pien*, 3:10, 1. For 受又隹业 see Li Ya-nung (李亚农), *Yin ch'i chih i hsü-pien*（《殷契摭佚续编》）(Shanghai, 1950), 141; Hu Hou-hsüan, *Chan-hou nan pei so chien chia-ku lu*, "wen", 100. The existence of a 祉 (*Chia-pien*, no. 2947) may not exclude the possibility that 业 has a similar meaning, just as the case of 福 shown below.

②　No. 236,《大雅·大明》. Several Chinese commentators interpret 止 here as "rite" (《礼》), and particularly "a wedding". Waley translates the lines as "Wen wang was blessed. A great country had a child". Karlgren thinks Waley's interpretation of *chia* (嘉) as "blessed" can scarcely be supported; so he follows the *Mao Commentary* and renders the lines as "Wen Wang was fine; and in a great state there was the young lady". Both consider 止 a particle almost without meaning. I prefer to interpret the lines as "It was King Wen's fine blessing that a great country had the young lady (as his consort)".

③　No. 177, "Liu-yüeh"《小雅·六月》; no. 300, "Pi-kung"《鲁颂》: "閟宫。"

Book of Changes both 祉 and 祐 are used as oracle terms.① In a mirror inscription of the Ch'in or Han period, there is also the term "*shou ta chih*" (受大祉, receive great blessing).② Moreover, the words 祉 and 又 (右) are sometimes still used in close relationship in the classics. The "Yung" of the *Book of Poetry* has "绥我眉寿，介以繁祉，既右烈考，亦右文母", though the 右 here may only mean "to wait on"③. All these suggest that 受出又 should be interpreted as 受祉祐 (receive blessing and help). That the graph 出 acquired the meaning "blessing" from its earlier meaning "a sacrifice," is actually easy to understand. A parallel development may be found in 福 (good fortune, happiness), the oracle form of which depicts a jar for wine 酉, either by itself or with two hands holding it 畐, in a sacrificial ceremony, and the meaning of which during the Shang dynasty was such a sacrifice.④ The *Shuo wen* actually defines 福 as 祐 (又) which, as has been shown above, was closely related with 出 in the oracles. The term 祉福 also appears in the *Book of Poetry* (no. 269).

Of the seven meanings of 出, the third (to go) seems to be the one most directly related to the idea of a "foot" or a "footprint" carried by the component 止. With the combination of a footprint and a line below, the notion of "going in a certain *direction*" seems to be conspicuous. Meanings 1, 2, and 7, which all have religious connotations, may be related to this in the sense of "the *direction* in which supernatural powers *tend*", hence (a) a ceremony which reveals, (b) an offering

---

① No. 241, "Huang-i"《大雅·皇矣》。Chou I (《周易》), nos. 11, 12, and 14.

② "子孙顺息家受戬，予天无极受大祉", from *Chiao-wang Chü-hsü ching* (《角王巨虚镜》)(Ch'in-Han period), in *Ch'ang-an huo ku pien* (《长安获古编》), cited in Huang Pin-hung (黄宾虹), *Pin-hung ts'ao t'ang hsi yin shih wen* (《宾虹草堂鉥印释文》).

③ No. 282《周颂》: "雝."

④ Lo Chen-yü, *Yin-hsü shu-ch'i k'ao-shih*, 2:17a-b; Yang Shu-ta, *Pu-tz'u ch'iu i*, 38b.

十六 The Early History of the Chinese Word *Shih*（Poetry） 273

which elicits, or (c) a blessing which results from such a *tendency* or *intention* of those powers. In this connection it is interesting to notice the later use of 出 in the highly religious classic *Mo-tzu*, where 天之（志）"the Will (intention, or law) of Heaven" might well be understood in the sense of "the Tendency of Heaven".

In interpreting the origin and evolution of related graphs such as we have here, we must of course acknowledge the difficulties of judging whether they are merely phonetic loans or semantic extensions. Chinese philologists in the past usually tended to emphasize semantic extension, particularly with regard to the more basic graphs created in early times. To a certain degree this seems to be justifiable, as the meaning and the sound of a word are closely related and most of the early Chinese characters are pictographic and ideographic. In our case, i.e., with a group of early graphs consisting of the basic element 屮, it seems likely that they all developed from a meaning which the ancients chose to represent with a picture of "a foot" or "a footprint". This fundamental meaning may very well have been "a sign". A Chinese legend relates the invention of the script itself to "footprints". Hsü Shen in his postscript to the *Shuo wen* says: "The Yellow Emperor's scribe Ts'ang Chieh, observing the footprints of birds and animals, and recognizing that their patterns could be distinguished from one another, invented the written language." （"黄帝之史仓颉，见鸟兽蹄迒之迹，知分理之可相别异也，初造书契。"）[1]

Though this is hardly satisfactory as a total explanation of the origin of the Chinese script, it reflects an ancient feeling for animal tracks

---

[1] *Shuo wen*, 15A. A similar view appears in Wang Ch'ung's *Lun heng*《论衡·感应篇》, Kao Yu's commentary to *Lü-shih ch'un-ch'iu*,《君守篇》and to *Huai-nan-tzu*, and many later works, see Kuei Fu (桂馥, 1733-1802), *Shuo wen chieh tzu i-cheng* (《说文解字义证》), in *Ku-lin*, p. 6744b. See also Huang K'an (黄侃, 1886-1935), *Huang K'an lun hsüeh tsa chu*（《黄侃论学杂著》）(Peking: Chung-hua, 1964), pp. 1-4.

as a kind of communication. To primitive people footprints presented information, in particular the direction from which blessings in the form of food might come or in which danger in the form of wild animals or an enemy might lie. The oracles of the Shang dynasty often ask 𠧞 (㞢、迍) (sign of harm) or 亡㞢 (no sign of harm).① The *Shuo wen* in defining the graph 它 (a reptile, a snake) says, "In antiquity, people lived in swamps and suffered from snakes, so they often greeted each other with the question: 'No snakes (harm)?'" ("上古艸居多蛇, 故相问: 无它乎?")② Modern scholars believe that this greeting is similar to the question appearing in the oracle inscriptions. The combination of a footprint or trail with a snake here is self-explanatory. Moreover, footprints could tell the ancient people the location, direction, and movement of nomadic hunters. Such symbols might also be useful for marking and helping to remember the way.

Therefore, it seems very possible that the ancients regarded these signs as a natural written language and imbued them with all the supernatural powers as ascribed to spells and later to other writings. As a legend circulated by the royal house of the Chou dynasty says, the lady Chiang Yüan (姜嫄) gave birth to Ch'i (弃), the ancestor of the Chou tribe or virtually of humanity, after she trod on the big toe of God's (or "a giant's", according to another version) footprint in the field and was inspired. In Wen I-to's opinion, this legend of Chiang

---

① See Kuo Mo-jo, *Yin ch'i ts'ui-pien*, nos. 11, 61, and 75, "k'ao-shih", p. 4b; Yang Shu-ta. *Pu-tz'u ch'iu i*, pp. 13b-14a. The upper element of the graph may of course represent a foot instead of a trail or direction, and so the graph may mean "the harming of a foot". But considering the fact that the word 迍 means go awry or out of a straight line (see *Shuo wen* and *Kuang Ya*), I am inclined to interpret its original meaning as "the arrival or trail of a snake" and hence a potentila harm.

② *Shuo wen*. 13B. 它部

十六　The Early History of the Chinese Word *Shih*（Poetry）　275

Yüan's impregnation may refer to a sacrificial ceremony concerned with the cultivation of the land in which she was supposed to have performed a symbolic dance of following the "footsteps" of a priest impersonating God, with whom she then had sexual relations. Wen also relates the sacrifice to 畤 and suggests that the surname of the Chou royal house, Chi（姬）, is also written as 𠱧, which implies "born from a footprint". In quite a few writings of the Han dynasty, there is a similar story which says that the legendary Emperor Fu Hsi（伏羲）who is credited with the invention of the eight trigrams, which were considered to be the predecesson of the written language, was born after his mother Hua Hsü（华胥）trod on a huge footprint in a marsh in a place which was identified as lying in or around the 邽 area. Wen I-to believes Fu Hsi and Ch'i probably belonged to the same tribe. In a recent study, Yü Hsing-wu dismisses the idea of sacrifice. Citing the example of a rock pit in the shape of a huge footprint on Adam's Peak in southern Ceylon, which has been worshiped by many religious people, Yü thinks that the Chiang Yüan legend reflects the common practice of footprint worship by the primitives as described by modern folklorists and that it might have developed from ancient totemism. In this connection I aso would like to draw attention to the fact that traditionally the people of 邽 were considered descendants of the tribe which had 姬 as its surname. ①　And more important, in these legends the power of a footprint to cause birth seems revealing in view of the relationship between

---

①　The *Book of Poetry*, no. 245, "Sheng min"《大雅·生民》; *Shih chi*, 4, Chou pen-chi（《周本纪》）; Wen I-to,《姜嫄履大人迹考》, in *Ch'-üan-chi*, vol. 1,《神话与诗》, pp. 73-80; Yü Hsing-wu,《〈诗〉'履帝武敏歆'解》, *Chung-hua wen shih lun-tsung*, 6（Aug. 1965）, also Wu Ch'i-ch'ang's work as cited in n. 84, above; Lü Ssu-mien（吕思勉）, *Hsien-ch'in shih*（《先秦史》, 1941）, 6:53-54; and Ts'en Chung-mien,《周初生民之神话解释》in his *Liang Chou wen shih lun ts'ung*, pp. 1-17.

the graphs 屮 and 丫 in writing as we have discussed above.

If the graph 㞢 had been ascribed to some supernatural power, then it would also be possible to use it as a concrete ceremonial symbol. The *Book of History* cites a decree by King P'an-keng of the Shang dynasty, in which he solicits the people to behave according to a certain goal or standard as one is guided by a target or marker in archery. 若射之有志。① The graph 志 in the sense of an object in archery also appears in the *I-li*, where the term 志矢 is mentioned in connection with a standard funeral for a knight.② The Erh-ya defines 志 as "an arrow with bone head and untrimmed feather."（骨镞不翦羽谓之志。）③ In ancient China archery was closely related to sacrifice and divination. The classics on rites say that archery was practiced before sacrifice or divination was made, and actually the outcome of an archery contest decided who were eligible to attend a sacrifice. ④ We are not sure whether the meaning of 志（i.e. 㞢）as a target or marker in archery and sacrifice was derived from the graph 㞢 in the sense of a sacrifice, or vice versa. But it is quite possible that 㞢 had denoted a concrete object in ceremonies. We have mentioned above the graph 叡. The *Shuo wen* defines it by saying, "The people of Ch'u used 叡 in the sense of 'asking for an omen by divination.' It is formed with a hand holding a 祟."（"楚人谓卜问吉凶曰叡。从手持祟。"）⑤ The same book defines 祟 as "a misfortune caused by gods"⑥. Lo Chen-yü already noticed that a misfortune could not be

---

① 《盘庚上》。See n. 128 above.

② *Chüan* 13,《既夕礼》："志矢一乘，轩輖中亦短卫。"

③ Chap. 6,《释器》。

④ See *Li chi*, chap. 46, "射义"; chap. 11, "郊特牲"; *Chou li*, 夏官, "司弓矢"; also Ch'en Meng-chia, "射与郊", *Ch'ing hua hsüeh-pao*（《清华学报》）, 13:1 (April 9, 1941), 115-126.

⑤ 3B, "手部". Cf. Yü Hsing-wu, *Shuang-chien-i Yin ch'i p'ien chih*, p. 43a, "释叡"。

⑥ 1A "示部": "祟，神祸也。"

十六 The Early History of the Chinese Word *Shih* (Poetry)

held in the hand and hinted that it might be some concrete object used in a divination or a sacrifice.① In a sense, the case of 寺 may be similar to that of 叔. That is to say, adding a hand 又（寸）to the symbol 㞢 may be interpreted as the holding of such a sign or object in a ceremony.

Nevertheless, before this addition, 㞢 or even 止 must have been used in the sense of 寺 for some time. Yang Shu-ta has suggested that the frequently employed graph 征 in the bronze inscriptions should be identified as 侍.② This reminds us of the statement in the *Shuo wen* which says, "𡳿 is a simplified ancient form of 诗." Although we still have not found direct epigraphic proof for this statement, we may acknowledge that it is quite reasonable to have such an ancient form without the hand element. The tribe which during Shang times was named by the graph 㞢 might have used the left-hand element as its totem sign or to indicate its desire for blessings from the supernatural power. Whether the hand element was added much earlier than the graph was adopted as a propor name still remains a question. In the oracle inscriptions there are also the terms 㞢邑, 㞢族, and 㞢白. Whether this area, tribe, and prince were related with 㞢 is not clear to us.③ We know from the clas-

---

① *Yin-hsü shu-ch'i k'ao-shih*, chüan 2, p. 18a-b; also Chu Fang-pu, *Wen-tzu pien* 3: 9a-b; Yang Shu-ta *Pu-tz'u ch'iu i*, p. 47b.

② *Chi-wei chu chin-wen shuo*, chüan 1, p. 22; chüan 5, pp. 131-132. The oracle inscription has "多子其学?" Ch'en Pang-huai (陈邦怀) interprets 征 as "徒" See his *Yin-tai she-hui shih-liao cheng ts'un* (《殷代社会史料征存》) (Tientsin, 1959), chüan 2, pp. 9b-10a. I wonder whether this may also mean 侍. The *Ts'ang Chieh p'ien* (《仓颉篇》) defines 侍 as 从也 (cited in 《华严经音义下》). See also n. 129, above.

③ See *Yin-ch'i i ts'un* (《殷契佚存》), 627; *Chan hou Ching Chin hsni huo chia ku chi* (《战后京津新获甲骨集》), 3078; Chin Hsiang-heng, *Hsü chia ku wen pien*, 13:10a, appendix 1, 41b. I wonder whether 㞢邑 is an early form of 邿. 之, 时, and 诗 were all surnames during Han and later times. See also Ch'en Meng-chia, *Tsung-shu*, 9: 322-323, 329. Ch'en does not identify 㞢, but he thinks that another place name 㞢, which denotes a hunting area, is the same as 㞢 (ibid., 8: 270, 272, 330). This last point is still uncertain.

sics, however, that the graph 又（有）had the meaning of "state" or "area".① It was very often used at the beginning of a name of a tribe or state (probably to indicate the owner of something) in ancient China, such as 有易（有扈），有任，有娀，有苗，有夏，有商，有周。If we follow this practice, the title 屮 might be regarded as 有之 as well as 寺.

We may also notice here that both 屮 and 又 have the meanings "to have" and "and". It is also curious that the phrase 受屮又 consists of the two elements of 屮. The graph 屮 as the name of a sacrifice was widely used during King Wu-ting's time. But, when his younger son Tsu-chia（祖甲）came to the throne, the word in this sense was substituted with 又, which before had usually been used in the meaning of "prosperity" or "help"②. From this fact we might infer that prior to Tsu-chia's time the graph or element 又 probably already had had some connections with sacrifices.

On the other hand, it is also quite interesting to notice that 寺 is made with the symbols for a foot *and* a hand. As we have cited earlier, the "Great Preface" of the *Mao Shih* in its explanation of the meaning of poetry with reference to singing and dancing, says, "when singing is inadequate, one may unconsciously express them (emotions) in dance by gesturing with one's hands and beating with one's feet". The author of this passage probably was not conscious of the etymology of 诗 as he wrote it, but the word does coincidentally contain the elements "foot" and "hand" in its ordinary form. We should not ignore that fact that ancient odes were often sung and chanted accompanied with dance and

---

① The term 九有 in the sense of 九域 appears in a number of classics such as The *Book of Poetry*, no. 303,《商颂·玄鸟》; *Kuo yü*,《楚语》; *Hsün-tzu*, chap. 21,《解蔽》. See Liang Chi'-hsiung（梁启雄），*Hsün-tzu chien shih*（《荀子简释》），p. 289.

② Tung Tso-pin, *Yin li p'u*,《上编》卷一, pp. 3a-4a;卷三. pp. 13a, 14a; also *Chia ku hsüeh liu-shih nien*. 4:115.

十六　The Early History of the Chinese Word *Shih*（Poetry）

gesture. When the ancient Chinese used 寺 as a graph or element to indicate poetry, it is not impossible for them to have had this fact in mind. Charms, prayers, and oracles, such as those included in the *Book of Changes*, are often made in rhyme or rhythm, and probably were at one time chanted or sung with dance and gesturing. A few oracles in the shell and bone inscriptions are also in simple verse form and could be chanted in such a manner. This is certainly one of the reasons for the classification of the religious odes in the *Book of Poetry* under the title *sung*（颂）, which meant songs accompanied with acting or performance.

But besides dance and gesture, the ancients might also have grown conscious of the accompanying musical elements and the wishes expressed in their ceremonial performance. As has been shown above, we are quite sure that both 诗 and 志 are derived from the single element 坐. If Ch'ien Tien's assumption cited in note 43 above is true, 诗 and 志 would really have been the same word during a certain stage of its development. The ancients sometimes used the elements 言 and 心 with similar implications; thus 谌 and 忧 are only different forms of a single word, as are 欣 and 忻, and 说 and 悦. More instructive is the last pair, because it occurs in an earlier form simply as 兑. The reasons for adding such elements are sometimes veryobscure. For instance, the two ancestors of the Shang royal house, 王亥 and 王亘 in the oracle inscriptions, appear as 该 and 恒 in later records.[①]

In the case of 诗, however, the addition of the element 言（big flute, hence "word", "speech"）to the graph 寺 seems easy to understand. The difficult question is when it was added. Although the graph

---

[①] See Wang Kuo-wei,《殷卜辞中所见先公先王考》, *Kuan-t'ang chi lin*, chüan 9, pp. 4a-8b.

诗 is not found in the Chou bronze inscriptions, it probably exists in a slightly different form. The *Ch'u Wang Hsiung-chang chung*（楚王酓章钟）which was evidently made in 433 B. C., has a sentence,"其永ᕍ用亯。" A similar bell made on the same occasion has the same sentence but the third graph appears as ᕍ.① Juan Yüan（阮元，1764-1849）and his disciple Chu Wei-pi（朱为弼）transcribe it as 时.② Kuo Mo-jo transcribes it as 旹 and says："旹 is a variant of 诗, and here is loaned as *ssu* 寺. *Ssu* means 'to preserve.' The *Chu Kung K'eng chung* says, 'The vessel which fits to his lot is thus preserved.'"（"旹乃诗之异，此假为寺。寺，守也。朱公䥝钟：'分器是寺。'"）③ Since this identification is uncertain and still in dispute, the graph does not seem to have been noticed by many. Jung Keng does not include it in his *Chin-wen pien*. I think 旹 is not merely a variant of 诗, it may even be an earlier form. Nor is it here loaned as 寺. Instead, it is probably used in its original meaning, such as the 诗 used in the books on the Rites. These bells were cast on the occasion when King Hui of Ch'u（楚惠王，r. 488-432 B. C.）made a sacrifice to one of his ancestors, before he moved his capital. On many bronze sacrificial vessels "其永保用亯"（forever preserve it and use it for making offerings）is used as a standard ending. But for bells such endings sometimes make reference to the bell's special function, such as "永保鼓之"（forever preserve and toll it）or "其聿其言"（be rhythmic and harmonic）. It may be noticed that besides the inscription on the *Chu* bell which ends with 寺 and the two *Ch'u* bells which have 旹, the latter graph also appears on *Tseng Hou*

---

① Kuo Mo-jo, *Liang Chou*, pp. 179b-180b.

② *Chi-ku chai chung ting i ch'i k'uan shih*（《积古斋钟鼎彝器款识》，嘉庆九年刊本，1804）chüan 3, pp. 16b-18b.

③ Kuo, *Liang Chou*, "K'ao-shih", p. 166a

The Early History of the Chinese Word *Shih* (Poetry)

chung（曾侯钟）as 🔶 and 🔶 and on *Ch'i Hou i*（齐侯彝）as 🔶.① Except for the last, all of these are bells, i.e., musical instruments. It seems possible then that because such an instrument was used in certain sacrificial ceremonies to accompany songs, the graph 时 became suitable to such vessels. In the *Book of Poetry* there is a poem describing a pre-sacrificial archery ceremony which we have referred to above. Bells are mentioned as being used in that ceremony. In the poem there is the line "以奏尔时". Waley suggests: "时 for 诗?" and translates the line as "that you may perform your songs". I think he is correct and suggest further that the graph might have been 時 and mistakenly transcribed 时 as Juan Yüan has done in the bronze inscriptions.② A development similar to that from 寺 to 時 can be seen in the graphs 又（🔶）and 右（🔶）. The *Shuo wen* says that 🔶 means "the hand and the mouth help each other."（"手口相助也。"）③ The graph is later written 佑 or 祐（to help, to protect）. A magic word, a prayer, or a laborer's song all coming from the mouth were believed to have the power to do things as a hand does. This symbol 口 as an element is sometimes interchangeable with 言 in epigraphs and usually stands earlier than the latter. For example, the *chuan* and later forms have the graph 咏, but the bronze and oracle inscriptions only give 咏. Indeed, 言 is scarcely employed as a

---

① Wang Li-ming（汪立名）of the Ch'ing dynasty, *Chung ting tzu yüan*（《钟鼎字原》）, cited in Hsü Wen-ching, *Ku chou*, 7A:2.

② 《诗》, no. 220,《小雅·宾之初筵》。Waley, *The Book of Songs*, p. 295, "Notes", p. 29. Ma Jui-ch'eng supports the *Mao Commentary definition* 时, 中者也 by citing the *Ta Tai li* 教士履物以射……。时以毁伎。时有庆以地,不时有让以地（《虞戴德第六十九》）and the *Li chi* 射中者得与于祭,不中者不得与于祭。不得与于祭者有让,削以地；得与于祭者有庆,益以地（《射义第四十六》）。I tend to believe that this 时 is also 時 which means to ring a bell, make some music, or sing a song when one hits the target in archery.

③ 3B, "又部"; the same entry also appears in 2A, "口部", where Hsü Shen defines it as "助也".

root and never as a "classification element" in the shell and bone inscriptions. So far as the records show, we may doubt whether the form 诗 exists in them at all.

As a tentative conclusion, perhaps we may sugggest that the Chinese word *poetry* develops from the basic symbol 屮 to 㞢 and 㞢 (寺), with the meaning of a particular action in a sacrifice accompanied with a certain sign, music, songs, and dance. Later, when the aspect of music, song, and words was emphasized, 㫳 was coined, and the latter ultimately became 诗.

Poetry probably begins with man's spontaneous expression of emotions. The primitive men's strong emotions and desires are expressed through magic and ceremony-making. When they stamp in a strange rhythmical dance around a campfire and mark the beat with cries and grunts, they are making a spell, in the hope that their prayer, their imitation of animals, or nature's sounds and gestures will provide them power over animals or nature and fulfill their wish. This kind of magic-making or mimic hunt is believed by many modern writers to be the beginning of art, of, for instance, music, poetry, painting, and the drama.[①] It is therefore very natural that the ancient Chinese adopted for "poetry" a word associated with sacrifice or an action in religious ritual.

As we know, the earliest men lived mainly by instinct, and one of the strongest instincts of mankind is the instinct to create things, to make things. Magic and religious ceremonies were believed to be able to satisfy this instinct. In the earliest days the magicians were probably also the fighters and doers of the tribe, and most of its members probably

---

① See for example C. M. Bowra, *Primitive Song* (London, 1962), chaps. 2, 59, and 10; C. Day Lewis, *Poetry for You* (New York, 1954), pp. 12-20.

十六 The Early History of the Chinese Word *Shih* (Poetry)   283

participated in magic-making.① But those who were physically handicapped, and prevented from making and doing practical things, were compelled to find some other outlet for their creative instincts. So, with their abnormally developed sensibility and imaginative faculty, they made images of things by sounds or signs. We believe this is how the first poets were born. To a certain extent, as Homer in ancient Greece, the blind in ancient China, according to many classics, also performed the function of poetic chanting, music-making, or record-keeping.② It then may not be an accident that a "disfigured attendant"（寺人）was also a poet（诗人）and that perhaps the two were called by the same name 寺人. The disfigured attendant in the *Book of Poetry* might have been just carrying on this long tradition of poetry-making.③

---

① James George Frazer, ed. with notes by Theodor H. Gaster, *The New Golden Bough* (New York, 1959), pp. 5 ff.

② For the blind person's function in poetry and music in ancient China see *Book of Poetry*, no. 280《周颂·有瞽》；*Tso chuan*, 襄公十四年（559 B.C.）：师旷对晋侯曰："史为书，瞽为诗"；*Kuo yü*,《周语上》，"邵公（邵康公之孙穆公虎）告周厉王（r. 878-842 B.C.）："天子听政, 使公卿至于列士献诗, 瞽献曲, 史献书, 师箴, 瞍赋, 蒙诵, 百工谏, 庶人传语, 近臣尽规, 亲戚补察, 瞽史教诲, 耆艾修之, 而后王斟酌焉。"《周语下》, "鲁成公十七年（574 B.C.）单襄公谓成公曰："吾非瞽史, 焉知天道"；same：伶州鸠对周景王（r. 544-520 B.C.）曰："古之神瞽, 考中声而量之以制, 度律均钟, 百官轨仪"；*Chou li*《春官》："瞽蒙：掌播鼗, 柷, 敔, 埙, 箫, 管, 弦, 歌, 讽诵诗, 世奠系, 鼓琴瑟, 掌九德六师之歌, 以役大师。" same：《大师》："大祭祀, 帅瞽登歌, 令奏击拊。" Also Ch'en Pang-huai, *Yin-tai she-hui shih-liao cheng ts'un* "教瞽蒙", chüan 2, pp. 8b-9a.

③ In this connection I would like also to point out a possible coincidence in the early histories of the words for "poetry" in ancient Chinese and Greek. It is a well-known fact that the Greek word ποιεῖν (*poiein*: "to make", "to do") is the origin of the words ποίημα (*poēma*: "anything made or done", "poem") and ποιητής (*poiētēs*: "a maker", "a poet"). That is to say, a poet composes a poem as a carpenter makes a table. I do not know when the word *poēma* started to have this literary meaning, but at least Plato already uses it in the sense of "a poetical work" or "a poem". The root *poi* can be traced to the Indo-European *quei* (variant: *quoi*). And the Greek word ποίη (Ionic), which means "grass", seems very close in sound to the root of the word "poetry", just as the Chinese graphs discussed above are very close in form.

Jointly published by

THE DEPARTMENT OF EAST ASIAN LANGUAGES AND LITERATURE,

THE UNIVERSITY OF WISCONSIN-MADISON

and

（接上页）The Chinese word 诗 does not seem to derive from sources with the meaning "to make". Yet we still can find some comparable explanations. In the *Book of Poetry* the composition of a poem or song is mentioned at least eight times, and each time the word *tso* （作，to make） is used, e. g. 作诵，作歌，作为此诗。(Chu Tzu-ch'ing cites twelve passages, but I find that four of them do not directly refer to "composing" a poem or a song. See his *Shih yen chih pien*, pp. 3-5.) Similar examples can be found in other classics. In both oracle and bronze inscriptions there is the title of a functionary 乍册 (a recorder), whose duty is to make records. (*Ch'ien-pien*, 4:23, 3, etc.; see Ch'en Meng-chia, *Tsung-shu*, 15:518.) No other functionaries have 乍 in their titles in pre-Ch'in times. A close one is the 柞氏 in the *Chou li*, whose duty is to take care of forests (攻木). The word 作 in the classics is often defined as 为 (do, make), 始 (start, create), or 生 (beget). To make handicraft or to till the land may be called 作, and in divination to prepare the tortoise shells is called 作龟. (*I-li*,《士丧礼》; *Chou li* "大卜"; *Li chi*《郊特牲》.)

As we konw, the word 作 in epigraphs is written 乍, and the *Shuo wen* defines the latter as 止也. If that were the case, the word 作 would be immediately related to the basic root of 诗. We do not know on what authority Hsü Shen bases himself in this definiton. The oracle inscriptions have 乍 in the form ⿰, ⿰, or probably ⿰. The bronze inscriptions sometimes give ⿰ but more often ⿰. This last form certainly resembles ⿰. More interesting is the fact that 乍 in the bronze inscriptions also has the form ⿰, ⿰, or ⿰. (The first graph is in 楚王能肯鼎, the rest in 能肯簠; Kuo, *Liang Chou*, Plates, p. 185, also 补遗; "K'ao-shih", p. 170.) This last form resembles ⿰ very closely. Ma Hsü-lun wonders whether the foot symbol ⿰ on the bronze vessel *Mu yu* (母卣) might mean 乍 (see his《中国文字之原流与研究方法之新倾向》, in *Ma Hsü-lun hsüeh-shu lun-wen chi*〔《马叙伦学术论文集》〕, Hong Kong, reprinted 1963, pp. 13-18).

On the other hand, some bronze inscriptions give 作 in the form of ⿰ or ⿰. (姑氏毁 and 仲铄盨, in Jung Keng, *Chin-wen pien*, 8:4b; cf. Kuo Mo-jo's explanation cited in Li Hsiao-ting, *Chi-shih*, 2637-41.) These seem to indicate a hand holding a knife and other tools. The foot symbol in *Mu yu* also actually follows a picture of carving tools, which Ma regards as the graph 契 (a notch knife, to cut and carve [tortoise shells for divination], hence a written record). It is also interesting to notice that the *Mo-tzu* often regards the《天志》(the Heaven's will or law) as a wheel-maker's compass and a carpenter's square (see《天志》上，中，下).

N. T. T. CHINESE LANGUAGE RESEARCH CENTRE.
INSTITUTE OF CHINESE STUDIES. THE CHINESE UNIVERSITY OF HONG KONG

Printed in Hong Kong.

Copyright © 1968. 2001 by Chow Tse-tsung

All rights reserved

International Standard Book Number: 962-7330-01-9

EDITORIAL BOARD

Tse-tsung Chow

Kuo-p'ing Chou

Arthur E. Kunst

Wayne Schlepp

A. C. Scott

Paul M. Thompson

The editor is grateful to Qin Jia Yuan Foundation for its assistance to the republication of this volume.

Distributed by

The Chinese University Press,

The Chinese University of Hong Kong, Shatin, N. T. , Hong Kong

second edition, 2001

Editor's Preface for the Second Edition

The fist volume of *Wen-lin: Studies in the Chinese Humanities* was published for The Department of East Asian Languages and Literature, The University of Wisconsin, by The University of Wisconsin Press in Madison, Wisconsin, in 1968. The second volume was a joint publication by the same Department and N. T. T. Chinese Language Research Centre, Institute of Chinese Studies, at The Chinese University of Hong Kong, in 1989, both in hardcover editions. Unfortunately, the first volume had sold out in 1970, and the second volume consisted of a number of misprints. Now, after cor-recting all the discovered misprints, we republished both volumes in paper-back form.

Despite the fact that all of these essays were written many years ago, they still have, in the editor's belief, a lasting value to scholars and general readers. The editor also believes that the Chinese humanities are always a worthwhile subject for more extensive studies.

The editor would like to take this opportunity to express his deep gratitude to Dr. Steven K. Luk, Director of The Chinese University Press, Dr. Fong-Ching Chen, Director of Institute of Chinese Studies, Professor Din-Cheuk Lau, Director of the Ng Tor-Tai Chinese Language Research Centre, Professor Richard Man-Wui Ho, Registrar of CUHK, Professor Song-Hing Chang, Deputy Director of the N. T. T. Centre, and Professor Juen-Kon Wong of The Department of Chinese Language and Literature, CUHK, for their persistent help in making this edition possible.

Chow Tse-tsung

Editor

Preface of the First Edition

THIS publication has been inspired by the belief that the absence of a forum specifically for the study of the Chinese humanites can no longer be excused. In the last two decades, Chinese studies in America and Europe have experienced an unprecedented escalation as a result of political change. At present outside of China there are, by our estimate, over two hundred universities and colleges which offer facilities for Chinese studies; a great number of students and specialists are added to the field each year. In addition, the exodus of thousands of Chinese intellectuals and scholars from China and their indefinite residence in the West have brought Chinese and Western civilizations closer than ever before in the already shrinking, but still divided, world of the space age. Viewed in historical perspective, this situation should be recognized as an epoch-making phenomenon, a landmark of acculturation and of human progress. But this recognition comes slowly, and efforts to study Chinese civilization for its own sake and for its significance to mankind are often thwarted by short-range practical considerations. It is our feeling, then, that in the face of the present at-mosphere of expediency, research towards a deeper understanding of Chinese civilization and in particular of the Chinese humanities is a most urgent need.

The editorial board of *Wen-lin* hopes that this may be the first of a series dedicated to critical scholarship in the Chinese humanities: language, literature, philosophy, logic, historiography, and the arts. It is our intention that each volume shall emphasize a single field. In this volume emphasis is on literature-especially poetry-although contributions on other subjects are included. The articles are arranged generally according to the time they were received. Against a trend to eliminate Chinese characters from publications in English, our policy is to include as many as necessary not only for the purpose of the identification of terms and for the control of translations but also to bring the subject matter closer to the reader. Unless otherwise credited, all translations in this volume are by the author of the article in which they occur.

The present volume reflects our desire to grant writers maximum freedom regarding both their views and the forms of expression they choose. Though in some cases we have disagreed with a translation, interpretation, or argument, we have not insisted on changes when an author has defended his stand against our editorial suggestions.

Chow Tse-tsung

Madison, Wisconsin
October, 1966

出版后记

提起周策纵教授，很多读者会在第一时间想起在海内外产生巨大影响的《"五四"运动史》，想起他对《红楼梦》的研究及独到见解。其实，周策纵教授一生于学问可谓无所不窥，涉猎范围包括甲骨文、金文、历史、诗歌、小说、翻译、经学等领域。他倡导的将中国传统的考据学与西方汉学的治学方法与精神结合在一起的研究方法更是具有世界性意义。

本次出版的《周策纵作品集》囊括了周策纵教授的个人回忆，及其在"五四"运动、红学、文学、历史、哲学、经学等领域最具代表性的文章，共分五册出版，为中国文史及周教授生平研究提供了宝贵材料。本册选取了周策纵教论诗评词方面的经典文章，包括试考苏轼《念奴娇》赤壁词格律与原文、周邦彦《兰陵王》词考释、《哀郢》译记、关于定形新诗体的提议、论《诗话》、诗词的"当下"美等文章。

本套丛书采用商务印书馆（香港）《周策纵文集》书稿，经重新编排、校订，将周策纵教授关于"五四"运动与《红楼梦》的文章单独成书，以满足不同读者的需求。已经出版的第一册至第四册分别为《忆己怀人》《文史杂谈》《〈红楼梦〉大观》《经典训诂》，分别收录了周策纵教授个人回忆、文史、红学、训诂学方面的经典文章。

服务热线：188-1142-1266　133-6631-2326
服务信箱：reader@hinabook.com

后浪出版咨询（北京）有限责任公司
2014 年 1 月

图书在版编目（CIP）数据

周策纵作品集.5/周策纵著.——北京：世界图书出版公司北京公司，2013.10
ISBN 978-7-5100-6964-2

Ⅰ.①周… Ⅱ.①周… Ⅲ.①社会科学—文集 Ⅳ.①C53

中国版本图书馆 CIP 数据核字（2013）第 232638 号

© 2011 商务印书馆（香港）有限公司

本书由商务印书馆（香港）有限公司授权简体版，限在中国大陆地区出版发行

周策纵作品集 5：弃园诗话

著　　者：周策纵	筹划出版：银杏树下	出版统筹：吴兴元
责任编辑：闻　静　张　鹏	营销推广：ONEBOOK	装帧制造：墨白空间

出　　版：世界图书出版公司北京公司
出 版 人：张跃明
发　　行：世界图书出版公司北京公司（北京朝内大街 137 号 邮编 100010）
销　　售：各地新华书店
印　　刷：北京联兴华印刷厂（北京通州区张家湾皇木厂 邮编 101113）
（如存在文字不清、漏印、缺页、倒页、脱页等印装质量问题，请与承印厂联系调换。联系电话：010-61501799）

| 开　　本：690 毫米 × 960 毫米 1/16 |
| 印　　张：18.5　插页 2 |
| 字　　数：266 千 |
| 版　　次：2014 年 3 月第 1 版 |
| 印　　次：2014 年 3 月第 1 次印刷 |

读者服务：reader@hinabook.com　188-1142-1266
投稿服务：onebook@hinabook.com　133-6631-2326
购书服务：buy@hinabook.com　133-6657-3072
网上订购：www.hinabook.com　（后浪官网）

ISBN 978-7-5100-6964-2　　　　　　　　　　　　　　　定　价：39.80

后浪出版咨询（北京）有限公司常年法律顾问：北京大成律师事务所　周天晖　copyright@hinabook

版权所有　翻印必究

《周策纵作品集》

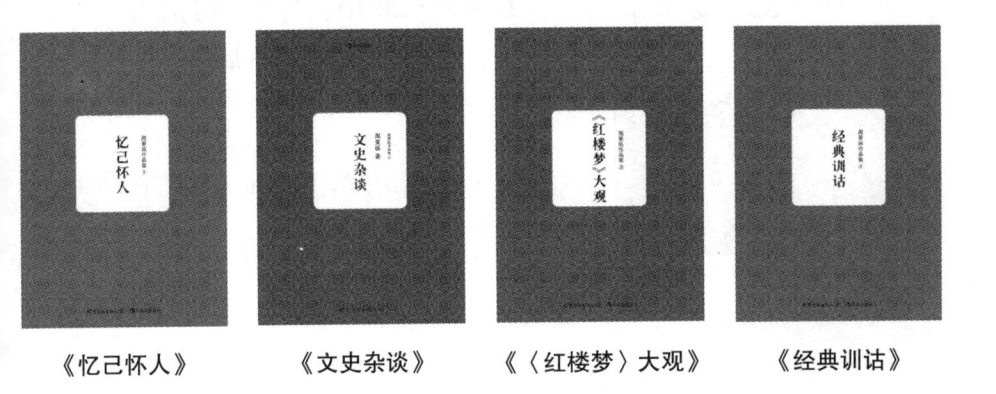

| 《忆己怀人》 | 《文史杂谈》 | 《〈红楼梦〉大观》 | 《经典训诂》 |

熔铸古今
汇人生、文史、哲学、红学精华之作
全面呈现一代汉学大师的学术人生

内容简介：

本套丛书采用商务印书馆（香港）《周策纵文集》书稿，经重新编排、校订，将周策纵教授关于"五四"运动与《红楼梦》的研究文章单独成书，以满足不同读者的需求。已经出版的第一册至第四册，收录了周策纵教授个人回忆、文史宗哲及"五四"与近代思潮、红学、训诂学的相关文章。读者可通过本系列领略一代汉学大师在不同领域的经典之作。

著者简介：

周策纵教授，湖南省祁阳县人，是名满中外的汉学大师。周教授1942年毕业于国立中央政治大学，1948年赴美留学，获密歇根大学硕士及博士学位。其后任教威斯康星大学东亚语言文学系及历史系，为终身教授。其代表作《"五四"运动史》（*The May Fourth Movement: Intellectual Revolution in Modern China*）于1960年由哈佛大学出版社出版，影响甚广。周教授于学无所不窥，甲骨、金文、经学、历史、诗歌、小说、翻译等领域皆有所涉猎；为文熔铸古今，汇通中外。既为当今士林仰望，亦足为后世所宗。

中国近代史：
1600—2000，中国的奋斗
（插图重校第6版）

著者：（美）徐中约（Immanuel C.Y. Hsü）
译者：计秋枫　朱庆葆
书号：978-7-5100-4955-2
出版时间：2013.08
定价：80.00

荣获第四届"国家图书馆文津图书奖"
　　荣获中国书刊发行业协会颁发的"2008年度全行业优秀畅销品种"奖
　　英语世界及海外华人社会最畅销的中国近代史巨作
　　1978年，牛津大学出版社五百周年社庆文告公布的数十名著之一

重排重校，百余幅珍贵历史照片呈现客观翔实的经典著作

　　近代中国历史的特征并非是一种对西方的被动反应，而是一场中国人应付内外挑战的主动奋斗，他们力图更新并改造国家，使之从一个落后的儒家普世帝国，转变为一个在国际大家庭中拥有正当席位的近代民族国家。

　　历经的每一阶段都是艰难的拼搏，有成功，也有失败，但他们加到一起，对中国重现青春活力做出了贡献。

——徐中约

著者简介

　　徐中约（Immanuel C.Y.Hsü，1923—2005），生于上海，中国近代史研究权威学者。1946年毕业于燕京大学，1954年获哈佛大学哲学博士，曾任加州大学圣巴巴拉分校历史系主任、荣休教授。学问严谨，著有《中国进入国际社会的外交，1858—1888年》（哈佛，1960）、《伊犁危机：中俄外交研究，1871-1881年》（牛津，1965）等，翻译了梁启超《清代学术概论》(哈佛，1959)。1971年，由圣巴巴拉分校几百位教授组成的学术评议会遴选徐教授任"研究讲座"（Faculty Research Lecturer），此乃该校最高的学术荣誉。